132

新知
文库

XINZHI

The Nile:
A Journey Downriver
Through Egypt's Past
and Present

THE NILE: A JOURNEY DOWNRIVER
THROUGH EGYPT'S PAST AND PRESENT
by TOBY WILKINSON
Copyright © 2014 by Toby Wilkinson
This edition arranged with ROGERS, COLERIDGE&WHITE LTD(RCW)
through BIG APPLE Agency, Inc., Labuan, Malaysia.
Simplified Chinese edition copyright:
2020 SDX JOINT PUBLISHING CO. LTD.
All rights reserved.

尼罗河

穿越埃及古今的旅程

［英］托比·威尔金森 著　罗静 译

生活·讀書·新知 三联书店

Simplified Chinese Copyright © 2020 by SDX Joint Publishing Company.
All Rights Reserved.

本作品简体中文版权由生活·读书·新知三联书店所有。
未经许可，不得翻印。

图书在版编目（CIP）数据

尼罗河：穿越埃及古今的旅程／（英）托比·威尔金森著；罗静译．—北京：生活·读书·新知三联书店，2020.10（2022.3 重印）
（新知文库）
ISBN 978 – 7 – 108 – 06948 – 1

Ⅰ.①尼…　Ⅱ.①托…②罗…　Ⅲ.①尼罗河流域－文化史－研究　Ⅳ.①K410.03

中国版本图书馆 CIP 数据核字（2020）第 159983 号

责任编辑	李　佳
装帧设计	陆智昌　康　健
责任校对	张　睿
责任印制	卢　岳
出版发行	生活·讀書·新知 三联书店
	（北京市东城区美术馆东街 22 号 100010）
网　　址	www.sdxjpc.com
图　　字	01-2018-7524
经　　销	新华书店
印　　刷	北京隆昌伟业印刷有限公司
版　　次	2020 年 10 月北京第 1 版
	2022 年 3 月北京第 2 次印刷
开　　本	635 毫米 × 965 毫米　1/16　印张 19.5
字　　数	230 千字　图 46 幅
印　　数	07,001-10,000 册
定　　价	49.00 元

（印装查询：01064002715；邮购查询：01084010542）

哈比，尼罗河洪水之神，其肥硕代表了河水的慷慨（阿蒙霍特普三世统治时期，约公元前1360年）

从阿斯旺看尼罗河：下游旅行从这里开始

这位领航员［拉耶斯（rayyis）］是我们尼罗河下游旅行的领队

阿布·舒沙（Abu Shusha）市场一日，上埃及

尼罗河岸边的一间泥砖田庄，上埃及

日落时尼罗河上的渔船和三桅小帆船

阿斯旺沙漠与尼罗河的相遇处

20世纪60年代修建阿斯旺大坝时,阿布辛贝神庙被保护性搬迁

"尼罗河上最美景点":为防止被阿斯旺大坝引发的洪水淹没,菲莱神庙被迁走

阿拉伯农民,上埃及

小船,儿童与驴子:埃尔卡伯城千年来未曾变化的乡村生活,上埃及

冬宫，卢克索：下游旅程中舒适的中途驿站

卢克索尼罗河落日

法老神庙，基督教大殿及清真寺：卢克索神庙的宗教重塑

卡纳克神庙：尼罗河水域养育的圣湖中的倒影

西底比斯山脉,古文物最伟大的宝库

"最神圣之处":哈特谢普苏特在停灵庙的神殿,西底比斯

"奥斯曼狄斯":拉美西斯二世坠落的巨像,位于拉美西赛姆,西底比斯

特伊王后:阿蒙霍特普三世的妻子(约公元前1390—前1353年)

门农神像,西底比斯

沙漠中的克劳迪安山，一个罗马采石场遗迹

丹德拉，哈索尔神庙，着色后的天花板

中埃及的绿地，阿比多斯附近

拿哈玛地出土的埃及古语的莎草纸:"诺斯替派福音书"重写了基督教早期历史

奥西里斯与伊西斯:阿比多斯,塞提一世神庙中美丽的着色浮雕

法雍肖像：希腊、罗马及埃及文化的混合

阿玛尔纳皇室家族的石柱。阿肯那顿与娜芙提提将自己及女儿们升为埃及新的神圣家族

吉萨的胡夫法老的太阳船，原紧邻胡夫金字塔埋藏，帮助胡夫转世

伊斯兰教的开罗：地平线剪影

本埃兹犹太教堂，开罗老城区

圣乔治修道院，开罗老城区

面向不确定的未来：狮身人面像

拉美西斯希尔顿酒店，"10月6日大桥"及现代城市的蔓延扩张，开罗

新知文库

出版说明

在今天三联书店的前身——生活书店、读书出版社和新知书店的出版史上，介绍新知识和新观念的图书曾占有很大比重。熟悉三联的读者也都会记得，20世纪80年代后期，我们曾以"新知文库"的名义，出版过一批译介西方现代人文社会科学知识的图书。今年是生活·读书·新知三联书店恢复独立建制20周年，我们再次推出"新知文库"，正是为了接续这一传统。

近半个世纪以来，无论在自然科学方面，还是在人文社会科学方面，知识都在以前所未有的速度更新。涉及自然环境、社会文化等领域的新发现、新探索和新成果层出不穷，并以同样前所未有的深度和广度影响人类的社会和生活。了解这种知识成果的内容，思考其与我们生活的关系，固然是明了社会变迁趋势的必需，但更为重要的，乃是通过知识演进的背景和过程，领悟和体会隐藏其中的理性精神和科学规律。

"新知文库"拟选编一些介绍人文社会科学和自然科学新知识及其如何被发现和传播的图书，陆续出版。希望读者能在愉悦的阅读中获取新知，开阔视野，启迪思维，激发好奇心和想象力。

生活·讀書·新知三联书店
2006年3月

目　录

前　言 … 1

第一章　尼罗河：不朽之河 … 4
第二章　阿斯旺：尼罗河的源头 … 29
第三章　南方腹地：埃及兴起之地 … 59
第四章　卢克索：奇迹之城 … 85
第五章　西底比斯：死亡之域 … 117
第六章　吉夫特和基纳：中央和地方行省 … 151
第七章　阿比多斯：神秘之地 … 179
第八章　中埃及：宗教的摇篮 … 204
第九章　法尤姆：沙漠中的湖 … 229
第十章　开罗：埃及的首都 … 250

后　记 … 279
致　谢 … 280
历史年表 … 281
注　释 … 286
推荐阅读 … 297

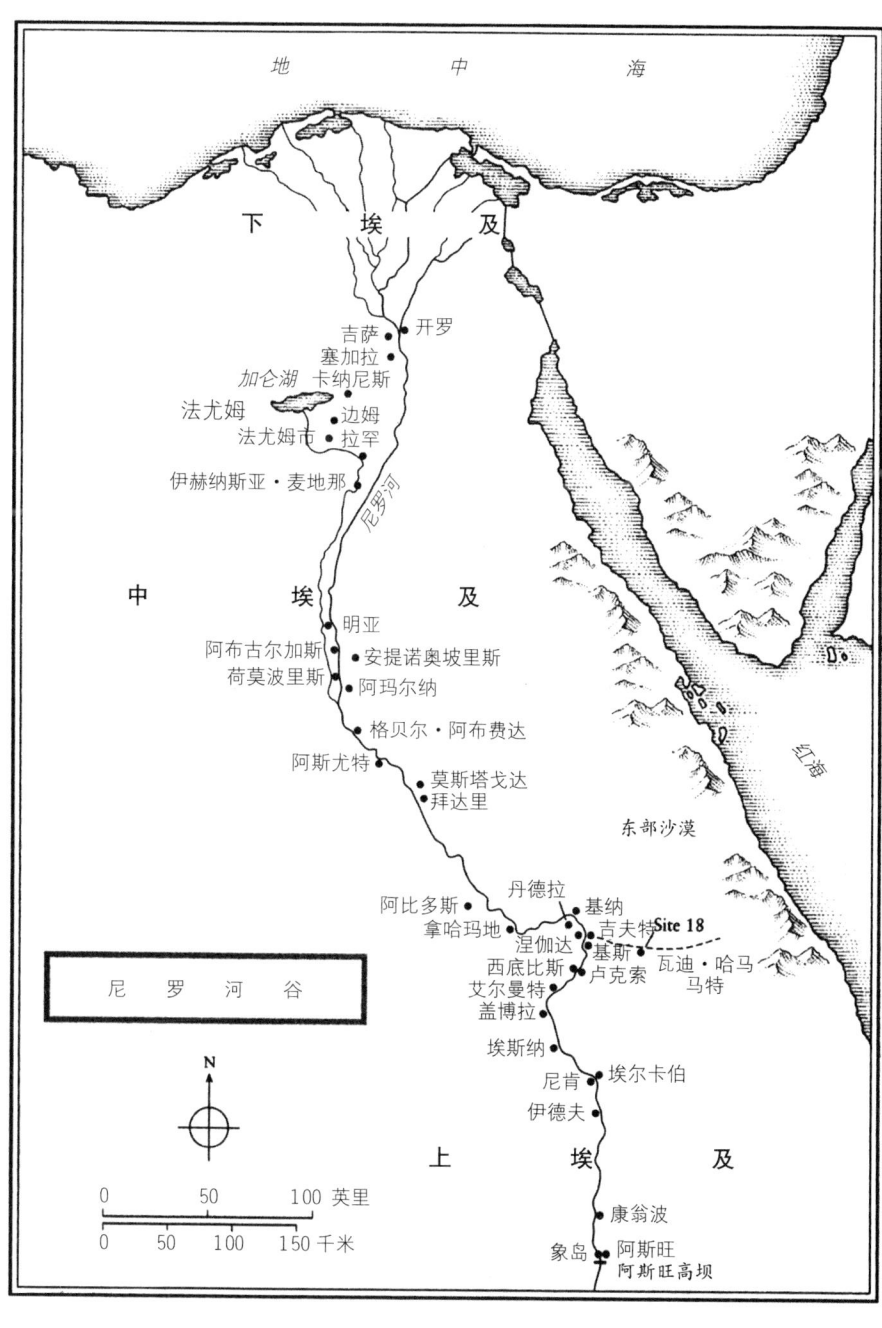

前　言

> 这个国家的故事被反复重写，《圣经》重写在希罗多德之上，《古兰经》重写在《圣经》之上。
>
> ——露西·达夫·戈登（Lucie Duff Gordon）[1]

埃及是世界最动荡的地区中人口最稠密的国家。它是通向中东和平的钥匙、阿拉伯世界的声音以及欧、非两洲的十字路口。它在历史和战略上的重要性无与伦比。总之，埃及举足轻重。无论在历史上还是在今天，理解这个国家和它的人民一样关键。

而通向埃及——它灿烂的过去、混乱的现在和不确定的未来——的钥匙是尼罗河。两千多年前，古希腊历史学家希罗多德评论埃及是"尼罗河的赠礼"[2]，而且确实如此。埃及就是尼罗河，是尼罗河式的埃及。这条河始终贯穿着埃及的历史、文化和政治。它曾塑造了埃及的地理，控制了它的经济，形塑了它的文明以及决定了它的命运。从埃及最早的艺术（在尼罗河两岸的山崖之上刻有捕鱼工具的史前图像）到阿拉伯之春（在开罗的桥上战斗），尼罗河对埃及的历史来说十分重要。在其贯穿这个国家的旅途中，过去和现在的连接点繁多且深刻。沿尼罗河顺流而下，经过村庄、城镇和城市，让人眼花缭乱的古代文献和野心勃勃的现代成就，是感受其脉络，以及理解这个混乱的、重要的、保守的和快速变迁的土地独一无二的性格特征的最佳方式。

当我在尼罗河的一条小船上写这些文字时，埃及正站在近来历史最为关键的节点。虽然有着比大多数国家都要长的历史，它的未来看起来却从不确定。五千年以来，其首位民主选举的领袖被一次公众支持（尽管远远达不到普遍支持）的军事政变推翻了。这些军队和穆斯林兄弟会存在冲突。因为对埃及的未来有完全不同的设想，伊斯兰主义者和世俗主义者正在战斗（其实也正在死亡）。中东力量的平衡和整个阿拉伯世界的发展轨迹寄托在这个结果上。整个世界都为此屏住了呼吸。

然而，当阳光跳跃在水面之上、水波轻轻拍打着小船两侧、苍鹭在浅滩上涉水、渔民将渔网抛撒在河道中心时，尼罗河上有着不同于席卷全国的重大事件的永恒生活。政治的埃及似乎是另一个世界，一个遥远的小事件。乡村生活在继续，就像它几千年以来的那样继续——在田地里播种和收获，在尼罗河上打鱼。这条河和它的韵律，不是政治家的声明，而是人民生活的尺度。就像一位去过埃及的维多利亚时代旅行者评论的那样，"有一种超越流逝的岁月或激荡的历史事件的感觉。当尼罗河缓缓向北流去时，它的来访者能闻到灼热尘土的味道、潮湿芦苇的味道以及这条河自己的味道"[3]。

在这样一个历史悠久的国家，沿着尼罗河，埃及过去和现在的连续性与相互联系尤其明显。我现在经过的这一段水域同样承载过向南方去镇压努比亚的叛乱并满载战利品而归的古埃及法老的战舰；承载过运送阿斯旺采石场宏伟的方尖碑到底比斯神庙的驳船；承载过托勒密王朝的粮船和罗马的运兵舰；承载过运送纸莎草的小舟和库克的尼罗河游轮。在河的两岸，卫星天线从泥砖屋子的房顶上伸展出来；教堂和清真寺在争夺有着异教神庙废墟的地盘；骑着驴子、穿着埃及传统服饰的男人们在用移动电话交流。

埃及人能真切地意识到他们富饶的遗产。他们一定会意识到这一点，因为四周全是他们过去的物理呈现。对穆斯林兄弟会的一个普遍抱怨是：他们忽视了埃及多样的、适应性很强的悠久历史。就像一个埃及朋友说的那样："他们认为我们忘记了过去七千年的历史，但我们没有。"[4]因试图理解那七千年历史的持久影响，这本书打算从"埃及的伟大河流"这个有利的角度来讲述埃及的故事。上溯千年，不同的时期、地方和人都被同一条尼罗河结合在一起。他们的故事一起编织着整个国家——一个处于流变中的国家，一个需要被理解的国家的历史。

等到这本书出版的时候，埃及可能已经解决了它现在的危机并规划了一条新的路线，或者它可能仍处在不稳定之中。它可能已经拥抱了民主或者它可能退回了久已习惯的独裁传统。对于它的绝大多数长期受苦和坚韧的人民来说，生活仍将像以往一样继续，每天奋斗以勉强维持生计，把食物放在桌上，哺育下一代。在所有的不确定当中，埃及人知道他们可以指望尼罗河，就像他们过去一直指望的那样。它沉稳的流动是这个国家的心跳，它的生命之水永恒地承诺了一个更好的未来。

托比·威尔金森

尼罗河，埃及

2012年12月

第一章
尼罗河：不朽之河

> 埃及就是尼罗河……尼罗河塑造了埃及的疆界并给这个国家带来丰饶。[1]
>
> ——塞缪尔·考克斯（Samuel Cox）

埃及的国土面积超过38万平方英里，其中95%是荒芜的沙漠。埃及国土的绝大部分气候干旱降水稀少，无法发展农业。没有尼罗河，埃及文明的存在也就无从谈起。尼罗河在埃及形成纵贯南北、狭长的泛滥平原，其面积仅占埃及国土总面积不到5%，但其上生活着这个国家96%以上的人口。正如古罗马地理学家斯特拉波（Strabo）所指出的："埃及其实只由河流沿岸的土地组成。"[2]时隔两千年，这依然是埃及的真实写照。

我们现在知道，流经埃及的尼罗河由两条主要支流汇流而成，它们分别是发源于埃塞俄比亚高原的青尼罗河与源自维多利亚湖（Lake Victoria）的白尼罗河。两条支流在苏丹首都喀土穆（Khartoum）附近交汇，合流向北约1000英里入海。在这段尼罗河干流的南部，尼罗河谷地坚硬的火成岩岩体于多处入侵河道，迫使河道收窄分流，形成一系列尼罗河瀑布。传统上尼罗河瀑布按自北向南的顺序编号（虽然河水的流向是自南向北的）。虽然这些瀑布的规模远较非洲或美洲其他河流上的大瀑布为小，但其中的礁石与激流同样会对行船构成巨大威胁。

在尼罗河通过其最后一道障碍——位于阿斯旺的由花岗岩岩体出露形成的尼罗河第一瀑布之后，它就可以不受干扰地流向地中海了。尼罗河所形成的泛滥平原，在其流经坚硬的砂岩地貌时宽度最窄。河流侵蚀形成两岸河谷的峭壁，两岸植被覆盖的宽度可能仅有数英尺。而当尼罗河流经位于格贝尔·斯尔斯拉山（Gebel el-Silsila）的采石场之后，砂岩开始被石灰岩所取代，而河流两岸的地形亦更加平缓，泛滥平原亦更为开阔。尼罗河在卢克索以北转折向东，这也是尼罗河最接近红海的一段河道。但其流向很快重新改变向北，在埃及中部形成更广阔的泛滥平原。在第一瀑布下游约625英里处，尼罗河流速减缓，河流呈放射状分岔入海，其冲积平原则形成尼罗河三角洲（古埃及人将他们的国土形象地比喻为一枝莲花，由尼罗河谷地组成的花茎连接着由尼罗河三角洲构成的花朵）。最后，尼罗河通过一系列海岸潟湖与地中海相连，其最终携带的沉积物也汇入地中海。在古埃及词汇中，地中海便称为"无垠的绿色"。

与尼罗河的南北流向对应，其河谷的位置则会在东西方向移动。千百年来，尼罗河在其泛滥平原上不断改道，并在此过程中持续地侵蚀又冲积出新的陆地。尼罗河河道的弯曲也意味着其形成的肥沃的冲积层，有时会在东岸，有时则会在西岸延伸更广。在部分河段，尼罗河河道紧贴西岸的断崖，其间只有很窄的区域有植被覆盖。而在另一些河段上，其东岸的峭壁则会更靠近河道，而西岸更为平缓的丘陵反而离河道较远。这种东西方向上的变化，与尼罗河的南北流向一道，决定了尼罗河谷地区的人文地理分布。从尼罗河第一瀑布到三角洲，尼罗河沿岸的主要城镇依当地地形于河两岸均有分布：阿斯旺（Aswan）位于河东岸，伊德夫（Edfu）和埃斯纳（Esna）则位于河西岸，卢克索（Luxor）、吉夫特（Qift）和基纳（Qena）位于东岸，阿比多斯（Abydos）、阿斯尤特（Asyut）和中埃及的一些城镇则位于西岸，而开罗（Cairo）则又位于尼罗河东岸。

尼罗河带来的冲积平原为农业发展和人类居住提供了可能。其本身也塑造了埃及震撼人心的自然景观：蓝色、绿色与黄棕色的景致变化自法老时代至今在尼罗河谷中依然存在，置身其间，时间变得模糊，仿佛消融了现代化生活的入侵。尽管尼罗河的绿色植被在空中看来最为明显，两岸风景之妙却主要在于河水的塑造。

　　河两岸垂直的峭壁直入水中；狭长的农田分布着绿色的玉米和黄褐色的硬草；星罗棋布的村庄和棕榈树林；废弃的糖厂有着敝旧的烟囱和破损的窗户；挂满水罐的水车在缓缓地转动；两位棕色皮肤的壮汉在汲水；一行行负重的骆驼；沙丘瀚海和远处的群山；遥远的航程和波光粼粼的前方。[3]

　　……尼罗河上的旅人便可以一览埃及的全貌……而尼罗河也无数次流经这片土地。[4]

古埃及人一向对于其所处的独特地理环境有着敏锐的认知，而这种自然环境的对立统一也塑造了埃及文明的社会结构与世界观。尼罗河两岸有植被覆盖的泛滥平原和棕黄色沙漠泾渭分明，加强了埃及文化中对生命无常的认识，并向人们昭示着兴衰生死之间的脆弱平衡。在这样的环境中，埃及人一向崇敬他们的母亲河与她所赋予的生机。

从其文明的最早期开始，埃及人就一直在想象世界的起源，并由此产生若干传说故事。但其中最有影响力的一则描述的正是陆地从混沌的汪洋中升起——正如沙洲在尼罗河中产生一样——从而为生命的产生提供了可能。基督教和伊斯兰教的神学家们虽然有不同的记载，但尼罗河在这些记载中依旧有着不可忽视的重要性。在大约公元1000年，阿拉伯学者穆卡达西（al-Muqaddasi）用下面的文字赞颂埃及："真主在《古兰经》中反复提到这片土地和它对人类无与伦比的重要性。埃及是世界的两翼之一……而尼罗河则是所有河流中最为壮观的。"[5]

对尼罗河创造力量的信仰一直持续到现代。在欧洲人发现尼罗河之后，他们也为尼罗河水赋予了类乎超自然的特性。尼罗河水被认为有助于生育双胞胎乃至六胞胎，因此装在密封罐子里的尼罗河水会被出口卖给人傻钱多的顾客。即便是博学如古埃及象形文字的解密者商博良（Jean-François Champollion），也认为尼罗河水有治疗的作用。1825年一位爱尔兰医生理查德·马登（Richard Madden）写道："就总体水质而言，我相信尼罗河水超过世界其他任何河水；鉴于其和缓的通便作用，我认为尼罗河水是有益于健康的。"虽然事实上，这位医生在显微镜下对尼罗河水的仔细检查显示其"充满了微生物"[6]（如寄生虫、藻类和细菌）。

虽然尼罗河水其实更容易传播疾病，而不是治愈疾病，但这条河流确实有着埃及文明所赖以建立的神奇特性。直到1964年阿斯旺高坝落成，尼罗河都会年复一年地为埃及带来其特殊的礼物。每年夏天，埃塞俄比亚高原的强降水大量汇入青尼罗河，使之冲破堤防泛滥成灾。在埃及，洪水的前锋大约在每年7月中旬通过尼罗河第一瀑布，人们能够明显地观察到尼罗河的水量增大，激流发出隆隆的水声。几天之内，洪水就会从尼罗河第一瀑布向下游蔓延扩展，其宽度也将陡增 15 倍。在洪水期间，整个泛滥平原会被深达 6 英尺的洪水淹没，只有处于高地的堤岸和村镇能够在一片汪洋中露出水面。

如果规模过大，这样的洪水很可能是灾难性的。正因为如此，在洪水期间常会安排人员在堤岸上分段值守监视水位，并在洪水可能威胁到人类居住区时构筑紧急防洪设施。然而，在一个好的年景里，洪水则不仅会给远离河流的田地带来水分，更会带来从非洲之角顺流而下的肥沃土壤。洪水平均每年为埃及带来 110 吨沉积物，年复一年地补充着土壤的养分。正如斯特拉波所记载的那样，"夏天的洪水在持续 40 多天后缓缓退去；60 天后，土地已经完全露出水面并开始变干"[7]。洪水之后，其所带来的水分和养料为尼罗河谷地的农业发展提供了其他地区难以比拟的优势（20 世纪初常年灌溉技术的引进使得农业生产周期由一年一熟提高为一年三熟，从而进一步提高了农业的产量和收益。而其另一项令人始料未及的长期影响则是埃及人口的快速增长）。得益于尼罗河一年一度的泛滥，埃及不仅实现了自给自足，更产生了高度发达的文明。

鉴于洪水的极端重要性，古埃及历法就是根据洪水的周期而制定的。洪水季节开始的第一个月的第一天被定为一年的开始。洪水在埃及被尊为带来繁荣的丰饶之神哈比（Hapy）。赞颂他的诗歌在古埃及社会流传。古典时期的作家们同样热情讴歌了尼罗河的洪水，而气势恢宏的帕莱斯特里纳（Palestrina）拼接地砖也在向尼罗河的慷慨致敬[①]。阿拉伯诗人阿卜杜勒-拉蒂夫·巴格达迪

[①] 译者注：位于意大利帕莱斯特里纳的一片地砖上画着尼罗河地区的风貌，图中尼罗河从埃塞俄比亚高原发源，流经神庙，汇入亚历山大港。

(Abdal-Latif al-Baghdadi)也赞美尼罗河洪水过后"所有土地都变得肥沃"[8]。

尼罗河周期性洪水唯一的问题在于其不确定性。古罗马历史学家普林尼（Pliny）写道：

> 洪水期间水位的平均上涨幅度为 16 腕尺（古埃及 1 腕尺约为 1.7 英尺）。规模过小的洪水无法灌溉大量的土地，而规模过大退去过晚的洪水则会延误农时。如果水位涨幅只有 12 腕尺，埃及就会面临饥荒的威胁；水位上涨 13 腕尺依然会导致粮食歉收；水位上涨 14 腕尺就足以使人欢庆好年景了；15 腕尺的上涨则会让埃及人对收成充满自信；16 腕尺更是皆大欢喜。[9]

如果在阿斯旺测得的洪峰水位低于正常值 6 英尺，农业产量就会相应下降四分之三并导致饥荒。相对地，水位高于正常值 6 英尺的洪水则可能冲毁堤防，淹没居民区和粮仓，滋生虫害，延误播种，从而导致（来年）成熟的作物在炎热的夏天枯萎（1818 年埃及发生的严重洪灾导致多座村庄被冲毁与数百人丧生。"当时所有可用的船舶都被动员，以便将宝贵的粮食运往高地"[10]）。年复一年，尼罗河不仅为埃及带来了生机与繁荣，也决定着这个国家的命运。

这也解释了古埃及人对于尼罗河水位上涨的执着。对尼罗河水位的测量一般是通过设在尼罗河谷关键位置的标尺完成的，设立标尺的位置包括尼罗河第一瀑布脚下的象岛（Island of Elephantine）和开罗郊外的劳代岛（Island of Roda）。每年的洪水水位测量数据都会被祭司和官员们仔细研究，因为可以对来年的粮食产量做出精确的预测。在埃及最早的历史记录（刻于玄武岩石板上，记载有第一王朝以来历年重大事件的编年史）中，尼罗河历年的洪水水位被记载在非常显著的位置，并以腕尺、掌宽、指宽为单位详细记录。对于埃及的男女老少而言，他们的生命与祖国都来自尼罗河的馈赠。

尼罗河给埃及的土地带来了水分和养料，把原本会成为荒漠的地方变成一幅富饶的画卷。但这并不是它唯一的礼物。这条河也连接了埃及的各个定居点，更有从南到北的河流流向以及从北到南的盛行风，这意味着无论是逆流而上还是顺流而下都是实际可行的而方便的——至少从理论上来说是如此。这条河不仅是埃及农业财富的源头，它也是一条伟大的航道，其人员和货物的运输交流为文明的产生和发展创造了条件。

尼罗河一旦经过了第一瀑布，在剩下的路线上，它的流速较慢，给人留下它是一条容易驾船航行的河流的印象。然而，这种表象具有欺骗性。河流流速的减慢有助于泥沙的淤积和沙洲的形成，这种沙洲容易毫无征兆地移动位置。这不仅使航行在白天变得困难，更使夜间航行变得尤为危险。古埃及文化中充满了被困于沙洲上的隐喻，而且同样的危险贯穿历史始终。在对19世纪中叶埃及乡村生活的观察中，爱德华·莱恩（Edward Lane）注意到：

> 由于尼罗河河床发生的持续变动，最有经验的引航员都容易经常让船搁浅；当这种情况发生时，常常有必要让所有的船员下到水中，用他们的背和肩使船开动。[11]

19世纪后期，当沿着尼罗河观光变得流行时，船长常常接到的一条指令是"船长和引航员必须知道他们所受雇的船的精确吃水

（深度）"[12]。甚至在有声呐和导航设备的今天，如果没有一个仅仅看看水面就知道下面有什么的经验丰富的引航员，在尼罗河上航行也是不可能的。尼罗河床上遍布的沙洲和暗礁不仅影响航行，也影响着尼罗河上航船的设计。考虑到一旦搁浅可以更容易离开，大多数的船在船尾吃水很浅（在金字塔时代，有时会在船上装饰一些掉头向后刺猬形式的船首像——然而，确切了解为什么当时人们会相信它能帮助航行，这仍是埃及古物学中又一个难解之谜）。

在尼罗河上航行的另一个挑战是风的不可预测性。尽管盛行风来自北方，但从南而来的风并不罕见；在这种情况下，逆流而上前行——不仅逆流而且逆风——就会变得不可能，船容易因无风而不能前进。这在早期一定会经常发生，成为人和物料不能自由移动的主要障碍。正因为如此，在大多数的古埃及法老的历史中，最主要的金字塔和寺庙都建在提供原料的采石场的下游，以便于能完全依赖尼罗河的水流来运送沉重的建筑石料。

缺少风是一个问题；在两岸是陡崖的尼罗河河谷的狭隘地带，突发的旋风和风暴则是另一个危险。在埃及中部的格贝尔·阿布·费达（Gebel Abu Feda），一阵突起的风而导致船在航行中猛地偏向，这对载重轻的船来说很危险。这种情况是臭名昭著的。一个在 19 世纪晚期去往埃及的观光者叙述了一个难忘的事件：

> 在去往开罗的路上，我们为埃德温·阿诺德（Edwin Arnold）和他的妻子、女儿提供了庇护，他们的船刚刚在阿布·费达的悬崖下失事。他们那时正乘坐一艘平底船在尼罗河逆流而上，清早突然的一阵风把他们的船给掀翻了。妇女们那时都还在床上，不得不穿着睡衣就从他们船舱的窗户中爬出；埃德温·阿诺德和他的儿子努力穿上一点衣服。只有厨师一人

遇难，但是，就我的判断而言，阿诺德似乎认为他水彩速写的损失与他们厨师的遇难相比，是一个更严重的灾难。他们不得不在倾覆的船底上坐了好几个小时，像"一排海鸥"……最终登陆时，他们寒冷、饥饿、衣不蔽体，那是河东岸，当时还是荒凉的、未开化的。最终，然而，另外一艘船搭救了他们，在这艘船上，年轻的阿诺德继续他逆尼罗河而上的旅行；其他家庭成员则已经受够了。[13]

埃德温·阿诺德没有被这一次事故吓倒；他继续追寻事业并成为一名成功的记者、诗人，并为把佛教翻译介绍到西方世界做出了贡献；除此之外，他还组织了发现刚果路线的斯坦利探险①，并被暹罗国王授予白象勋章。

除了地理和气象危险，尼罗河上的旅行者也需要面对来自野生动物的危险。古埃及艺术和文献到处都提到鳄鱼和河马，这是两种时常会给河两岸居民带来灾难的生物。而且，鳄鱼是河边最主要的威胁。这种爬行动物因观察和学习它们猎物的日常行为模式而闻名，一定有数不清的去尼罗河饮水或洗东西的人或动物被鳄鱼咬住然后拖到深水去。另外，河马对那些横渡尼罗河的人更为危险，特别是在不坚固、不平稳的船上（甚至在今天，被河马杀死的人仍比被鳄鱼杀死的人多）。在古埃及，河马塑像成为坟墓配置的流行物件并不是一个偶然：因为这些野兽对尼罗河的航行造成威胁，所以人们理所当然地相信，在地下世界的蜿蜒水道也会有同样的威胁，因此巫术的保护被认为是必要的。

尽管有这些危险，从最早在流域居住的人类开始，所有种类和

---

① 译者注：亨利·莫尔顿·斯坦利（Henry Morton Stanley, 1841—1904），发现了刚果河。

用途的船舶就都在利用尼罗河的水面。因为埃及所有的定居点（直至最近）都位于河流附近，传统上尼罗河提供了在埃及境内最快的交通方式。船舶是贸易和军事行动的主要载体，是运送人员和物料的主要方式。在古代，去埃及的任何地方旅行都意味着乘船航行，以至于在其象形文字中：表示"向北旅行"的词用一个划艇的标志来表示，"向南旅行"则用一个帆船的标志表示。"左舷"和"右舷"这些术语进入语言中来表示"左"和"右"，甚至在陆上也是如此。而且埃及语言充满了与航海相关的比喻，如哈特谢普苏特（Hatshepsut），埃及的第十八王朝女王，被誉为"上埃及的船首缆，南方人的系缆柱，下埃及的好尾缆"[14]。在他们的自传中，当给饥饿的人以食物，给裸露的人以衣服时，朝臣们都会吹嘘说给了"没船的人一条船"。平民和国王一样，都认为船对死后的旅程来说是必要的。

尼罗河上最简易的船舶是用纸莎草束做成的轻便小艇。这样的小艇既可以像独木舟一样划桨推进，也可以像平底筏子一样撑篙而行。它们为河上的短途航行提供了简易廉价的交通工具。根据古墓葬提供的信息，当时埃及上层社会乘坐这种小艇在尼罗河近岸的芦苇荡中从事钓鱼、捕鸟等休闲活动。如今虽然纸莎草已经在埃及野外绝迹，但由其他莎草类植物或者甘蔗制成的此类小艇，因其在浅水灌溉沟渠内航行的独特适应能力，仍然可以在上埃及的农村地区偶尔看到。

相较而言，木质船舶更加适合尼罗河上的长途航行和运输。时至今日，它们依旧在尼罗河航运中广泛使用。不同种类的船只被设计出来以适应其不同的用途。举例而言，划桨木质小艇从古至今一直适用于横渡尼罗河或者在河上捕鱼。有趣的是，在保存至今的古代船桨上能看到明显的桨叶，而现代的船桨则往往是一块平直的木板，这也使得划桨变得十分费力。

划桨驱动的船舶或许可以适用于横渡尼罗河，但沿尼罗河，尤其是溯河而上的长途旅行则往往需要风帆驱动的船只。在古代，这类帆船靠船尾的一根或多根橹来控制航向，而现在则多使用为尼罗河上浅吃水船只而特别设计的宽舵。尼罗河上帆船的不同样式是由其不同功能而决定的。为宗教活动和皇室建造的仪式用船和皇家游艇都属于古代尼罗河上出现过的最壮观的船只。据史料记载，在埃及历史的最早期就已经出现了"皇家造船总监"[15]的官职。从第一王朝早期开始，埃及法老会定期乘船沿尼罗河谷地视察，沿途裁决国家大事并以此显示其权威。数千年来，埃及的统治者们对于船只的实用性和象征意义有着深刻的认识。在古埃及的所有船只中，最令人印象深刻的是出土于大金字塔附近的太阳船，这也是世界上现存最古老的船只。该船于20世纪50年代被完好地重建修复，并在吉萨一所专门的博物馆展出。该船长143英尺、宽近20英尺、排水量45吨，全部由进口自黎巴嫩丘陵地区的昂贵的杉木板拼接而成。该船船身修长呈流线形，拥有带顶棚的船舱和翘起的船尾，建造中使用了骨架法的建造技术，船板之间的接合严丝合缝以至于不需要堵塞缝隙就可以保证船只的水密性，实属古代造船技术的惊人杰作。

类似设计的仪式用船在古埃及的关键宗教活动中有着重要应用。例如在第十八王朝期间举行的、一年一度的"圣殿节"庆典当中，载有阿蒙拉（Amun-Ra）神神像的船队会在民众的狂欢中往返于卡纳克和卢克索的神庙之间。专门用来装载神像的船只被称为"Userhat"，即"有力量的船首"。它的船首与船尾雕刻有公羊头形状的装饰（公羊被认为是阿蒙拉神的象征），而阿蒙拉神祭坛所在的中部船舱则用金银宝石装饰。

而在近现代，埃及末代国王法鲁克（Farouk）的皇家游艇的奢华程度也丝毫不亚于古代，而它所象征的皇权却已不再稳固。事实上，*Kassed Kheir* 号游艇正是1952年法鲁克国王被兵变推翻后流亡国外时所乘坐的船只。

由于古埃及船只缺乏龙骨、船底较平和风帆面积大等设计特点，其在轻载航行时往往会有倾覆的危险。在这种情况下，往往需要在甲板下放置压舱物以保持平衡。事实上，这些船只就是为了承载货物而设计的。在洪水期间，吃水较深的大型船只可以在尼罗河主航道中安全航行，而吃水较浅的船只则可以通过被洪水淹没的地区抵达较为偏远的地带。从金字塔时代运送石料的船只，到罗马和阿拉伯时代运送谷物的船只，尼罗河水运带来的巨大便利始终在埃及历史上起着不可忽视的作用。

在塞加拉（Saqqara）的第五王朝乌纳斯（Unas）金字塔（约公元前2325年）的神道上，浮雕图案显示大批船队将花岗岩立柱和门框等建筑材料从尼罗河第一瀑布运往塞加拉以用于法老金字塔建筑群的装饰工作。浮雕旁的文字注释记载"为修建金字塔从象岛运来花岗岩立柱和门框"[16]。近一千年之后，类似设计的驳船也被用于将两座哈特谢普苏特女王方尖碑由阿斯旺运往她位于底比斯的停灵庙。在整个法老时代，一定有数不清的船只承载着修建金字塔和神庙用的各种石料在尼罗河上穿梭不息。直到今天，在尼罗河上依然可以常常看到装载石块沙土等建筑材料的驳船。而与此同时，更无害的"货物"也会在尼罗河上运输，正如一位19世纪的旅行者所见，"一艘政府的拖船牵引着三到四艘驳船，上面装满了衣衫褴褛的农夫，他们将被送往新建铁路和运河做苦力"[17]。

相较于驳船、皇家游船和划桨小艇而言，以下三种尼罗河上独有的船型可以说是尼罗河上生活更为准确传神的缩影。首先，是最具特色的斐卢卡（felucca）单桅纵帆船。该船船身宽吃水浅，有弯曲的桅杆和单面三角帆，是尼罗河上标志性的船舶。斐卢卡单桅纵帆船通常有二至三名船员（虽然只需一人即可操纵），并可载客多达十人。时至今日，此类船只依旧在尼罗河航运中广泛使用。没有比阿斯旺一队队的斐卢卡单桅纵帆船更能代表埃及的形象了：白帆与湛蓝的河水相映成趣，船队在卢克索神庙前围绕尼罗河盘旋着，太阳照耀着西岸。

相比于斐卢卡单桅纵帆船，平底双桅的达哈比亚船屋（dahabiya）则显得更为精致豪华。其阿拉伯文名称"金色的船"来源于中世纪埃及穆斯林统治者所拥有的被涂成金色的此类船只。而其基本设计则要追溯到更遥远的古代，并且"在各种意义上再现了古代帝王陵墓壁画中的大型桨帆船"[18]。由于吃水浅，达哈比亚船屋可以非常轻易地停靠和驶离各种泊位和沙洲。这也使它成为尼罗河旅游的理想船只，在19世纪和20世纪早期一直被富有的游客所钟爱。达哈比亚船屋通常有至少两到三间卧室和一间厕所，十分适合四至五人旅行。其船员一般包括一名船长、八名水手和一名厨房伙计。此类船只中最大者还会有一间可容纳八人共进晚餐的主船舱。由帆布篷覆盖的下层甲板既可以作为白天游客的座位也可以作为晚间船员们的休息场所。而上层甲板则一般"像露天休息室一样设有桌椅，铺有外国进口地毯"[19]。

在19世纪的最后二十五年，基于密西西比内河客轮设计的双层甲板蒸汽客轮开始在尼罗河航运中出现。这类船只一般都有多间卧室和客厅，并为尼罗河上观景需要而设计了大面积的玻璃窗。尽管怀旧人士声称"达哈比亚船屋和蒸汽船的差别正如驿马和火车的差别一样，前者昂贵、休闲、令人愉悦，而后者廉价、快捷但舒适程度较低"[20]，蒸汽客轮还是很快成为尼罗河上最常见的游船。而随着时代的发展，它们也很快被吨位更大，拥有更多房间、泳池和其他娱乐设施的现代化游船所取代。

在最近的五十年中，铁路和公路等陆路运输取代尼罗河成为埃及最主要的货运途径。正因为如此，如今渔船、渡轮和旅游船只成为尼罗河水运的主要使用者（讽刺的是，由于埃及公路的路况较差，而铁路则过于年久失修，船只仍然是埃及最可靠舒适的交通工具）。每当旅游旺季（12月至次年3月），只要埃及政治经济形势稳定，从阿斯旺到卢克索再到伊斯纳水坝，尼罗河河面上会充满了摩肩接踵川流不息的游船。它们的灯光和音乐打破了埃及的安宁和平静。埃及是尼罗河的赠礼，而尼罗河本身也是埃及给世界游客最好的礼物之一。

自从公元前5世纪希罗多德（Herodotus）造访埃及并将他关于这个国家的记录流传后世开始，尼罗河河谷就以其如画的风景和悠久的历史激发着西方世界的想象。希罗多德基于其亲身观察和埃及祭司讲述而写成的记录使古希腊罗马社会第一次了解了神秘的古埃及文明并激发了对尼罗河河谷地理和历史的无尽兴趣。后世的作家，例如公元前1世纪中叶的西西里的狄奥多罗斯（Diodorus Siculus，约公元前70年至公元前20年）以及较之年轻一代的斯特拉波（公元前64年至公元25年）。斯特拉波追寻希罗多德的足迹，以写实和艺术的手法为读者们描绘了古代埃及的图景。

在公元前47年尤利乌斯·恺撒（Julius Caesar）与其情人克莉奥帕特拉（Cleopatra）一起溯尼罗河泛舟之后，埃及即成为备受富有而好奇的游客欢迎的旅游胜地。在下努比亚（Nubia）的阿布辛贝（Abu Simbel）神庙和底比斯的门农（Memnon）巨像都发现了众多拉丁文或希腊文"到此一游"式的涂鸦，上面记载了古典时期尼罗河河谷访客的姓名、旅游目的地和感想。这些游客中的大多数是来观赏并惊叹于埃及的古代废墟——例如被老普林尼（Pliny the Elder）最早描述的吉萨高原狮身人面像，或者荷马笔下虚构的"一百道城门的底比斯"。这些游客中的另一部分是来埃及聆听门农巨像清晨发出的"歌声"（其实是门农巨像中的一座发出的古怪声音），这在哈德良（Hadrian）皇帝时代非常流行。这些访客中有很多是利用在埃及驻扎之便来探访古迹的古罗马军人。

随着罗马帝国的基督教化，古埃及"非基督教"的神庙和陵墓逐渐丧失了对游客的吸引力。新的访客更多是前往埃及沙漠寻求禁欲主义独处生活的虔诚修士。7世纪阿拉伯帝国对尼罗河河谷的征服改变了这一切。在沙漠中的基督教修道院继续发展兴旺的同时，阿拉伯学者对埃及的古代历史，尤其是对与阿拉伯本土迥然不同且为埃及带来繁荣的尼罗河产生了新的兴趣。尼罗河的奇迹促使许多学者前往埃及定居，他们中的很多人在开罗的艾资哈尔（al-Azhar）清真寺任教。与此同时，埃及也吸引了来自更远地方的访客，他们中包括11世纪访问开罗的波斯旅行家纳赛尔·克瓦斯罗夫（Naser Khosrow）以及1336年造访金字塔的德国僧侣鲁道夫·冯·苏姆（Rudolph von Suchem）。在1589年，一位没有留下姓名的威尼斯人甚至沿河而上到达了卢克索，成为古罗马时代之后最早在底比斯遗址留下印记的欧洲人之一。

而直到18世纪，埃及才开始真正引起西方社会的广泛兴趣。在启蒙运动早期前往埃及的访问者中有很多是来寻找旧约故事具体证据的虔诚基督教徒。如第一位于1737年至1738年由开罗向尼罗河上游长途旅行的英国人理察·波寇克（Richard Pococke）正是一位圣公会牧师。在从开罗出发骑驴参观了美杜姆（Meidum）金字塔和法尤姆绿洲之后，波寇克租了一艘达哈比亚船屋前往了阿斯旺及其上游更远的地方。在其游记《东方列国见闻录》（*A Description of the East and Some Other Countries*，1743）中，波寇克首次对埃及的许多标志性建筑物做了介绍并附有插图，这其中包括位于卡纳克、卢克索、伊德夫、康翁波（Kom Ombo）和丹德拉（Dendera）的神庙。这也引起了欧洲人对古埃及文明进一步的兴趣。与此同时，丹麦海军上校弗里德里希·诺登（Frederik Norden）奉克里斯蒂安六世（King Christian Ⅵ）国王的命令前往埃及，对这个国家进行详尽的勘测。诺登上校向南一直抵达了尼罗河第二瀑布脚下的瓦迪·哈勒法（Wadi Halfa，今属苏丹），并成为第一个记述努比亚神庙的欧洲人。到了18世纪中叶，欧洲探险家已经探索了从开罗到尼罗河第一瀑布的整段尼罗河河谷，并把埃及的古老文明介绍给了大众。

在之后的几十年中，拿破仑对埃及的远征及之后标志性巨著《埃及记述》（*Description de l'Egypte*）的出版，纳尔逊（Nelson）在尼罗河和河口海战的胜利以及之后商博良对古埃及象形文字的解密，这些都为尼罗河及其古老文明增添了魅力。在这段时期，前往埃及旅游的客流量一直保持稳定，这些旅客中有很多将埃及作为前往圣地长途旅行的一站。大多数游客［例如1849年造访埃及的弗罗伦斯·南丁格尔（Florence Nightingale）］会租用达哈比亚船屋前往尼罗河上游。在每年旅游旺季开始时，会有两三百艘船只停靠在开罗布拉克（Bulaq）港等待游客。当时在开罗以南尚没有任何旅馆，达哈比亚船屋就是游客们在往返阿斯旺两个月的旅程中的水上居所。因此，懂行的游客会雇用一名当地导游制订旅行计划并挑选合适的船只。

租到船只之后的第一件事情是要将其完全浸入河水中以清除蛇、老鼠和其他害虫，否则就难免在溯尼罗河而上的旅途中遭受各种害虫的侵扰。在浸入河水数个小时之后，达哈比亚船屋就可以重新浮起晾干，然后生活物资就可以被搬运上船了，其中一般包括茶叶、咖啡、糖、面粉、大米和土豆。当时的旅行指南还建议携带60瓶优质梅多克（Médoc）葡萄酒、35瓶红葡萄酒、25瓶白葡萄酒，白兰地、干邑白兰地、威士忌和苦艾酒各一瓶，以及节庆和娱乐用的香槟。英国金融家埃内斯特·卡斯尔（Ernest Cassel）的女儿坚持要在她的船上带一头牛以便每天提供新鲜的牛奶。其他富有的顾客有时则会携带钢琴登船。

到了19世纪后期，埃及已经成为上流社会的冬季度假胜地。每年11月底至来年3月底，达官显贵和富商巨贾离开他们在伦敦或纽约的住所来到尼罗河河谷享受蓝天和温暖。时任威尔士亲王的爱德华七世（Edward Ⅶ）于1862年和1868年访问埃及。而1869年苏伊士运河的开通更使埃及受到了前所未有的国际关注。旅游业的进一步发展带来了巨大的商机，一位来自莱斯特（Leicester）的商人抓住了这个机会，并就此改变了尼罗河旅游乃至整个埃及的面貌。以下内容节选自其旅游公司1887年的计划书：

> 埃及和尼罗河旅游在最近四至五年间出现了前所未有的热潮。[21]
>
> 在1869年之前，尼罗河上的航运工具只有豪华昂贵的达哈比亚船屋以及由阿兹切（Azizeeh）公司经营、不定期发船且对游客有诸多不便的小型蒸汽轮船。[22]
>
> 这就是本公司创始人托马斯·库克（Thomas Cook）先生于1869年2月创办其业务时的状态。也正是他首次以公开售票的方式组织了两艘小型蒸汽船往返尼罗河第一瀑布的旅行。[23]

这位莱斯特商人正是托马斯·库克。与他同样具有商业头脑的儿子约翰·梅森·库克（John Mason Cook）一道，他们在价格、速度和可靠性方面彻底改变了埃及旅游业。约翰·梅森·库克于1870年1月以1848英镑的高价（以英镑和金法郎提前付清）从埃及赫迪夫当局租来一艘大型新式蒸汽轮船巴赫拉伯（Beherab）号。该船可容纳40名乘客，是一般达哈比亚船屋载客量的10倍。约翰·梅森·库克亲自组织了"到那时为止英美游客规模最大的沿河往返尼罗河第一瀑布的旅游团"[24]，并大获成功。这次成功令库克父子意识到"尼罗河旅游尚有很大的发展空间并可以极大地造福沿岸人民"[25]。事实上，这是一种披着慈善外衣的维多利亚时代企业家精神。同年7月，库克的公司成为尼罗河客运蒸汽船的唯一运营商。

凭借其垄断地位和妥善经营，库克的公司成为第一家在开罗往返瓦迪·哈勒法航线上提供定期可靠游船业务的公司。其游船每隔两星期发出一班，沿途会在各名胜古迹定期停靠，其收费（包含全部旅行和导游费用）也是固定的。之前乘坐达哈比亚船屋需要耗时两到三个月的旅程现在只需三个星期即可完成（第1天由开罗出发，第7天到达卢克索，第12天到达阿斯旺，第20天返回开罗）。旅游的花费亦明显下降：乘坐达哈比亚船屋每个月需花费90—120英镑，而乘坐蒸汽船游完全程则只需要花费44英镑。这使得尼罗河旅行的花费大为降低，而安全性则大大提高。在1870年的第一季度，共有300名美国游客前往领事馆登记乘坐尼罗河游船。

为适应日益增长的客流量，埃及内外的交通和基础设施都进行了一些翻新。新的蒸汽轮船服务使得意大利到亚历山大港的航程减少到了仅有三天半。亚历山大港到开罗铁路的开通避免了旧时交通方式的危险和不便。四轮马车在开罗的普及（相较于骑驴）则提高了参观金字塔的舒适性。而沿尼罗河河谷的各个著名景点也都开始提供正规的导游服务。这些变化标志着现代旅游业开始在埃及出现。

一些游客抱怨埃及的发展过多迎合了现代生活的便利：在蒸汽船航线开通的几年之后，曾经寂静的卢克索小村就有了邮局、电报公司、网球场、体育俱乐部、酒吧、理发店和一座拥有自己牧师的英国教堂。虽然有钱有闲的游客仍然可以选择乘坐达哈比亚船屋，但对于库克公司在伦敦、纽约和开罗数以千计的顾客而言，尼罗河蒸汽船的廉价与便捷无疑是更有吸引力的。库克公司在19世纪七八十年代迎来了快速发展和扩张的时期。在其开始运营开罗—阿斯旺航向短短六年之后，该公司就将其业务扩展到了连接尼罗河第一与第二瀑布的航线。库克公司在尼罗河河谷沿岸的各主要城镇均设有办事处以便游客收发信件并规划下一步的行程（例如游客可以在抵达开罗之前通过电报向旅馆预订来码头接站的马车）。库克公司甚至花钱清理了塞加拉的乌纳斯金字塔并作为新景点向游客开放。

自1886年冬季开始，库克公司开始营运一支由"装备了全套现代化设施"[26]的豪华蒸汽船组成的新船队以吸引原本乘坐达哈比亚船屋旅游的富裕游客。根据该公司的宣传广告：

> 每艘蒸汽船均配备有一架钢琴，以及一座藏有有关埃及图书的小型图书馆。每艘船上都配有一名西医，并备有尼罗河旅行需要的各种常用药品。我们的每艘船只都由一名称职的欧洲经理管理，并有导游人员负责上岸后的翻译。而船上的服务人员也是我们在埃及员工中最优秀的。[27]

从开罗往返阿斯旺的头等舱船票价格为70英镑，这其中也包括为贵妇的女佣提供住宿的费用。这些豪华游船以古往今来埃及的统治者命名，诸如：陶菲克（Tewfik）、阿巴斯亲王（Prince Abbas）、穆罕默德·阿里亲王（Prince Mohammed Ali）和拉美西斯（Rameses）等，而它们的顾客也同样身份显赫。一份在库克公司开展其业务的前20年使用其游船的大人物名单涵盖了维多利亚时代诸多上流社会成员，其中包括：

爱丁堡公爵和公爵夫人殿下（TRH the Duke & Duchess of Edinburgh）

康诺特公爵殿下（HRH the Duke of Connaught）

巴西皇帝和皇后陛下（Emperor & Empress of Brazil）

丹麦王后陛下（HM the Queen of Denmark）

黑森亲王亚历山大殿下（HRH Prince Alexander of Hesse）

杰罗姆·拿破仑亲王（Prince Jerome Napoleon）

巴罗达邦王公殿下（HH the Maharajah of Baroda）

喀奇拉拉奥殿下（HH the Rao of Kutch）

莫尔比王公殿下（HH the Thakore of Morvee）

暹罗的四位王子（four sons of the King of Siam）

已故坎特伯雷大主教（His Grace the Late Archbishop of Canterbury）

威廉·格莱斯顿阁下（Rt. Hon. W.E. Gladstone M.P.）

从高档蒸汽游轮和豪华的蒸汽动力达哈比亚船屋，直到更为廉价的快速客船和邮船，托马斯·库克父子极大地提高了尼罗河航运的效率。正如他们公司自己所认为的，"所有前往尼罗河的游客都可以把安排行程的工作放心地交给我们公司"[28]。

但也不是所有前往埃及的游客都会选择库克公司。虽然该公司有效垄断了尼罗河上的蒸汽船客运业务，但其旅游项目主要是针对前来感受异国风情的短期度假观光客而设计的。在时间和金钱允许的条件下，对埃及文明史怀有更强兴趣的游客仍然会偏爱乘坐达哈比亚船屋旅行。而也正是在尼罗河上乘坐达哈比亚船屋的旅行激发了一些关于这段旅行黄金时代最能引起共鸣的文学作品的创作灵感。在此之中，有两位作家的作品尤为知名。虽然他们在个人性格方面迥然不同，他们对于埃及学发展史的影响是同样深刻的。

阿米莉亚·爱德华兹（Amelia Edwards，1831—1892）是一位作家兼记者。她的写作生涯开始于7岁时的一篇诗作在某周刊上发表。长大之后，她除了为《晨邮报》（Morning Post）和《星期六评论》（Saturday Review）等维多利亚时代的报刊撰稿之外，也担任有关历史和艺术的通俗读物的编辑工作，并著有《卡鲁小姐》（Miss Carew）、《莫里斯先生》（Monsieur Maurice）和《五十万块》（Half a Million of Money）等小说。但在阅读了约翰·加德纳·威尔金森（John Gardner Wilkinson）的畅销书《古埃及风俗》（Manners and Customs of the Ancient Egyptians）并于1873年至1874年乘达哈比亚船屋前往尼罗河实地旅行之后，埃及成为她创作灵感持久的来源。爱德华兹以记者的眼光观察埃及，特别是"城镇的贫困、疾病与脏乱"[29]，以一位畅销小说家的笔调加以描绘（"天空总是万里无云，太阳很暖，晚上则尤为优美"[30]是她对尼罗河上生活标志性的描述）。她于1877的著作《尼罗河上一千英里漫游》（A Thousand Miles up the Nile）至今仍是游记类作品中的经典之一。她对于古代遗迹的记载和对19世纪埃及日常生活的描述同样令人印象深刻。爱德华兹的敏感与机智体现在书中的各个角落，这也使她的作品富于吸引力，受到了广泛欢迎。而更可贵的是，爱德华兹并没有止步于做一名古埃及文化的业余爱好者与看客。震惊于尼罗河河谷各地对古代遗迹的破坏，爱德华兹在回到英国后建立了伦敦埃及探险基金会（Egypt Exploration Fund，后改为学会），以赶在相关文物消失之前记录出版有关古埃及的研究工作。时至今日，埃及探险学会和爱德华兹在伦敦大学学院创立的埃及学专业依然在将这项事业发扬光大。

就对埃及学研究的崇高贡献而言，阿米莉亚·爱德华兹与另一位与她几乎同时代的作家可谓颇为相似。阿奇博尔德·萨伊斯（Archibald Sayce，1845—1933）牧师完全同意爱德华兹对于尼罗河上游客们的敏锐观察："达哈比亚船屋上的游客往往会鄙视乘坐库克公司蒸汽船的游客，而出发前往尼罗河第二瀑布的游客也会居高临下地看待只打算前往第一瀑布的游客。"[31] 不同于爱德华兹，萨伊斯是一位学识渊博的学者。他曾担任牛津大学亚述学教授近30年，同时也是解读卡里亚（Carian）和赫梯（Hittite）文字的先驱。但事实上，萨伊斯在古埃及学的研究中做出了更为重大的贡献。在他19世纪80年代早期的第一次尼罗河之旅中，萨伊斯写道：

> 万里无云的天空和温暖的空气，这里每天都在向我揭示一个全新的世界……并给予我生命中从未有过的快乐。这里的人民依然单纯质朴，看待欧洲人就像是从另一个世界来访的王子一样。尽管水坝和铁路桥已然生锈，帆影点点的尼罗河依旧是这个国家的运输动脉。[32]

但萨伊斯并不是浪漫主义的空想家，他对于埃及农村的贫困与危险同样有着清晰的认识：

> 埃及的两个省份依旧残留着去年饥荒的痕迹。而在更为偏

远的地方，农民和他们的孩子依旧在为残羹剩饭而乞讨。而匪帮则在尼罗河两岸均有出没。[33]

萨伊斯将这些问题很大程度上归咎于埃及作为英帝国附庸岌岌可危的地位，并指责格莱斯顿（Gladstone）政府"拼命逃避其在埃及的责任"[34]，以致"整个上埃及在当年冬天陷入了一片混乱……沙漠边缘的贝都因人肆意劫掠和杀害当地农民"[35]。由于缺乏有效的政府管理，上埃及地区已经几乎看不到任何游客，而该地区的基础设施建设"事实上已经停止"[36]（在100年后的2012年冬季，前往埃及的旅客无疑会感到这一切似曾相识。阿拉伯之春及之后的一系列政治动乱使游客望而却步，更重创了本已举步维艰的埃及经济。在卢克索和阿斯旺，所有的政府建设工程都停止了。修建中的道路和桥梁工程被半途放弃，而每座加油站前都会排着几英里的长队。客流量的锐减使得卢克索旅馆在旅游旺季的入住率也只有5%）。

即便有这些困难，萨伊斯依然被尼罗河河谷所深深吸引。他辞去了在牛津大学的教职来埃及定居并买了一艘达哈比亚船屋居住："1891年1月3日，我登上了我的新家并开始了我的新生活。"[37] 萨伊斯的家是尼罗河上最大的船屋之一，总共需要19名水手外加两名仆人。在此后的18年间，萨伊斯每年冬天都居住于他的船屋中拓印古代碑文、会见其他埃及学研究者并接待许多显贵的访客，这其中包括"首先是北安普顿侯爵（The Marquess of Northampton），然后是康普顿勋爵（Lord Compton）和他的妻子、女儿。他们租了一艘达哈比亚船屋和我们一起在尼罗河上航行，在阿斯旺我们又在另一艘船屋上遇到了哈克尼（Hackney）的安默斯特勋爵夫妇（Lord and Lady Amherst）……"[38]

但是现代化的进程是无法阻挡的,尼罗河上的达哈比亚船屋和贵族政治一样,也必将走入历史。萨伊斯在 1907 至 1908 年冬天写道:

> 尼罗河上的生活已经变得不像从前那样美好了。如今在尼罗河上驾驶达哈比亚船屋航行已经变得愈发困难。之前我们可以靠近河岸航行并欣赏岸上不断变化的景色,但现在我们需要保持在河流中央并忍受蒸汽船带来的煤烟……船屋水手们之间的竞赛也已经成为历史,如今水手们更愿意在工资更高且工作强度更低的蒸汽船上工作。[39]

德文郡(Devonshire)公爵夫妇于同年访问了埃及,他们的私人医生普拉特(A. F. R. Platt)详细地记录了这次也是萨伊斯在埃及的最后一次旅行。开罗到卢克索的卧铺列车的开通使得两地之间的陆路交通变得异常便捷,也使得耗时更长的传统尼罗河水运变得多余。不久之后,两次世界大战和其间的大萧条严重打击了西方社会对出国度假的兴趣。而当埃及旅游业在航空时代重新兴盛起来的时候,曾经被称为经典的尼罗河变成了"大批游客的客运水道"[40]。小型客船已经几乎在尼罗河上消失,取而代之的则是如今往返与尼罗河上的多层甲板大型豪华客轮,其中的一些仍然在托马斯·库克所创立的公司旗下运行。

然而,对于更偏好慢节奏安静而浪漫生活的游客而言,尼罗河上仍然有为数不多的达哈比亚船屋运行。这些船屋在忠实复原 19 世纪旅游风格的同时,也在套房内安装了液晶电视并可以上网。当附近没有其他船只的时候,坐在甲板的遮阴天棚下,人们依旧可以陶醉于尼罗河及其两岸从古埃及时代就未曾改变过的特殊韵味之中。在船屋顺流而下的旅途中，你可以看到埃及历史——从法老时代直到如今——的各个阶段在你面前展开，正如尼罗河从远古走来流向现代。在尼罗河上安静地泛舟是欣赏埃及的最好方式，而人们也可以从中真正领会希罗多德那句千古名言：埃及是尼罗河的赠礼。

第二章
阿斯旺：尼罗河的源头

> 尼罗河从两个高处发源……位于象岛与赛伊尼（Syene）之间，一半流向埃及，另一半流向埃塞俄比亚。
>
> ——希罗多德[1]

在埃及丰富的文学遗产中，"云"仅仅出现了两次。在《死者之书》(*Book of the Dead*) 中一次，在金字塔文献中一次，是在不起眼的、描述天体预兆的诗句中。带来雨水的云在埃及已非常罕见，更不必说埃及的更南边。近期访问阿斯旺发现，一些"降雨"（在英国根本不会被归为"降雨"）已成为当地大肆庆祝的原因。甚至有人怀疑，庆祝不算降雨的降雨是因为司机们终于有机会使用雨刷了。

然而，尽管雨带来了温度的令人愉悦的下降、一次短暂的从灼热中喘息的机会，埃及人却并不真正需要雨水。因为外国的人民靠从天而降的雨水，埃及靠从地下流出的洪水来滋养。阿肯那顿（Akhenaten）法老在公元前14世纪对太阳神的赞歌中说：

> 天空降落之水流过外国……
> 地下涌出之水流过埃及……[2]

在古人看来，埃及洪水来自尼罗河一个小岛的地下溶洞。而对于今天的埃及人，阿斯旺高坝造就了可靠的常年灌溉用水。从古至今，阿斯旺城市及地区都是埃及的水源地。因而，又是埃及所有生命之源。

正如所有的埃及城市一样，阿斯旺的每一段历史都留下了痕迹。细心的游客可以看到一张羊皮纸，留下了法老、托勒密、罗马、基督教、伊斯兰教、殖民和后殖民时期层层迭加的印记。与埃及任何地方一样，阿斯旺既是永恒的，也是不断变化的。地理环境与从前一样壮观——尤其是从尼罗河西岸的悬崖看尼罗河。今日东岸的悬崖曾是沙漠覆盖的地区，如今是排列着住宅的郊区，家家都架着卫星天线，山顶则是多层公寓楼排列成行。恒久不变的是河流本身，蜿蜒着穿过城市的中心，依然是生命的使者与埃及繁荣的源泉。

阿斯旺是埃及的一个缩影——常与变、腐朽与重生，正如古今尼罗河赋予生命的水域，从此顺流而下，这是适合开始任何旅程的地方。

在1858年8月炎热而潮湿的一天，印度陆军军官约翰·汉宁·斯皮克（John Hanning Speke）历经一年跨越了沙漠、沼泽、山区的艰苦跋涉后，攀登至今坦桑尼亚以撒泪罗山（Isamiro），他看到了这样的景色：这里，就在他面前的是非洲的中心——一个大湖以及湖中静水延伸到地平线的尽头。斯皮克是第一个见到这湖水的欧洲人。在帝国主义的自豪感的驱使下，他立即将其命名为维多利亚湖。斯皮克对自己的发现非常兴奋，他写道："我不再觉得有

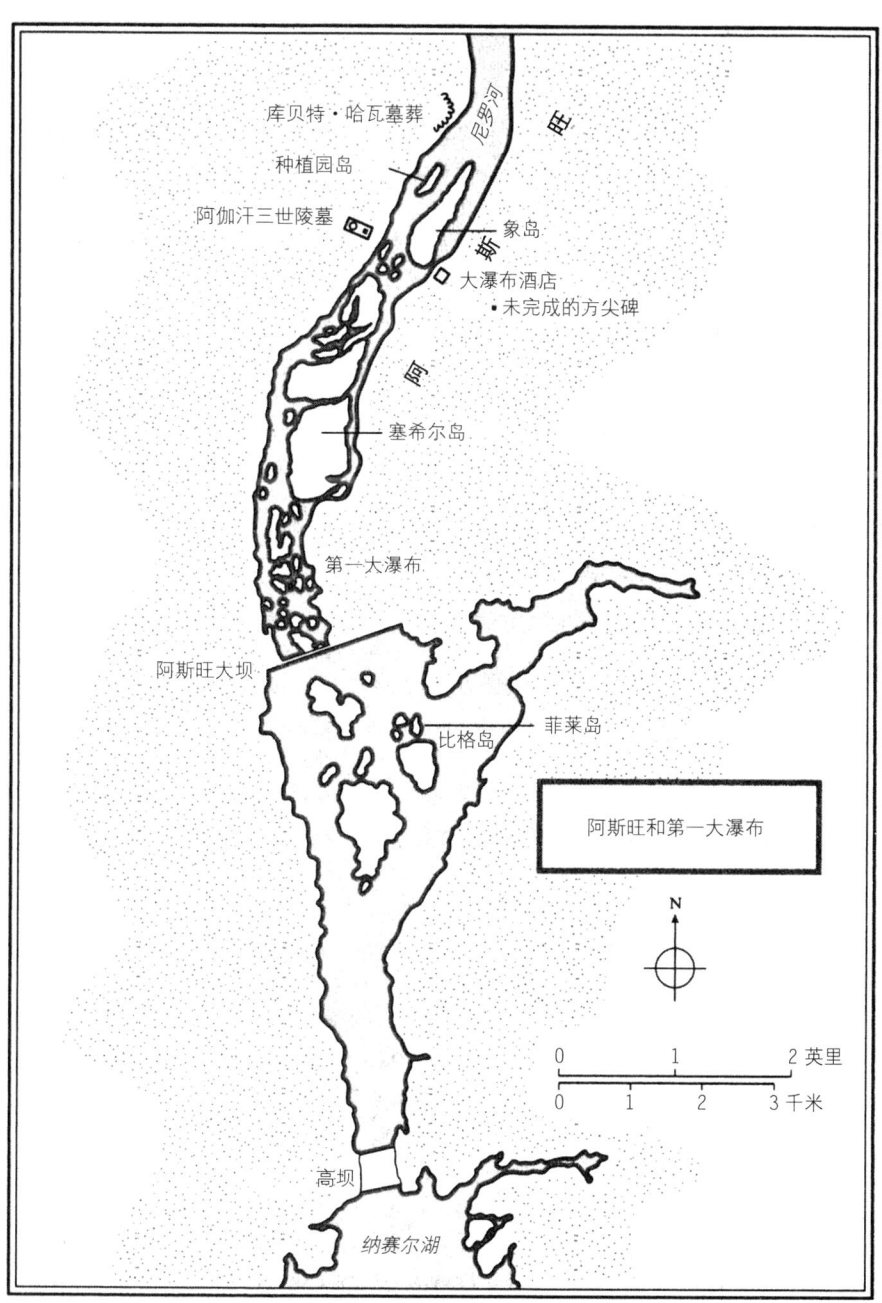

第二章 阿斯旺：尼罗河的源头

任何疑问，在我的脚下这片湖水孕育了很有趣的河流，可以推断是河水的源头。"[3]斯皮克确信，他自己发现了尼罗河的源头。

今天，我们可能会质疑斯皮克19世纪笃信的结论——维多利亚湖收纳从布隆迪（Burundi）高地流下的卡盖拉（Kagera）河，而尼罗河的一条二级支流塞姆利基（Semliki）河汇入阿尔伯特湖（Lake Albert），阿尔伯特湖发源于传说中的月亮山。但当时，这位英国官员似乎已经解决了让无数学者和探险家迷惑了两千多年的谜。

在许多方面超越所处时代的希腊历史学家希罗多德似乎是第一位在写作中对尼罗河源头提出假说者。在他关于埃及地理历史的评述中，他记下了古代缭绕这一问题的无知与混乱。一方面，他承认"尼罗河之源没人能提供可靠证据……它从远处进入埃及"，冒险猜测之前，与当地民间传说相符合，"尼罗河从两个高处发源……位于象岛与赛伊尼之间，一半流向埃及，另一半流向埃塞俄比亚"[4]。

对于古埃及人来说，尼罗河的源头确实是位于阿斯旺附近，因为这是尼罗河最早流入埃及之处，也是每年洪水从第一瀑布的巨砾与花岗岩之间冲出，水声大作之处。更确切地说，古人认为，第一瀑布是尼罗河之源，并非河流本身，而是河流的泛滥所带来的沃土与馈赠，他们还将洪水拟人化为神哈比（Hapy）。哈比被描绘成一个有着下垂的乳房的高大而肥胖的男子，是个不会被认错的形象。象岛的急流脚下是被古埃及人所崇敬的哈比的居所。而深在小岛下方的洞穴被认为是每个汛期洪水开始涌出的地方。

习惯于尼罗河的广阔、宁静与流速缓慢的游客面对第一大瀑布感受到的是冲击和挑战。河水冲破坚硬花岗岩的障碍，进入阿斯旺南部的屏障，它的通道被强制分为多个支流。水流迅疾如飞，巨石历经千年磨损已渐圆滑。由此产生的急流险滩、沉没的岩石、磨损的航道延伸超过大约四英里的距离，正如无数旅客所见，航运需要有相当大的冒险精神，有时也会让旅客付出各种代价。

斯皮克发现维多利亚湖六个月之后，另一位维多利亚时代英国的卓越人物——工程师伊桑巴德·金德姆·布鲁内尔（Isambard Kingdom Brunel，1806—1859）亲自体验了尼罗河之旅。布鲁内尔到埃及旅行是因身体不适。他为了躲避英国冬天的雾霾以及连绵不绝的阴天，选择了到温暖而阳光明媚的埃及，进行一次尼罗河之旅。他乘坐一艘叫佛罗伦萨（Florence）的铁船从开罗南下，但这艘船的重量太重，不利于安全通过大瀑布，所以他在去努比亚的路上购买并改建了一艘年代久远的老木船。1859年2月12日，他在一封给妹妹的信中提到了他的船在阿斯旺卷入急流中。对一个习惯面对实际挑战的人来说，这是一次令人着迷的体验："……他们真的将小船拖到奔流的水中，直到我看到它，并计算出所需动力，我应该轻率地说可能不会受到影响。"[5]

布鲁内尔把航行描述为"大量的噪声、明显的混乱、需要计划，但整体确是正确以及成功的"[6]。这正是对埃及式做法的独到总结，无论是当时还是现在。

对大瀑布更为生动的描述则出现在阿米莉亚·爱德华兹笔下，1873至1874年的旅途中。这是乘船屋旅行的时代（对于有钱有闲者来说）。阿斯旺当地大人物看到船屋，他明白：赚钱的机会来了。第一大瀑布的酋长垄断了急流通过处的运输，并收取旅客12英镑的全程（包含上游下游）的船票。旅游旺季，船屋继续以自己的方式运输到瓦迪·哈勒法然后再返回。实际上，牵引船只通过急流的工作留给了当地阿拉伯人。一只船屋需要200个人劳作四天通过大瀑布，"用绳索和肌肉的力量"[7]。每年11月至次年3月，他们四五十次地重复着这一壮举，带给游客的是一次难忘的经历，带给酋长的则是一笔不菲的收入。

顺流而下的回程仅仅需要半小时。在维多利亚时代的游客以及千百年来无数的游客看来，通过第一大瀑布向北航行宣告着他们终于抵达了埃及，他们进入了另一个世界："我们离开身后一条梦幻般的河流，寂静的河岸，一个永存的沙漠。回来后，我们一下子落到了肥沃的土地与稠密的人口之中。"[8]

大瀑布地区的人口分布在尼罗河东岸，广阔的平原从河水边缘、急流的北端而来。相比之下，航道更南部的岛屿虽比较易守难攻，便于防范沙漠中常来掠夺的部落，但依然人烟稀少。因为早期这片孤寂荒凉之地常有野生动物出没，古人以为是神的居所。

船顺流而下，驶向埃及，尼罗河上大瀑布的最南端第一个弯曲处拐弯，比格（Biga）岛隐隐约约地进入视野。在法老的黄金时代，新王国时期，这是努比亚进口集散地；但它的实用功能很快被更神圣的地位代替了——奥西里斯（Osiris）的坟墓所在。奥西里斯是能使死人复活的神。没有什么地方比标志埃及诞生的小岛更合适作为重生的中心！由于奥西里斯与带来生命的洪水联系到一起，比格亦然。此地与古代埃及神话相连，被看作尼罗河的源头。因此，岛上的岩石表面隐藏着两个秘密。比格可不是随便被称为圣岛（iat-wabet）的。

如果比格作为通往埃及的中间站，属于全国性的神祇奥西里斯，那么在大瀑布中点的塞希尔岛，则属于神圣的地方女神阿努凯特（Anuket）。她的名字意为"接受者"，深层看来被赋予了双重含义。正如大瀑布本身，阿努凯特既意味着庇护，又意味着摧毁。与她所体现的急流一样，她既被要求强悍地保卫埃及南部边境，又被希望能变得和缓。一个在塞希尔岛中央的阿努凯特神龛以及数量庞大的碑刻见证了埃及人的对神祇的供奉。在古代，远征努比亚的领导者出发前会到塞希尔，祈求阿努凯特保佑他们平安返回。一旦他们回到埃及，他们继续雕刻铭文，感谢女神的庇护。塞希尔是祈祷之岛，也是祈求神的眷顾与感谢之词上达女神视听之岛。

阿努凯特紧紧扼住了通过大瀑布的交通，很难改变。公元前19世纪，在国王辛努塞尔特三世（Khakaura Senusret Ⅲ）——"努比亚之祸"的统治下，国王的船队为能绕过大瀑布，开凿出来了一条运河，大大加快了行路速度，挥师南下，征服并开发都库什山脉的富金的土地。虽然这条运河名为"美丽的法老之路"，使用了约五百年，但因每年定期的水患留下的大量泥沙而淤塞。最终，当法老不再有办法或想要疏通它的意愿时，它还是消失了的好，毕竟它的准确位置从来就没有被确立过。直到20世纪，阿斯旺大坝建成后，船只才能安全地通过急流。而且即使在今天，驾着飞卢卡单桅纵帆船与渔船通过弯弯曲曲的航道与重重叠叠的暗礁的本地人，依然有充分的理由尊重大瀑布的神圣权力。

阿斯旺地区的岩石已被证明既是福分又是诅咒。关于塞希尔的大量铭文中列出了七种不同的岩石及多达岩石类型三倍的宝石、金属、颜料，所有这些都可以从附近的采石场获取。第一大瀑布的矿产财富简直是传奇。纵观法老的历史，修金字塔和庙宇的花岗岩都是从尼罗河的两岸及尼罗河中较小的岛屿中被开采出来。至20世纪初，当地的岩石仍被用于大型建设项目。

前现代时期，纯粹使用人力劳动从基岩中提取大块花岗岩，其工作量令人望而生畏。没有比现代城市阿斯旺以南的花岗岩采石场更能明确证明埃及石匠恒心与耐心的地方了。这里坐落着一个未完成的世界奇观：特大规模的一个废弃的方尖碑。近140英尺长，重近1200吨，这是已知古埃及最大的方尖碑。依然躺在沟内的它揭示了在法老的鼎盛时期采石场的秘密。尽管阿斯旺附近有丰富的花岗岩储量，很少有采石场适合挖掘如此庞大的纪念碑。需要经验丰富的专家才能辨别足够坚硬、足够完美的一层岩石。专家们选择好精确的开采点，采石工人就可以开始工作。首先，必须辛苦除去干燥的外层风化岩层。在岩石的表面上生火，再突然用水浇灭火苗，打碎石块，接着用石锤敲击，直到可见色彩斑斓的岩层才算完成。其次，石匠通过垂直掏空来测试周围的采石场工地的周界，检验石材的缺陷。测试成功之后，才可以开始认真地挖掘。古埃及人的铜制品相对花岗岩硬度不够，只有用暗灰绿色的火成岩制成的锤子能达到这种硬度。采石工人使用这种原始的工具，小心地挖出深沟，使初见的方尖碑的毛坯从其母基岩分开。两个工人一组，一个人面向岩石的毛坯蹲着，他的伙伴背对着，一起合作用锤子将岩石分开。周围所有的矿场或许同一时间有多达上百人。在沟壁上，赭红色绘制的线条显示出他们的挖掘地点。

整个过程的最后一个阶段是从基岩分离出方尖碑，非常困难。在如此狭窄的空间切割几乎是不可能的，更何况岩石自然纹理很少能按照人们所需而生长。采石工只有用粗壮的木头垂直插入毛坯，用每一块能调动的肌肉倚靠木头才能逐渐撬动分离出方尖碑。这看起来是个不可能完成的任务，但他们无数次成功地完成了这种任务。大约有29个古埃及方尖碑今天仍然存在着，它们或在沿尼罗河谷的寺庙，或在纽约到伊斯坦布尔的公共场所屹立不倒。

最后，巨大的毛坯开始松动，前壁有洞被凿开以使方尖碑滑出它的沟槽，等待驳船运输到最终目的地。但是，在阿斯旺采石场，对建造埃及有史以来最大方尖碑的工人们来说，那一刻却未能到来。因为，在提取过程的后期，花岗岩的毛坯出现了问题。这简直令人难以置信。石匠们意识到了这个方尖碑经历了数月、数年疲劳至极的工程却永远都没法挺立并保持完好，他们只得放弃，将方尖碑留在石质的墓穴中。至今，它仍然在那里，见证了与大瀑布的岩石景观息息相关的财富和辛劳。

如果说大瀑布的岩石和激流是尼罗河赋予生命的力量开始的地方，那么大瀑布周围区域被认为是埃及的诞生处。最早的史前时代，大瀑布地区是一个文化与种族的前沿地带，是埃及与努比亚的边境。在那里，埃及与努比亚人民以他们各自独特的生活方式混合、交融在一起。史前努比亚人的陶器已在大瀑布几英里以北出土，而距大瀑布以南相当远的地方则出土了埃及陶器。这种交互的文化传统无疑反映了埃及人和努比亚人混合社区的存在，阿斯旺至今仍有这样的特点。而大瀑布满是气泡的水域形成了自然、地理与象征性的界限，人们一直认为它是可被渗透的。

有人交流的地方就有用于贸易交换的商品与生产。在大瀑布北边的边缘，尼罗河平静之处，绕过险滩的陆上运输路途就结束了。河东岸是广阔的平原，人民及其财物自古以来聚集于此。围绕一个蓬勃发展的市场（古埃及苏努 Sunu），这个新兴的定居点出现并以其最鲜明的特点而得名。苏努，古代赛伊尼，今以阿拉伯语之名"阿斯旺"广为人知。这是埃及的第一座城市，第一个在努比亚边境以北的、由繁华的露天市场占主导地位的定居点。在 19 世纪后期，埃及人与突厥人、阿比西尼亚人、努比亚人、苏丹部落以及东部沙漠的阿巴登（Ababdeh）人和比萨日亚（Bishariyah）贝都因人接触。阿斯旺出售的商品包括狮子和豹皮、撒哈拉以南非洲的象牙、努比亚古典样式的编织品。正如阿米莉亚·爱德华兹所说："竹篮编织者自从拉美西斯大帝后就没有因购买者的品位而改变他们的时尚。"[9]今天，阿斯旺的市场摊位永远都摆满了水果蔬菜、药草香料——尤其是干芙蓉花，用于制作这里最受喜爱的饮料"karkadeh"。

阿斯旺，同时承担了转口以及边境两种战略角色，几个世纪以来埃及全国性的政权都对其展示出特别的兴趣。在托勒密时代，赛伊尼背后建立起一座超过30英尺高、将近5英里长、基座15英尺厚的加固墙，一直从这座城市港口南部延伸到大瀑布南端的大平原，保护路上运输线免于游牧部落的突袭。为了加强对人身安全的保护，在托勒密和罗马时期，士兵驻扎在阿斯旺。他们的另一重要作用则是对经过大瀑布区的利润丰厚的贸易征收政府税。大多数情况下，除了击退边境偶尔受到的袭击，纯军事行动并不常见。然而，士兵们也参与过一次武装突袭。后人回想起来也会认同此次军事行动在埃及历史上的特殊地位。在公元前186年8月27日，阿斯旺最后一位宣称自己是法老的埃及土著命丧于此。安可温尼菲尔（Ankhwennefer）是南部尼罗河谷土著，那里是埃及民族主义的心脏地带。他的父亲公元前199年去世后，他是举行叛乱反对托勒密统治的领导者。在与说希腊语的当局进行的长达十年的战争中，安可温尼菲尔展现出令人印象深刻的战略指挥能力。他集结埃及南部大部分地区武装于麾下，并在大尼罗河谷地区拖住了托勒密王朝军。他与阿斯旺驻军棋逢对手。在决定性的战役中，他的军队溃败，儿子被杀，他本人也被俘虏了。叛乱平息了，埃及人长期屈服于外国人的统治。直到两千一百三十八年之后的1952年，埃及军官政变，埃及才真正回到埃及人自己统治下。

当我在一个寒冷的12月早晨，站在尼罗河岸边，阿斯旺就在我身后，向西望去是对岸那高耸的峭壁，长而低矮的上埃及象岛轮廓充满了我的视野。也许在埃及，再没有其他地方像尼罗河流中的这个小岛这般，拥有如此层累而悠久的历史。每一个时期，上埃及象岛一直是埃及南部边境问题的核心。它的土地、人民与故事激发了大瀑布地区弥漫的边境心理。象岛之名表明了其重要性：它最早作为象牙贸易的中心；而且上埃及象岛的地理位置使之成为能够控制商品及人民在努比亚与埃及间流动的绝佳处所。

之后，我搭乘阿斯旺码头区的一条小船，划过河岸，我就爬到了旧博物馆，接着向左转向考古区进发。穿过金合欢丛林，经过大块的装饰石雕及泥砖墙块，我已迫不及待地想要看到那些赋予上埃及象岛特殊地位之处。经过十分钟的步行，我到达了岛屿东南边缘，爬上了高耸的花岗岩巨石，它们就像一群缓和的大象。从这里，我看到了一个无与伦比的深水航道，所有南北向的交通必于此经过。几千年来，人们一直为此景来这里。在公元3000年前，新的埃及政权第一次全国性行动就是在岛的最高点建造一个巨大的堡垒。为加固而修建的带有半圆形棱堡要塞的矩形堡垒结合了边境口岸、海关及政府储存设施的功能。它的修建与其后的扩大创造了一个占据岛屿主要位置的建筑，在相邻的建筑中耸立，又阻断并穿过了当地社区的神殿。这是一个较早但鲜明的迹象，表明了政府的优先事项（收入和国家安全）并不总是符合其人民的最大利益。

象岛今日已成为考古圣地，但游客并不多。这里有两个博物馆，一个是一个世纪前由英国人建造的，另一个则是为展示德国人和瑞士人的挖掘新成果，二者却都被遗弃了。因为象岛的发展不仅打破了原有的轨迹，最近几十年也出现了公平分配的问题。邻近考古区的努比亚村庄是一个臭名昭著的危险区域，村民暴力层出不穷。因此，尽管在房子和街道下存在价值不菲的古遗迹，考古学家和当局只得小心避开。链式围栏使得两个对立的群体——努比亚人与考古学家分开。尽管暗流涌动，岛北端也出现了一家新酒店。在一个长达十五年的案件结案后，一个空的混凝土外壳终于粉刷完成了，就像景观中的污点，附属于隔壁莫凡彼（Mövenpick）酒店。两栋建筑之间的地面正在被铺平，以容纳一个巨大的游泳池。这里肯定有古迹。但是，正如一位当地导游所解释的，埃及人在建筑工地找到古物的第一反应是"用具体的东西覆盖"[10]。否则，土地便有被古文物保护署强行征用的危险。当然，整个埃及可能就是一个考古遗址。

在整个法老时期，在主要驻军穿过尼罗河到托勒密和罗马统治下的赛伊尼之前，士兵驻扎在上埃及象岛，护送货物从努比亚运送到埃及。特殊军事社区的生活因一本非同一般的莎草纸文件集的发现而为人所知。这本莎草纸集是在象岛东南角的泥砖房废墟中发掘出来的，用亚拉姆语（Aramaic）书写，可以追溯到公元前5世纪。文件集包括二十四份法律文件、十一封信和一份清单。且其中记录了一个犹太雇佣兵及其家人的生活，他们守卫了埃及的南部边境十多代。

因为当今的地缘政治，犹太人对尼罗河谷的历史贡献在很大程度上被遗忘了，但犹太人实际是埃及历史上长期而重要的参与者。波斯军队公元前525年征服了埃及，而此前犹太人在大瀑布地区已至少生活了两百年。波斯的政策是从帝国的一角抽调雇佣军，派遣出去控制另一角，此举增加了驻埃及的外国人的数量。所以，除了居住在象岛的犹太雇佣军，还有其他西亚和中亚人，包括阿拉曼人（Aramean，驻扎在阿斯旺）、巴比伦人（Babylonian）、里海人（Caspian）及波斯人（Persian）自己。象岛出土的犹太人档案来自三个分别叫米伯塔尼亚（Mibtahiah）、阿纳尼亚（Ananiah）和耶达尼亚（Jedaiah）——以此名来纪念他们的神（耶和华）——的家族。这些文件为犹太人世界无处不在提供了最早的证据——埃及的南部边界和波斯帝国的最远的边界。

作为士兵，象岛的犹太人收到每月规定的粮食和扁豆配给，并补充了当地种植的水果和蔬菜。作为波斯政府的雇佣军，他们还从皇家财政部收到折合现银发放的每月月俸。这使雇佣军家庭比多数埃及邻居更富有一些，大多数都能买到自己的房子。犹太人住在独特的房子里，有着长而狭窄的房间、拱形天花板，与埃及邻居的木梁屋顶完全不同。尽管岛上生活着的埃及人和犹太人之间有密切的个人联系，但文化差异及经济差距并不能形成稳定的社区关系。

阿纳尼亚·本·阿扎赖亚（Ananiah ben Azariah）是象岛犹太社区的领导成员。他的妻子塔姆忒（Tamut）是埃及女子，一个女奴。即使她结婚后，仍然属于她的主人，后来又被传给主人的儿子。阿纳尼亚和塔姆忒一起住在国王街一个大房子里。这家的位置特别方便，因为正对面就是阿纳尼亚做牧师的耶和华神庙。作为大多数文盲邻居中的识字者，可能有人请阿纳尼亚代写信件。长距离的信件写在长长的莎草纸上，卷起、绑扎和密封。而指定要寄到河对岸赛伊尼的信件则通常写在更便宜的材料上，如陶瓷或石头片。阿纳尼亚意识到永久记录的重要性，于是他尽力保证将那些影响他和他的家人的重要法律事务写在莎草纸上。其中有一个这样的合同是关于他将一半房子赠予其妻作为礼物，或许是因为那时其妻生下了一个儿子。与他的犹太同胞一样，阿纳尼亚书写时使用的是亚拉姆语，波斯帝国的语言。但他的名字及犹太亲戚的名字都是希伯来语，反映了他们特定的文化遗产。

阿纳尼亚做牧师的耶和华神庙在波斯入侵之前早已存在。按当地标准，这是个宏伟的建筑，六十肘（101英尺）长，有着石制顶梁柱、五个带有青铜铰链的石门及雪松木屋顶。根据犹太习俗，圣殿朝向耶路撒冷。然而，阿纳尼亚和他的犹太人同胞尽管崇拜耶和华，却并未显示极度的虔诚。他们有时并不过安息日。他们愉快地吸收外邦人（如阿纳尼亚自己的妻子）到他们的社区。他们非常乐于向其他神许下法律誓言，包括对象岛的埃及女神萨泰特（Satet）的法律宣誓。

但这种对其他风俗文化的接受也只是到此为止。在重要的犹太逾越节中，阿纳尼亚和他的人民决心通过献祭一只羊来颂扬自己的宗教传统——明显引起了当地克奴姆（Khnum）祭司的厌恶与愤怒。克奴姆是大瀑布区的神祇，以公羊的形象出现。为了报复所见的最可怕的亵渎神灵行为（或者说，为了报复明显比当地的埃及人富裕又与波斯的压迫者合作的这群人），克奴姆祭司煽动了一场暴乱，摧毁了耶和华神庙。犹太人社区进行了三年的哀悼。当他们的波斯保卫者公元前399年被从埃及赶走时，象岛的犹太人随后迅速离开，结束了在尼罗河这个小岛上几个世纪与埃及人共存的生活。

虽然我们可以瞥见阿纳尼亚与犹太人同胞有趣的生活，但说到死亡，象岛本地埃及居民更为人所知。高悬在河流之上，西岸的悬崖上，一个被称为库贝特·哈瓦（Qubbet el-Hawa，意为"风之穹顶"）的海岬下，有一系列岩石雕刻的墓葬，其中许多仍然充满着色彩与细节。它们是象岛的法老殡葬纪念碑。在埃及和努比亚之间互相缴绕的边界上，有一种特别的官员非常受人尊敬：沙漠侦察官。第六王朝（公元前2325—前2175）金字塔时代结束，当埃及政府正感觉到适应了新生的努比亚王国时，沙漠侦察官们知道大瀑布之外的地域，带领远征军进入努比亚（并安全地回家），收获了巨大的尊重与相应的财富。像萨布尼（Sabni）这样带领秘密远征军运回一位被敌对部落杀害的埃及政府代理人的尸体，他的个人地位写在他装饰丰富的坟墓上。他死去的邻居哈尔胡夫（Harkhuf）引领过四次深入外国领土的探险，从外国带回国王的赎金（"300只载满香料、乌木、珍贵的油、谷物、豹皮、象牙：所有好的贡品"[11]），并赢得皇家对他探险的认可。今天，我们仍然可以读到他杰出旅程的详细描述，与四千多年前尼罗河岩石墓碑外墙雕刻的那一天一样。

萨布尼与哈尔胡夫生前作为大瀑布地区的主人赢得了名望和财富。但对这个精英集团中的另一个沙漠侦察队员佩皮纳赫特（Pepinakht）来说，勇敢无畏的奖赏是不朽。在金字塔时代的尾声，在国王佩皮二世（Pepi Ⅱ，公元前2260—前2175年）统治下，忠实的佩皮纳赫特（其名意为"佩皮是胜利的"）被委以一个伟大而政治敏感的使命。努比亚王国综合国力在上升，埃及感到国家利益日渐受到威胁。在这种狂热的氛围中，埃及一个商队领导者在努比亚处理政府业务时被杀害了。他本来的任务是建造一艘可以到达今苏丹红海沿岸的船，去传说中的庞特（Punt）进行贸易探险。把他的尸体带回埃及埋葬，不仅是国家自豪感的问题，也是国家安全的问题。佩皮纳赫特充分体会到完成这项秘密任务的责任感。细节不详（也许他们也受制于一个古老的官方保密法案），但我们可以确定佩皮纳赫特是成功的。因为他不仅在"风之穹顶"上获得了一个岩石切割而成的坟墓，也作为一个民族英雄在大瀑布地区成名。他被赋予了昵称"赫卡伯"（Heqaib），大致可翻译成"心的跳动"。他死后，为了纪念他，象岛上修建了神殿，几代后，埃及人来此地表达尊敬并虔诚地祈祷，毫无疑问是期望他的一些世俗意义上的成功也能让自己受到影响。今天，由于考古学家的艰苦努力，赫卡伯的圣殿——大瀑布区域的心脏从几个世纪的瓦砾中重现，为我们了解遥远的过去提供了一个窗口。

距离赫卡伯圣殿一箭之遥是埃及所有纪念碑中最不可思议又最重要的一个。在上埃及象岛的东岸，一个不显眼的岩石梯级从地面下降延伸到水边。这个石楼梯的墙壁以规则的间隔用水平线刻画出来。这是很容易被忽视的"尼罗河水位标尺"（Nilometer），影响埃及传说中的财富的关键。测量尼罗河能够让政府从书面上设置未来一年的预算。因为洪水水域首先出现在大瀑布地区，上埃及象岛的尼罗河水位标尺可以计算并确定整个埃及经济的参数。这尊谦逊的纪念碑，雕刻于法老的统治之下，在罗马皇帝的命令下重建，直到现代依然可以测量埃及的心跳。

只要人们在尼罗河岸边耕种，他们就有必要测量河流的洪水。另一个古老的尼罗河水位标尺在菲莱（Philae）岛上，那里位于大瀑布的南端，是在修建一个宫殿时被发现的。在埃及的其他地方，简单的测量棒也有同样的用途。除确定尼罗河洪水的高度，控制它的水域对埃及的繁荣也是至关重要的。自古以来，灌溉工具——堤坝和沟渠、沙漠和水轮、水泵和水闸已经成为埃及的景观。通过各种简单而巧妙的方法，尼罗河的水被疏导、提高、转移、保存，为人类及动物提供食物。然而，直到20世纪人类才试图控制和利用河流的全部力量。这种史诗般的尝试是埃及悠久历史上最引人注目的事件之一，在阿斯旺以及埃及的其余部分继续发挥着影响。

在19世纪下半叶，埃及统治者穆罕默德·阿里（Muhammad Ali）参与了一个雄心勃勃的国家复兴计划。为了开展这项事业，他聘请了大批欧洲顾问，同时他也增加了埃及的军队，以保护国家新建的威权。这背后的逻辑很简单：穆罕默德·阿里的"现代化"意味着控制尼罗河。或者说，没有对尼罗河的控制，埃及的现代化是不可能的。此外，由于三角洲的棉花种植地属于埃及皇家及其富裕的支持者，因此引入尼罗河水进行全年灌溉保证了穆罕默德·阿里及其核心集团的财富迅速增加。

问题是如何最好地利用对尼罗河的控制以平衡每年洪水的影

响，能够全年浇灌田地。该任务负责人是一位31岁的英国工程师，威廉·威尔科克斯（William Willcocks，1852—1932）。1883年，他正式赴埃及，七年后作为埃及政府水库研究总设计师出版了他对埃及灌溉潜力的正式研究成果。威尔科克斯毫不怀疑，解决穆罕默德·阿里所提出的挑战关键就在于建造一座大坝："到1890年冬天，"他写道，"我已经决定，埃及最好的水库将由在合适的岩石屏障处穿过尼罗河而建的水坝组成，工程中应提供足够数量的开口，以便洪水通过。"[12] 在研究了南部尼罗河谷的地质和水文情况后，威尔科克斯确定了三个可能的遗址，从南到北列出为：卡拉伯萨（Kalabsha）、阿斯旺和格贝尔·斯尔斯拉山。为了确定首选位置及水坝的最佳形制，英国－埃及政府任命了一个国际委员会。尽管性格各异，委员会的三个成员——清心寡欲的英国工程师本杰明·贝克（Benjamin Baker），福斯桥（Forth Bridge）的建设者；法国人奥古斯特·布雷（Auguste Boulé），美食鉴赏家；意大利人贾科莫·托里切利（Giacomo Torricelli）达成一致并发表了他们的意见："委员会建议修建一个被许多水闸穿过的水坝，其中最好的、最安全的方案选定了阿斯旺大瀑布地区为最佳位置。"[13] 纸上容易，付诸实践却是巨大的挑战。

　　工程师们建议在大瀑布区的南端修建大坝，但这不可避免会导致菲莱被淹没，这里被许多人认为是"尼罗河上最美丽的地方"[14]。布雷对项目的这种可能的后果感到恐惧，他坚持要求发布少数派报告，严词反对并要求对工程重新评估，对这项计划持保留意见。其他人也非常震惊，考古学家的抗议尤为强烈。然而伦敦更有权势的声音仍然不为所动。温斯顿·丘吉尔（Winston Churchill）是个早熟少年，学术界的嘲弄者。他坚持认为面对大坝将带来的经济和政治利益，菲莱可以被牺牲。此外，他期待着有一天，当大坝的长度达到整个尼罗河谷，水坝将能够利用河的全部力量。"当尼罗河面带微笑地流过三千英里，它将光荣地不朽，永远不入海。"[15]那时，作为一个强大而有说服力的演说家，丘吉尔赢了，这个决定也投入实践了。

到1895年，水坝的设计已经达成一致（威尔科克斯提出了一个水坝弯曲的解决方案，但被多数票打败了，水坝将修成直的），但水坝的建设被英国与苏丹的战争延迟了。这并非巧合，而是为了完全控制青尼罗河和白尼罗河地区。1898年9月2日乌姆杜尔曼（Omdurman）之战有效地结束冲突之后，阿斯旺大坝的建设才开始。工程开始于12月，次年（1899）2月12日，维多利亚女王之子康诺特（Connaught）公爵为这一四千年前大金字塔建设以来在埃及进行的最伟大的工程项目奠基。

如果说这项工程的挑战是巨大的，其成本亦然。该合同授予约翰·艾尔德爵士公司（Sir John Aird & Co），价值200万英镑。埃及政府在30年内每半年分期支付78613英镑，并将发行政府债券融资。金融家欧内斯特·卡斯尔（Ernest Cassel）接管了这些债券，并以月度证书向承包商支付现金。在高峰时，劳动力达到了近15万人：英国提供专业铁匠，机械工，装配工，机车、起重机司机，木匠及泥瓦匠；意大利人派出专业石匠；而埃及人则提供了不太熟练的劳动力。工作每天进行10小时。休息日所有人聚集在一起举行足球比赛。为建成可容纳工地工人的社区，村里准备了单独的供水系统。这个村在阿斯旺以南四英里，偏远而荒凉。为了将建筑材料运到工地，他们修建了两条铁路，每天最多有60列火车往返。大坝是用由波特兰水泥粘在一起的花岗岩瓦砾石建造而成。埃及总计从英国进口了7.5万吨水泥砂浆和2.8万吨煤炭。为了建造主坝，必须建造五个独立的围堰来调节尼罗河流经大瀑布的流域。阿斯旺花岗岩被证明不如想象中坚固,且必须用镐挖掘以确定大坝的坚实基石。意想不到的复杂性使项目的总成本增加了 100 万英镑。尽管有这些挑战,阿斯旺水坝在 1902 年 6 月完成,比合同提前了一年。工程开始四年后,普鲁士的路易莎·康诺特(Louise Connaught)公爵夫人于 1902 年 10 月 2 日象征性地放置最后一块石块,使水坝完美而对称地竣工。旋即出现了对大坝修建的反对之声。

修建大坝的好处是显而易见的,眼前就可以看得到。大坝及阿斯尤特并排建造的拦河坝(在中埃及做灌溉渠)可以为埃及农业带来立竿见影的效益。常年灌溉后,棉花产量比 1877 年增加了四倍。到 1907 年,埃及成为世界第三大棉花生产国。甘蔗也第一次成为主要的出口作物。更大的农业产量导致人口迅速增长:1882 年埃及有 680 万人,1907 年增长到 1130 万人。英国驻开罗总领事克罗默爵士(Lord Cromer)肯定地宣称:"文明社会的福祉与物质繁荣的基础已经打下。"[16] 阿斯旺大坝是英国民族自豪感的一大来源,尽管事实上它也包含着数千埃及人额间的汗水。最后,这是埃及历史上第一次用大坝进行水力发电,通过锁定系统促进了大瀑布地区的安全航行。

另外,非常可怕的却是大坝导致土地及上游的村庄被淹没。政府为此不得不支付超过 50 万英镑以补偿受到影响者。事实上,从一开始修水坝时,当地人就已深深埋下了怀疑的种子。初期建筑工程引发了一系列尼罗河低水位的问题,"难怪当地农民将灾难归咎于大坝的建设。他们认为,尼罗河之神为人类对其水域的限制而发怒"。[17] 随着水坝的高度上升,纪念碑与生活社区被淹没。人类总是以进步的名义开始令人遗憾的文化劫掠的过程,一直持续至今。埃及的性格永远改变了。正如阿奇博尔德·萨伊斯(Archibald Sayce)所说,1907 年,"上埃及的安静也消失了。人口增加,沙漠废地不再是废地。铁路现在运行到阿斯旺,河里漂满了蒸汽船,这里再难以远离邮递员或电报男孩。物价也相应上涨……"[18]。正如穆罕默德·阿里所打算的,阿斯旺大坝的建设标志着埃及出现在现代世界——无论好坏。

大坝带来的个体之殇还包括威廉·威尔科克斯本人。满怀不满与幻灭,他在1897年便离开了该项目,甚至在建设开始之前。他向许多批评者复仇,于1921年在开罗法院被判"诽谤及煽动叛乱罪",其辉煌的事业最终画上了一个不太体面的句号。

尽管存在种种问题,阿斯旺水坝水压很快就被提高以满足更多农业生产灌溉所增加的需求。老谋深算的欧内斯特·卡斯尔看到了为其可观的财富添砖加瓦的机会,他在阿斯旺北部购买了一大片低洼的沙漠,并利用他在英国政府的影响力成功地加高了大坝。不管不顾"这意味着努比亚段的尼罗河和毗邻的所有村庄的大多数神庙会消失"。[19]沙漠变成了农田,而欧内斯特先生从棉花及甘蔗那里得到了丰厚的利润。1929年至1933年大坝的高度又第二次升高,最终使上游的水库达到了其1902年所储水量的五倍。1945年,又有人开始讨论进一步提高水坝高度,但最终没能如愿。旧阿斯旺水坝是埃及殖民历史的象征,在世界大战后迅速消失了。埃及的新民族主义需要一个全新的结构,以坚定的目光期盼未来。

1959年,推翻埃及最后一个国王的军事政变后七年,纳赛尔(Naser)将军向埃及人民宣布了一个项目——建立一个巨大的新水坝来调动尼罗河的全部力量。高坝萨德·阿里(Al-Sadd al-Ali)将是一个绝佳的结构:2英里长,在河床上方366英尺处加高;基部半英里宽,顶部足够支持双车道通过;且包括能产生2.1千兆瓦电力的六个涡轮机的水力发电厂。由于苏伊士危机之后埃及民族主义的进一步崛起,西方国家拒绝帮助纳赛尔实现其雄心勃勃的计划。

相比之下，苏联没有这样的担忧。经过十一年的建设，大坝1971年1月15日投放使用，顶部将建"苏联埃及友谊纪念碑"，俯视着下游几英里的老殖民地大坝。

新坝比旧坝更有效地更改了尼罗河的流向，控制了每年的洪泛。曾经使埃及成为埃及的洪泛现象彻底留在了历史书籍中。再也没有高或低水位的尼罗河了，也再没有干旱诱发的饥荒。除了使灌溉农业受益，由大坝、纳赛尔湖建成的水库也适于大量的鱼群生存，渔业也是有利可图的。然而，与此同时，新坝对自然环境的不良影响也被放大了。最初阿斯旺大坝的设计能够让淤泥在淹没期间通过水闸，但高坝拦住了所有沉积物。于是埃及土壤肥力迅速减少，迫使农民使用化学肥料增产。而这些化肥又可能导致癌症及其他疾病的增加。较少的淡水也不能将盐从土壤中冲刷出来，于是整个埃及土地盐度增加，田地变成非生产性荒地，并对古代遗迹造成巨大损害。纳赛尔湖改变了气候，导致埃及南部的降水比从前更频繁，为蜗牛与蚊子提供了完美的繁殖地，这又引发了血吸虫病及疟疾发病率增加。在20世纪50年代后期，高坝支持者们信誓旦旦的断言出现了严重问题，正如一位阿斯旺人简洁地断言：高坝"正慢慢杀死埃及"[20]。

虽然控制尼罗河引发的长期影响在全埃及的城镇和村庄都能感觉到，但第一阿斯旺水坝及高坝对大瀑布地区的景观的影响是深刻而不可逆转的。纳赛尔湖在阿斯旺之后延伸了300多英里，深入努比亚。它的存在使得无数古迹被淹没永久消失。由教科文组织领导的"国际努比亚救援运动"设法移动了35个主要神庙。这些神庙被从原来的位置连根拔起，笼罩在高坝或西方博物馆的阴影下。只有位于阿布辛贝的拉美西斯二世神殿保存在原处。所谓"原处"只是在湖岸上方几百英尺高的地方被重新组合起来。整个工程花费了四年时间，耗资4000多万美元。

高坝给埃及文化遗产带来的威胁促使国际社会采取行动，但是无数努比亚村庄的淹没几乎无人注意。整个社区被强行搬迁到阿斯旺及其周围的棚户区，赔偿少得可怜，甚至根本没有赔偿。因此，大瀑布地区的人口构成就像在法老统治前那样，再次成为埃及人与努比亚人的混合体，充满了活力。而尼罗河很驯服，等待历史的重演。

几千年来，大瀑布地区一直欢迎着远征者与军队、采石者与建坝者。今天，来到这里的游客数以十万计。令他们惊叹的不只是自然之美，更是埃及的古迹。自18世纪20年代，衣着光鲜的旅游者第一次在尼罗河上乘坐达哈比亚船屋，最吸引他们的就是大瀑布地区。这里与埃及的美丽与庄严同在，这里的石墙有着漫长的历史，涵盖了法老的神殿、罗马帝国的边境以及基督教避难所。这就是菲莱，埃及的珍宝。正如早期欧洲旅行者所云："有四种可能诱使旅行者求永生的场景，君士坦丁堡（Constantinople）的海景，月光下的科赛拉姆（Colliseum），黎明的维苏威山（Vesuvius）顶，以及第一瞥菲莱的日落。"[21]

菲莱一直是朝圣之处。在托勒密时代，菲莱与邻近的比格岛——奥西里斯的埋葬地共同构成了人们对埃及的想象。菲莱与比格距离不远，比格隐隐约约的大石块和露出地面的圆形花岗岩岩层隐藏在岛上，更具神秘的气质。

比格岛被视为圣岛，只有少数神的祭司可以接近。普通的善男信女在菲莱祈求奥西里斯的妹妹及妻子伊西斯，祈求尼罗河使人复活的力量。伊西斯曾复活她死去的丈夫，她虔诚的追随者希望她会赐福于己同样的复生之力。伊西斯崇拜迅速增长，超越了传统的大瀑布地区的神祇，如阿努凯特、克奴姆和萨泰特。当罗马作家狄奥多罗斯·西库勒斯（Diodorus Siculus）在公元前1世纪访问菲莱时，伊西斯崇拜在埃及力量最为强大，她的圣岛被认为是全国最神圣的地方。

每十天，女神神像被运送到比格与她的丈夫团聚，这一幕辉煌的戏剧会被数百个站在菲莱岛西方柱廊的朝圣者远望。每年从12月8日至26日是播种新种子的时节，在埃及的乔亚克节（Choiak）会有一场更加令人难忘的表演以庆祝奥西里斯的死亡与重生。庆祝活动的高潮是在12月18日，人们将伊西斯从菲莱运到比格，为奥西里斯的埋葬仪式做准备。八天后，奥西里斯战胜了死亡，一个巨大的类似五朔节花柱的支柱被竖起证明其力量的苏醒。见到这一幕，观者无不欣喜若狂。一位从遥远的亚历山大来到菲莱的访问者指出："在菲莱向伊西斯祈祷使人变得快乐、富有、长寿。"[22]

菲莱的石头上雕刻着许多题字，有朝圣者的涂鸦，也有祭司的咒语。其中最后一篇是由伊西斯的祭司用埃及象形文字于394年9月24日刻上的简单祷告。此后六十年中，一个家庭的多位成员留下了一些令人心酸的铭文，他记述了异教最后的喘息与法老文化的结束。公元452年的12月2日，在乔亚克节的前夕，大斯梅特（Smet）与小斯梅特两兄弟用古埃及本地俗语刻下了最后的铭文。这两兄弟名字的意思就是"伊西斯的信徒"。四年后，他们刻下了最后的遗书，但这一次用的却是希腊语。此后，祭司们沉默了，他们的祷告声不再在菲莱的石林中回荡。原因就在不远处的另一处铭刻中："十字架征服了这里，它总会赢的。"[23] 基督教来到菲莱，取代了千年来法老文化的宗教惯例。

事实上，宗教变迁的时间线不是那么明晰。即使在379年埃及人根据特奥多修斯（Theodosius）的命令被强迫改信基督教后，作为祭司们强大的堡垒，菲莱仍然是伊西斯崇拜的中心。菲莱从4世纪初起就有一个主教，此时新宗教的牧师们与旧宗教的祭司们共同生活着。从异教圣所到基督教圣地的转变是一个渐进的过程，基督教花了二百年才成为大瀑布地区的主导信仰。在这段时间里，菲莱地区原本信仰南方异教的部落布雷米斯（Blemmyes）和努贝德斯（Noubades），其信仰一直持续到567年（神庙关闭三十年后）。最终，随着埃及宗教的最终灭绝，菲莱重生为一个基督教的据点，此地的牧师们以引导努比亚异教徒皈依为任务。

法老宗教的最后堡垒是大瀑布地区，也是阿拉伯人征服的埃及的最后一个地区。菲莱与南部的基督教部落相接，仍是阿拉伯世界中的异端。在萨拉丁（Saladin）统治时期（12世纪末）整个埃及完全转化为伊斯兰教国家。但是古埃及旧宗教的神圣是不可轻易抹去的。拿破仑的军队1799年抵达这里，菲莱的圣洁气氛也未因法国军队而消失。七十六年后，阿米莉亚·爱德华兹在描述菲莱特别的古老的魅力时，用了最富诗意的语言：

> 水上游览是最美的。从小船上看两岸，岛上的棕榈树、柱廊、塔柱，看起来像河中升起的幻境。两边散落着堆积的岩石，紫色的山渐渐迫近。随着小船划动，越来越接近闪耀的巨石，那些雕塑的塔越来越高，高耸入云。它们没有受损或衰老，看起来如此坚实、如此庄严、如此完美。此时你会忘记时光的流转与世事的变迁。若能听闻那古老的吟唱在宁静的空气中流动，若有一队穿着白袍的祭司乘着神之方舟穿梭于棕榈树和铁塔间，我们不应感到奇怪。[24]

鉴于菲莱的特殊吸引力，第一阿斯旺大坝的计划带给岛屿的威胁引发人们强烈抗议也不足为怪。正如威廉·加斯廷（William Garstin）爵士1894年所说的那样："大坝如果要制造的话，只能在阿斯旺制造。如果大坝在阿斯旺，那么圣殿必须被抬起、移除或淹没。"[25] 他的建议是迁移菲莱的古迹到邻近的比格岛。其他参与水坝工程者很快在自己的建议中权衡了此事。本杰明·贝克爵士提倡将神殿留在菲莱，但应提升到洪水最高水位之上。埃及学学者萨默斯·克拉克（Somers Clarke），不能容忍对古老纪念碑这般侵扰，建议把它独自留在菲莱任水淹没。与他们不同，威尔科克斯认真地建议，菲莱在一年中淹没六个月是好事，因为"流动的尼罗河水才会真正地保存着菲莱"[26]。

最后，菲莱的古迹被留在原地。考古学家勉强地同意，并提出了三个条件：首先，整个遗址要进行彻底的科学调查；第二，在菲莱岛附近建一个防水的围堰，以保护圣殿；第三，阿斯旺水坝不应高于一定高度。渴望推进大坝项目，英国控制下的埃及政府同意这三个要求。但菲莱远非就此安全了。

随后两次阿斯旺水坝高度的提高则钻了法律的空子，规避了以上意见。到1933年，除了神殿的飞檐，一切都被淹没了。神庙需要增加托换工程以防止塌陷。埃及考古学之父弗林德斯·皮特里（Flinders Petrie）痛苦地写道，经济利益——"把贫瘠的土地变成价值数百万的土地"[27]，造成了神殿的毁灭。罗丝·麦考利（Rose Macaulay）进一步哀叹："我们本应该保护它，就像它一直以来那样：淹没它是功利主义者贪婪而肮脏的行为。"[28] 有了这些有影响力的支持者，菲莱的问题不会简单地消失，但神殿何去何从？人们又重新进行了讨论。

1901年，有人反对将纪念碑搬迁到不同的、更高的地方。不仅因为"将菲莱的神庙与其迷人的自然环境分开，菲莱将失去原有的魅力"[29]，而且还因为"执行这无益工作的巨大成本"[30]。另一个建议是在整个岛屿周围建造一系列围堰坝，但不切实际。最终，人们决心将纪念碑转移到附近的阿格里奇亚（Agilqiyya）岛。这个如修建阿斯旺水坝同样大胆的计划于1972年开始。围着整个遗址修建了临时的大型钢制围堰坝。隔绝与水的接触后，神庙将被安全地拆除。两年半后，这些建筑被切割成四万块石块，然后通过船转运到阿格里奇亚进行清洗、测量及重建，好像一个巨大的乐高模型。经过十年的修缮，1980年遗址中最精彩的菲莱神庙在新址重新向游客开放。所以可以说，几乎消失与被遗忘的菲莱真的重生了，游客依然为之着迷。可见，伊西斯确实为古埃及的"重生之神"。

大瀑布地区与尼罗河赋予生命的水域关系密切，洪水泛滥中的复生能力依然是人们有力的信仰。阿斯旺两个最突出的现代纪念碑起源于类似"假死"的观念。当我自豪地站在河边，俯瞰上埃及象岛，阿斯旺的地标有两种，一是大瀑布酒店，狭长而低矮，被粉刷成棕色，一是古代城市的遗迹。大瀑布酒店坐落在茂盛的亚热带花园之中，仿佛召唤出了旧时代的印象——富有的客人日落时在阳台上品尝鸡尾酒，殖民地管理者与流放的皇室共存，巴拿马帽与太阳帽共存。阿加莎·克里斯蒂（Agatha Christie）曾在这里，构思出《尼罗河上的惨案》一书中在尼罗河上死亡的客人。埃居尔·普瓦罗（Hercule Poirot）对酒店景观的评论今天依然是真实的："上埃及象岛的黑色岩石、太阳、河上的小船。是的，活着太好了。"[31]这种情感很可能许多酒店从前的客人也有同感。这个酒店本想建成疗养院。富裕的患有肺结核、痛风，或者任何其他20世纪初城市病的欧洲人、美国人，在这里可以逃离寒冷、潮湿、不健康的冬季，安心享受阿斯旺温暖、干燥、健康的气候。酒店在1899年（正式开幕前一年）的广告中，重点推介这里作为健康度假村的好处：

这家酒店在建设过程中非常注意满足病人的需求。大部分的房间有阳台,朝向温暖而阳光明媚一面;许多房间都配有壁炉,且建筑物的位置与样式已经进行了防风处理。卫生安排经过仔细研究,采用了穆勒的干土防污厕所系统……每一种现代化的便利如电灯,冷、热水浴等均可提供,还有一些额外的私人会客厅以满足病人的要求。在阿斯旺会有一位英国医生、一位英国护士、一位英国管家负责您在酒店的家庭安排。[32]

大瀑布酒店最近经过漫长而艰苦的修复后重新开放,它不再有病人及肺病患者出没。世界上几乎没有比在这儿更适合舒服过冬,尤其在又冷又潮湿的伦敦或纽约的对比下。你可以边在露台上品尝着鸡尾酒,边观看太阳从西边的悬崖上升起。从酒店的河畔阳台上,美丽的全景在你面前展开:左边,是标志着大瀑布北端的岩石和小岛,散布着芦苇河滩与雪色的白鹭;右边,是上埃及象岛光滑圆润的、灰色的花岗岩巨石;后面,是格茨拉特·布斯坦(Gezirat el-Bustan)(种植园岛)郁郁葱葱的绿洲,基奇纳(Kitchener)勋爵1898年任苏丹总督时种植了来自热带的非洲树木与灌木。尼罗河的远岸陡峭而荒凉的悬崖矗立,直入水边。

在西部断崖顶低低的山脊上,有一个独立的圆顶建筑,其砂岩墙已融入了四周的沙丘。此处乃是沉思、崇拜与朝圣之处——并非基督徒或伊西斯崇拜者,而是伊斯玛仪派(Ismaili)穆斯林的。阿斯旺有许多古代王子的陵墓,而这里有一个现代王子的王陵——阿伽汗(Aga Khan)三世,穆罕默德先知的后裔,大英帝国的骑士,世界上最富有的人之一,他为何被埋在阿斯旺对面的沙漠山脊上?这是个关于20世纪全球政治及埃及永恒魅力的精彩的故事。

穆罕默德·沙阿(Mohammed Shah)于1877年11月2日出

生在卡拉奇（Karachi，时为英属印度，今巴基斯坦），是统治波斯的卡贾尔（Kajar）王朝的成员。他的父亲去世后，他成为阿迦汗三世（英国人授予其祖父的称号），更重要的是，成为什叶派（Shiite）穆斯林分支伊斯玛仪派的第48代宗教领袖。因此，在只有16岁的时候，阿迦汗就知道自己将是从北非至孟加拉湾，整个伊斯兰世界1200万追随者的精神领袖。他慷慨而温和，敦促他的追随者融入所在的主流社会。这一立场为他赢得了大英帝国当局的赞许。1898年在温莎城堡，维多利亚女王亲自授予他"印度帝国最杰出圣职"的二级爵士。阿迦汗随后成为所有印度穆斯林的领导者和发言人，并当选为全印度穆斯林联盟的第一任主席。阿迦汗既是著名穆斯林领导者，又是深受英国人信任的朋友。1915年第一次世界大战爆发后，基奇纳勋爵将他送到了埃及。他怀揣着敏感的任务，确保国家的内部稳定并支持英国。埃及总督倾向于亲近德国，可埃及对英国战略意义重大，英国与印度之间的所有航运都要经过苏伊士运河。

阿迦汗已非常了解埃及，此地有大量伊斯玛仪派追随者。1908年访问期间，他遇到了一名意大利舞者并与之相爱、结婚。七年后，他利用他的关系来推进英国的计划。到达开罗时，他直接与艾资哈尔（al-Azhar）大学的教授们交流。这批人是（并且现在仍然是）埃及最有影响力的穆斯林领导人。阿迦汗（有偏颇地）把德国人的独裁及不自由的态度描绘成对教育的威胁。他有理有据地说服了这些教授们，促使他们支持英国人，一如基奇纳所希望的。埃及总督被免职，埃及在战争期间被宣布为英国的保护国。阿迦汗在英国新闻界被誉为民族英雄。

阿迦汗将他的热情投入养马与赛马中。亲自参与英国赛马四年后，阿迦汗赢得了阿斯科特（Ascot）的玛丽皇后锦标赛。接着还荣获 1935 年的"三冠王",不少于四次的德比冠军。1955 年,他被伊丽莎白二世女王授予"圣迈克尔与圣乔治骑士十字勋章"(Knight Grand Cross of the Order of St Michael and St George)。有人认为这既是因为他高超的养马技艺,也是由于他作为政治家和慈善家的职业成就。事实上,在印度分裂独立后,他的政治影响力已经减弱。但他对埃及仍然很有兴趣。在 20 世纪 30 年代,他曾多次前往开罗访问埃及国王。在 1937 年的一次访问中,阿迦汗遇到了一个前法国小姐——伊薇特·拉布鲁斯(Yvette Larbousse),一位埃及富翁的情妇。更为富有,也更潇洒的阿迦汗赢得了她的芳心。她与他一起回到欧洲。1944 年两人在瑞士结婚,相伴到老。

阿伽汗于 1957 年在日内瓦附近的家中死亡。伊薇特向世界宣布,阿伽汗选择了阿斯旺作为长眠之地:他可以像法老那样躺在那里,不受干扰,直到永远,永远。毫无疑问,做出这个选择也有个人的原因。埃及是她与丈夫相见、相爱、相伴之处。这对夫妇在阿斯旺的尼罗河岸边建了一座别墅,叫作"和平之光"(Nour el Salam)。正是在别墅所在的小山上,伊薇特计划建造一个密不透气的陵墓,她的丈夫可以永远安眠于此。在此期间,阿迦汗的灵柩被暂时安置在下沉到别墅内部庭院的拱顶中。葬礼混合了古典与现代宗教符号象征,带有埃及特色。阿伽汗的尸体从开罗运来。在飞机降落在阿斯旺前,必须在炽烈的阳光下用扫帚把沙子从跑道上扫除。棺椁经坦噶尼喀(Tanganyika)总督(作为伊丽莎白二世女王代表)和阿斯旺总督专用的跑道被运到到尼罗河的河岸。棺椁起起伏伏,几乎落入河里,最终被一艘大型驳船运送到西岸——传统的埃及死者之地。小船挤满了记者、哀悼者及观光者,他们只为看一眼如此非凡的法老时代的景象。由于尼罗河水位低,驳船在靠近别墅的登陆阶段遇到一些困难。但最终棺椁被运上岸,放在"和平之光"的入口处。

这一天的紧张气氛已经暗示了阿伽汗最亲近、最喜爱的儿子——萨德尔丁（Sadruddin）。他给他的未婚妻发电报说："阿斯旺变得很热，完全乱套了，迫不及待回到你身边。"[33] 但未来还有更多的苦工。第二天早晨，在阿斯旺清真寺庄严的礼拜后，沉重的橡木棺椁由阿迦汗的四个最亲密的男性亲属托举着，在埃及军队的帮助下，带到别墅的内院被放入早已备好的穹顶。不幸的是，由于建筑师的计算错误，穹顶的门太狭窄，棺椁进不去。哀悼者不得不在闷热的阳光下等待，召来了工人用锤子和凿子加宽大门。直到下午，棺椁终于放入了穹顶。

接着一年多的时间，伊薇特留在阿斯旺监督陵墓的建设，这将是她丈夫最后的安息之处。1959年2月1日阿伽汗的葬礼邀请了五百位来自世界各地的客人。整个旧大瀑布酒店被包下招待客人使用。但它的三百个房间并不够，所以伊薇特使用了当时（尚未完成）的大酒店，从开罗带来装饰和配件。三千名伊斯玛仪派哀悼者（含一百名理发师）到达了阿斯旺，安置在巨大的帐篷城，住在郊区。因为没有足够的空间容纳大型船只停泊在附近，人们在"和平之光"附近的尼罗河上兴建了一座临时桥梁。当所有的悼念者都到达后，棺椁被迁出了穹顶，上覆一块纯白色丝绸。下午3点，棺椁被阿迦汗的男性继承人和伊斯玛仪派领导者扛在肩膀上，带到山上的陵墓。陵墓以实心白色大理石建造，造价惊人，高达15万英镑。过程中，当棺椁通过妇女帐篷时，伊薇特与她的秘书及女佣身着白衣，出现并加入了哀悼者的行列——直接违反了穆斯林法律，违反了新任阿迦汗的明确指示。就在日落前，当男人们离开时，伊薇特带领了一大队妇女进入陵墓，确保全世界的新闻界都有人在那里拍照。这证明了尼罗河河岸锻造的爱情比习俗的镣铐更为强大。

第三章
南方腹地：埃及兴起之地

> 古代埃及村镇的面貌一定与如今上埃及的村庄没有多少不同。
>
> ——威妮弗雷德·布莱克曼（Winifred Blackman）[1]

我站在一艘停泊于阿斯旺以北尼罗河西岸的达哈比亚船屋的上甲板上。虽然天色已近黄昏，但天气依旧炎热。河岸边一幅永恒的画卷在我眼前展开：黝黑的努比亚男孩在水边玩耍；水牛在青葱绿草上打滚休憩；用尾巴驱赶蚊蝇的毛驴在烈日下静立等待，偶尔会在顽皮孩子的驱赶下挪几步；两个年轻汉子把一头小骆驼牵到水边，并费了不少力气才让这头牲口下河洗了个澡。暮云四合，鸥鹭归巢，尼罗河上的一天又结束了。

古往今来，埃及南方腹地的乡村生活与几千年前相比并没有多少变化。直到21世纪，在紧迫的人口压力下，现代化才开始快速改变这里的生活。在阿斯旺以北，横跨尼罗河的大桥仿佛是凭空出现。事实上，这座大桥的修建是为了服务一座建于尼罗河西岸丘陵后面的新城市。在阿斯旺新城的建筑工地上，路灯和水电已经完工。未来十年，阿斯旺过剩的人口将在新城区承载力允许的情况下搬迁至此。

除了河两岸的电线杆，尼罗河畔的风景与古代相比依旧没有多少变化。尼罗河在这一带的砂岩中切割出陡峭的河谷，其泛滥平原被压缩为狭长的一带。但这片在有些河段异常狭窄的绿地依然支持了当地的农业发展。尼罗河河谷南部的文明源远流长。事实上，这段貌不惊人的安静河流正是埃及文明的发祥地：这里不仅出土了埃及最早的石刻，也见证了埃及第一座城市和神庙的建立。古埃及人将南方腹地视为其文明的摇篮。该地区的地方神明，隼头人身的神祇荷鲁斯（Horus）则被奉为埃及法老的守护神。

数千年来，埃及见证了宗教和王朝的兴衰起落。在这期间，有些地区开始繁荣而有些地区则就此衰落。但是尼罗河河谷南部则在数千年间一直没有太大变化，这一地区始终可以自给自足但也从未以繁华著称，始终在埃及历史上占有重要地位但也并未成为国家事务的中心。在这里，埃及悠久的历史与现实始终相伴，并交织在一起。

在阿斯旺下游大约一小时航程的地方，尼罗河绕了一个宽广的大弯。在河的右岸耸立着雄伟的康翁波（Kom Ombo）神庙遗址。康翁波神庙拥有着上埃及除菲莱神庙之外最为独特的地理位置。这座神庙如今在尼罗河畔海市蜃楼般的样貌是由尼罗河的近期运动以及神庙本身的原始设计共同造成的。当康翁波神庙于罗马时代早期落成之时，如今在尼罗河上看去分外显眼的大门之前其实还有一整座庭院以及另一道前门。但这些都已经在尼罗河不断向东改道的过程中坍塌。直到19世纪晚期修筑的石制堤防落成，该神庙的剩余部分才免于被河水进一步侵蚀坍塌的命运。

在康翁波神庙墙壁上的一块石板记述了埃及文物服务局是如何

于1893年在仅仅4个月的时间内完成了整座建筑的重建和修复工作的。而在21世纪初，埃及政府又进一步投资兴建了更多旅游基础设施。游船码头的修建使得船只可以在尽可能靠近遗址的地方停泊。新修筑的景观大道可以让游客直达神庙。大道的两边则有许多咖啡馆和商店——政府鼓励当地商家在此营业。随着基础设施建设的不断完善，旅游业带来的收入也在改变着当地的经济结构。但正如在埃及司空见惯的那样，政府官僚的干预对于当地旅游业的发展是一把"双刃剑"。展出康翁波神庙出土文物的博物馆在2010年年末游人如织的旅游旺季迟迟无法开业，其原因仅仅是需要等待埃及最高文物委员会主席抽出时间参加该博物馆的开幕式。这座博物馆最终于2012年1月31日开放，此时这位最高文物委员会主席已经和整个穆巴拉克（Mubarak）政府一道下台。[1]

借助于其位于尼罗河畔的地理优势，康翁波神庙成为现代游客眼中最具浪漫气息的埃及神庙之一，其遭遇也向人们展示了尼罗河对于文明发展的两面性。康翁波的古代神庙和现代乡镇均坐落于一大片富饶盆地的边缘。正如于20世纪初在这一带购地修筑阿斯旺旧坝的英国金融家埃内斯特·卡斯尔（Ernest Cassel）爵士所指出的那样，只要有充足的灌溉，这一带尼罗河东岸的土地就可以维持极高的作物产量。该地区自19世纪后期开始就已经成为重要的制糖业中心。而早在托勒密王朝时代，这一带就因为生产草料而成为非洲象的养殖基地。这些大象在康翁波接受训练，并作为战象加入军队。而在更为久远的新石器时代晚期（公元前15000—前12000年），埃及先民就开始在这一带尼罗河沿岸定居并利用当地的燧石

---

[1] 译者注：时任埃及最高文物委员会主席应为扎希·哈瓦斯博士，埃及最著名的考古学家之一，一直致力于向其他国家追讨流失海外的埃及文物。

制造工具。

康翁波地区的富饶使得法老在此建立神庙以感谢神灵的慷慨并祈求统治的长久稳固变成了一件很自然的事情。康翁波地区发现的神庙最早建于新王国的鼎盛时期，而现存的主要遗址则建于托勒密王朝和罗马帝国时期。事实上，康翁波遗址是由同一建筑群内的两座神庙所组成。这两座庙宇分别拥有各自的中轴线、祭坛和内殿。遗址西侧的神庙供奉着天空之神荷鲁斯。如今依然生存于尼罗河河谷地区、会凭借尼罗河西岸的上升气流振翅高飞的隼被认为是这位神祇的化身。而东侧神庙则供奉着一位更为实际的神祇，其形象也远没有荷鲁斯神慈爱。从神庙的壁画可以看出，这位神明有着可怕的爬行动物的头、冷酷的不会眨动的眼睛和长满锐利牙齿的血盆大口。他就是给尼罗河上粗心大意者带来死亡的鳄鱼之神索贝克（Sobek）。

索贝克在康翁波自古受到敬畏和祭祀并不是偶然的。尼罗河在这一河段的转弯形成了一座大型岛屿和一系列沙洲。这些如今依旧危害航行的险滩在古代则更加危险，因为那时这里是鳄鱼的理想栖息地。作为非洲最危险的野生动物之一，鳄鱼在古埃及受到人们的敬畏和祭祀。出于生活和工作于尼罗河沿岸的人们对水下潜伏着的鳄鱼的恐惧，埃及古代文献中充满了对这种动物的记载。埃及古代文学作品《易仆术的忠告》（Admonitions of Ipuwer）想象了埃及一片大乱的情景。其中就有如下描述："看那鳄鱼会紧紧咬住它的猎物，所有想要靠近它们的人后果自负。"[2] 在同时代的另一份记录中，一位男子在一次沉船事故中失去了他的妻子和孩子，他特别沮丧地想到"孩子们在死前被鳄鱼咬死"[3]。而在更早的一系列传说故事中，一位去河边汲水的女佣也遭到了鳄鱼的袭击。

康翁波的居民们比其他任何人都更清楚地知道鳄鱼的危险性。

也正因为此，他们不惜修建规模宏大的神庙以求自己免于鳄鱼的袭击。当年神庙周围饲养鳄鱼的水池如今则变成了陈列鳄鱼木乃伊的"鳄鱼博物馆"。在西方旅游业使鳄鱼在埃及绝迹之后，这些木乃伊是鳄鱼在这一带存在的最后印记。到1845年鳄鱼在埃及的分布已仅限于南方上埃及地区，而它们也成为富有的游客们狩猎的主要目标。四十年之后，这一物种在埃及尼罗河流域已近灭绝。阿奇博尔德·萨伊斯（Archibald Sayce）牧师在他的回忆录中记录了其1885年冬季的上埃及之旅和埃及鳄鱼的最后岁月：

> 我们一般会在尼罗河西岸正对象岛的一片狭长的沙滩停泊并登陆。我一般都习惯在这一带的尼罗河水中洗澡，但当一天早晨司令的副官在上岸时在河边发现了一条大鳄鱼新近留下的脚印之后，我们就不敢再下河了。这应该是尼罗河第一瀑布以北残存的最后几条鳄鱼之一。几周之后，我在格贝尔·斯尔斯拉山（Gebel el-Silsila）又看到当地人杀死了另一头鳄鱼，并在其腹中发现了一头毛驴的四只蹄铁及其牧人的一双耳环。而在之后的几年间，另一条在基纳（Qina）附近壅水中的鳄鱼仍有袭击汲水妇女的记录，并躲过了人们的捕杀。但随着时间的流逝这条鳄鱼也销声匿迹了。到了1890年，在尼罗河上已经看不到这种象征着古老时代的动物的踪影。[4]

阿斯旺旧坝的建成，使得努比亚地区的鳄鱼无法再通过水闸进入尼罗河在埃及的河段。而即便在努比亚，旅游业的发展也破坏了鳄鱼的生存环境——"这些敏感动物因为无法忍受蒸汽轮船明轮的噪声而撤往了苏丹"[5]。近年来，鳄鱼已经在纳赛尔湖地区重新出现。在一些受保护的河湾甚至有上百条鳄鱼聚集。但埃及尼罗河流域的鳄鱼与旧时据说可以吓走它们的民歌都已经成为遥远的回忆。

如果说康翁波神庙的索贝克壁画反映了两千年前至四千年前尼罗河上的生物的话，其下游数英里处更为古老的石刻则描绘了人类最早在这一带定居时的图景。尼罗河河道宽度在通过康翁波平原以北的努比亚砂岩地层时变窄，相应地，其泛滥平原也被局限于河岸到河谷峭壁之间的区域。在尼罗河西岸豪施（el-Hosh）村附近峭壁顶部的棕色巨石上，刻有如今已经漫漶不清的远古时代岩画。研究表明，这些岩画刻画于旧石器时代晚期的公元前10000—前5000年，即金字塔修建之前七千五百至两千五百年。石器时代的岩画或许是尼罗河河谷地区最为古老的艺术遗存。

豪施岩画主要由一些类似长柄蘑菇的奇怪图案构成。通过与不同时期的其他文明相对比，科学家判断这些图像所描绘的应该是"迷宫型捕鱼器"，一种尼罗河河谷先民用枝条编成放入河中捕鱼的工具。每当尼罗河的洪水季节，史前时代上埃及的先民们可能会在（被淹没的）泛滥平原上涉水捕鱼，因为这一带的水流比较平缓并有大量鱼群聚集。他们在将捕鱼器放入水流平缓的地方之后，可能会像如今尼罗河上的渔民一样击打水面以将鱼群赶进枝条编织的网口中。利用这种捕鱼工具，几个小时之内就可以获得丰富的渔获——不仅可以在短期内为人们提供大量的食物，也可以在风干后成为整座小村未来几个月的宝贵蛋白质来源。这些岩画几乎毫无疑问是这些古代渔民在他们的渔场上方的巨石上刻画的，用以记录这种为他们带来丰富收获的神奇技术。这些埃及最早的艺术作品不仅记录了尼罗河的富饶，更是自古以来千万埃及人赖以为生、一年一度尼罗洪水的见证。直至今日，豪施依然是一片渔村的风光：渔民们在有蜻蜓飞过的浅水中撒网或垂钓。岸边郁郁葱葱的绿草在如镜的水面上投下倒影，而水中央则漂浮着大团水葫芦。白鹭和苍鹭在岸边涉水而行，而高处则有鹰在翱翔。

在豪施下游，可以看到尼罗河河谷两岸峭壁由玫瑰红色的努比亚砂岩到浅金色的埃及石灰岩的地质变迁。但在砂岩地层被石灰岩取代之前，我们还可以看到一个由砂岩形成的著名景观。在尼罗河向左弯曲的河段，两岸陡直的峭壁直刺天空，其上还点缀着石柱和神庙。在河西岸，更有一块在砂岩石柱顶端似乎摇摇欲坠的巨石。这块巨石既可以作为航行警示——提醒过往船只这一河段的危险暗礁，也好像是欢迎旅客来到孕育了埃及所有宏伟神庙的交通枢纽——格贝尔·斯尔斯拉山的巨大地标。

尼罗河河谷宽度在格贝尔·斯尔斯拉山一带达到最窄。这一河段的水流曾经非常湍急，以至于古代的旅行者往往会绕过这一河段以避免危险。也正因为这一带航行的危险性，这里也成为与水有关的神明例如洪水之神哈比（Hapy）、青蛙女神赫奎特（Heqat）和鳄鱼之神索贝克的祭祀中心。在这一地区，石柱和祭坛在尼罗河两岸的峭壁上星罗棋布，而这一地区偏远的地理位置更使其显得神秘庄严、与众不同。奇怪的是，此地虽然在埃及文明史上有着非常重要的地位，却并没有许多游客来访。虽然埃及政府在这一带修筑了石阶、堤防、泛光灯和导览牌等旅游基础设施，但是很少有赶往北方卢克索的游船会在此停靠。而那些有幸在此停泊逗留的旅客则有机会观赏到全世界首屈一指的古代工业遗址——尼罗河两岸的古代采石场。他们为埃及各地的建筑工程提供了石料，以至于阿米莉亚·爱德华兹写道："黄色的峭壁好像商店橱窗里的奶酪一样被整整齐齐地切开。"[6] 东岸的采石场为卡纳克和卢克索神庙、西底比斯停灵庙以及包括康翁波和伊德夫（Edfu）神庙在内的托勒密时代上埃及神庙提供了建筑材料。这些石料从采石场沿堤道被拖往河边转船运输。而在河岸更为陡峭的西岸，船只在装运石料时往往会面临倾覆沉没的危险。为避免这种危险，古人在主采石场入口处的石壁上凿了孔洞，以便将等待装运的船只用绳子加以固定。与这些孔洞一道存留至今的还有古代采石场工人留下的数不清的凿痕。当时采石工作已经相当细致和高效，以至于只有很少的边角废料产生。乍看起来，似乎最后一对采石工人仅仅在上周才离开这里，但事实上，这里的绝大多数采石工作是在古罗马时代之前完成的。在19世纪末20世纪初为修筑尼罗河堤坝进行的采石活动之前，这一地区的采石场已经关闭了近两千年。

讽刺的是，塑造了格贝尔·斯尔斯拉山地区独特地貌的古代采石遗址正面临着被现代盗采毁坏的威胁。公元前2500年，一位官员将自己的陵墓建在了尼罗河西岸峭壁的边缘以纪念其管理工作对采石作业成功的贡献。许多世纪以来，他这片风景优美的长眠之地一直未受侵扰，直到现代的盗墓贼彻底破坏了其石制陵墓的上半部分。近年来，时有当地村民因使用炸药盗采文物并将其在黑市出售而被抓获。但在埃及的法律下，他们却只以"无证持有爆炸物"而非"破坏文物"被判刑一年。可以预见，这些人将在不久之后卷土重来。如果没有有效的保护措施，格贝尔·斯尔斯拉山的文物古迹将像它们背后的峭壁一样，被开采并落入远方富有的顾客之手。

在古埃及历史中，石料一直是为社会最上层所专有的建筑材料。在古代埃及，采石行业一直为皇家所垄断。而事实上，开采和运输石料的花费也是一般人所无法企及的。即便是国家财政有时也难以承担这一巨大的开销，这也解释了为何人们会将前代建筑石料拆下并在后代的建筑中重新利用。正如中王国时期的金字塔使用了大量古王国时代的现成石材作为建筑材料一样，新王国时代的卡纳克神庙的建造也使用了中王国时期建在同一地点祭坛的石材。而在中世纪，人们甚至将吉萨（Giza）金字塔作为修筑开罗城墙的现成石料来源。从某种意义上说，几乎埃及所有的著名石质建筑中都包含了前代的劳动成果。

虽然坚固耐久的石料长期以来被认为是建筑的理想材料，但埃及的普通民众则往往需要使用一些取材于尼罗河的更为廉价的建筑材料。近七千年来，埃及人一直在使用泥土、木料和芦苇修建房屋、牛棚、谷仓和作坊等各种建筑。直到今日，埃及农村的大多数建筑依旧是用黏土、木料和麦秆修筑的。

自然风干的黏土砖块是典型的埃及建筑材料。这种砖块的制作工艺十分简单：将黏土、小段麦秆和牲畜粪便混合压入长方形木质模具，成型后倒出，在太阳下风干一到两天即可使用。自从埃及人在大约六千年前开始定居城镇以来，这种黏土砖块就一直是埃及城镇的典型特征，并广泛存在于埃及各个考古发掘现场。而在此之后的几千年间，这种砖块的尺寸和基本制作方法都几乎没有发生过变化。近现代以来，大量黏土砖被开采作为廉价的有机肥料（阿拉伯语为sebakh）。但即便是开采者（sebbakhin）的活动已经持续了几个世纪，埃及各地仍然遍布着建于各个历史时期的黏土砖建筑，任凭风沙侵蚀和烈日暴晒。格贝尔山以北的一小段尼罗河河谷正是这种黏土砖耐久性的最好见证。

在古代，这片上埃及尤为富庶的地区坐落着两座隔河相望的贸易工业城镇。尼罗河西岸的尼肯（Nekhen，即赫拉康波利斯，Hierakonpolis）是古埃及早期制陶和酿酒的中心，同时也是连接沙漠绿洲的西部沙漠商路在尼罗河河谷地区的终点。而尼罗河东岸的尼可布［Nekheb，今埃尔卡伯（El-Kab）］则守卫着通向瓦迪·希

第三章 南方腹地：埃及兴起之地

拉尔（Wadi Hellal，即卡伯山谷）以及盛产黄金的东部沙漠乃至红海沿岸的道路。这两座城镇是埃及文明形成早期出现的第一批城市。在其全盛时期，这两座城镇都有着快速增长的人口，并且在当时埃及有着举足轻重的地位；虽然如今它们已经变成了乡下的小村庄，但我们依然可以看到往日辉煌的遗迹。

在去往尼可布的路上，因为大团漂浮的芦苇和杂草挡住了去往岸边的航线，我们只能先沿着一座岛屿的西岸顺流而下，再从一小片开阔水面原路返回，最后沿一条内陆水道到达村庄的码头。在此过程中，我们的船还差点和一艘小渔船相撞。这艘小渔船上有一位老者在用木桨划船，另一位年轻男孩则用长杆拍打水面以吸引深处的鱼群。而在大堆漂浮的杂草上则栖息着白鹭、朱鹭和长脚鹬。斑鱼狗鸟在空中盘旋，等待时机俯冲入水捕鱼。

一般而言，尼罗河上往返于阿斯旺和卢克索之间的游船只会在康翁波神庙等著名景点停靠。即便是有着著名古代遗址和现代化基础设施的斯尔斯拉山都很少会有游船光顾。而位于偏远乡下的埃尔卡伯则似乎从未有游船造访。除去村中的集市和前来接我们的马车夫们之外，这里完全是一幅古代村镇的景象：孩子们穿着邋遢的白色长袍，有些男孩骑在驴背上。鹅和鸭子聚集在河边的浅水处。正如我们一样，村民们对我们的到来产生了极大的兴趣并兴奋不已。年轻的母亲抱着孩子从她们年久失修的房屋中走出来看我们这些拿着照相机和望远镜，不知从哪里来的穿着整齐的欧洲人。

我前往此地的目的是造访附近描绘了三千五百年前古埃及农村生活场景的古代陵墓。但此时此刻，一幅与古代无异的活生生的埃及农村画卷正呈现在我面前。在与村中的长者交谈了很长时间之后，我们还是没能找到可以前往这些古代陵墓的车辆。在礼貌地拒绝了骑驴前往的建议之后，我们决定步行前往。位于尼罗河附近两组房屋之间的村中广场同时也是村庄的砖场。如同远古时代一样，排列得整整齐齐的新浇模成型的黏土砖块正在太阳下面风干。而令人感慨的是，在这片砖厂旁边仅仅几码处，有一道用相同的黏土砖筑成的城墙，而这座城墙已经有两千四百年的历史。这是古代尼可布城的城墙，或许也是古埃及最大的黏土砖建筑物。这座城墙长 622 码，宽 600 码，底部有超过 36 英尺厚，有些地段亦有 36 英尺高。在这座巨大的防御工事之内，就是汇集了从第一王朝到罗马时代古埃及历史各个阶段不同建筑与神庙的尼可布城。在这些建筑中，供奉地方神祇奈赫贝特女神的神庙在历史上被各个王朝高度尊崇，并经历了至少 10 次整修与重建。

城墙内的考古发掘也发现了更早期人类在埃尔卡伯地区定居的证据。在这里发现的陶器碎片显示人们在前王朝时期（公元前 5000—前 3000 年）就已经定居于此，而出土的小型石器则属于公元前 70 世纪的人类活动。在这一时期，狩猎-采集文化的先民会在每年秋天被尼罗河东岸的茂盛植被与丰富猎物所吸引而季节性地在此居住。考古学家将这一以使用燧石著称的人群命名为埃尔卡伯人。而即便是他们也并非是这一地区最早出现的人类：在瓦迪·希拉尔出土的石制手斧距今已有长达 30 万年的历史。综上所说，埃尔卡伯地区见证了人类在尼罗河河谷地区活动的整部历史。

埃尔卡伯地区的城镇和古代陵墓之间曾一度是一片连绵低矮的沙丘。但铁路以及后来阿斯旺到卢克索高速公路的修建将这两者分割了开来。这虽然破坏了古迹的完整性，但同时也把大多数来此地的游客限制在了古代陵墓一带，对古城墙的保护起到了让人意想不到的正面作用。从 19 世纪末期以来，埃尔卡伯地区新王朝官员们的石雕坟墓就一直是备受从阿斯旺到卢克索乘马车旅行游客们欢迎的旅游景点。如今，这里不仅有专门修建的马车停车区和售票亭，在路边还有一小片由建在支架上的三个大水罐构成的遮阳休息区。这里为往来的旅客提供了一个方便的休息场所，尤其是在白天，烈日炎炎，背阴处气温可以达到47摄氏度以上，伴随着滚滚热风。而在相对繁忙的铁路（在我们横穿铁路之后不久就有一列火车毫无预警地驶过）和公路的另一侧，尼可布古城墙则很少会引起游客的兴趣，也因此很大程度上保存了其原貌。

从描绘了古埃及农业活动场景的古代陵墓返回之后，我们在古城墙附近的河岸重新登船，并在村庄以北不远的地方找到一片适于停泊过夜的安静河滩。在这里，尼罗河岸的乡村风光与古代陵墓壁画所描绘的场景几无二致：牛群静静地站立在树荫下，孩子们则好奇地看着我们的船屋。一位穿着漂亮衣服的小女孩正在采集草药，而另一位小男孩则在吃从附近田地里收获的甘蔗。一位年纪大一些的少年乘着一辆驴车前来，将驴子卸下并拿出饲料。而与此同时，新收获的甘蔗被装上驴车。孩子们还送给我们登岸的船员一些甘蔗。夕阳西下，农夫一家赶着驴车返回村子里，他的一双小儿女坐在驴背上，大儿子则坐在新收获的甘蔗上面。与此同时，白鹭在夕阳的余晖中飞过田野，前往尼罗河上芦苇丛生的沙洲栖息。

如果说埃尔卡伯的城墙展示了古埃及黏土砖块的坚固，尼罗河对岸的尼肯遗址则可以作为这些砖块耐久性的绝好例证。虽然其往日辉煌的痕迹也已经大都消失，但悬崖上的石雕坟墓以及一座巨大的黏土砖块的建筑依然在诉说着这里重要的历史地位。尼肯遗址的这座建筑并非城墙，而是一道塔状建筑的外墙。这座俗称为"堡垒"的建筑底边长221英尺、宽188英尺，其经过加固的外墙则有40英尺高。而更令人印象深刻的是其建成的年代比埃尔卡伯城墙还要早一倍。这座由卡塞凯姆威（Khasekhemwy）国王修建于公元前2700年的建筑是世界上现存最古老的自立式泥砖建筑。该建筑的用途依然是一个谜。考古发现中有一片描绘国王生前和死后仪式活动的石雕残片，据此猜测，这一建筑是为了彰显对君王的崇拜。而这座建筑的位置也表明尼肯遗址曾经是埃及王国最早的中心。

在"堡垒"以西数英里的瓦迪沙漠深处，坐落着尼罗河流域最早的皇家陵区。这片被考古学家命名为 HK6 遗址的墓葬群是尼肯统治者的陵园，始建于公元前 3800 年，较之"堡垒"的修建还要早一千多年。这里的出土文物包括统治者自己的雕像（这也可以视作埃及帝王陵寝传统的开端）以及用于牺牲的野生动物（最早期的动物崇拜）。这些陵墓同时附有用木材和茅草构筑的地面建筑，并由芦苇秆编成的墙围绕着。这些沙漠深处的陵墓向人们展示了在古埃及人心目中，今生和来世都要仰赖于尼罗河的馈赠。

而在距离"堡垒"更近的沙漠中年代稍晚的另一座编号为 T100 的皇家陵墓，则将来世与尼罗河之间的联系展示得更为明显。这座被称为"画陵"的陵墓部分已经被毁，但现在依然可以找到 20 世纪初最早发现该陵墓时的黑白照片记录。在这座建于大约公元前 3400 年的陵墓中的一面灰泥墙壁之上，绘有古代埃及王室在尼罗河上举行庆典的场景。在壁画中央船队的周围还描绘了其他王权的象征，例如猎获的动物以及统治者痛击敌人的场景，而后者也是之后三千多年中象征王权的不变主题。这座陵墓是在埃及发现的最古老的带有装饰的陵寝，其建筑与装饰风格也标志着法老时代墓葬风格的开端。而与这些考古发现所展示的相同，古埃及人自身也肯定地将尼罗河河谷南部，尤其是尼肯一带视为埃及文明的发祥地。

我们的这段埃及文明溯源之旅在"画陵"和"堡垒"以北数英里处的阿黛玛（Adaima）遗址画上了句点。与埃尔卡伯和尼肯不同，这里已经没有任何可见的地上遗址，所有遗迹均被掩埋在沙漠下数厘米处。这片面积近 100 亩的遗迹证实这一带曾经于公元前 4

千纪中期存在面积较大的人类定居点以及相关的墓葬遗址。这里的房屋均使用木材和稻草建造。虽然随着历史的发展，房屋规模有所扩大，坚固程度亦有所提高，但没有发现任何曾有过泥砖建筑的迹象。同样的现象也出现在墓葬中，虽然陶罐、皮囊和陶土棺等其他形式的葬具偶有发现，木材和稻草依然是当地日常生活和墓葬所使用的最主要的材料。

在之后的时代中，虽然黏土砖块建筑已经开始普及，这种使用植物材料的建筑风格依然被继承下来并演化为建造宗教建筑时的仪式性传统。位于"画陵"近旁几百米处且基本修建于同一时期的、埃及最早的神庙，就是这样利用木材、茅草和柳条编织的篱笆修建而成的。对遗址的现代勘测表明，这一时期的神庙建筑与后来埃及拥有大门、庭院和方形主体建筑的神庙建筑风格有着明显的不同。这座遗址拥有一道大致呈橄榄形的外墙和平整过的泥土地面，遗址的一端有一根木质的旗杆，而另一段则是一座木质结构的建筑。该遗址的建筑形式体现了其古老的年代特征与当时文明和尼罗河流域物产的密切联系。

尽管有着壮观的城墙和埃及最古老的神庙，尼可布－尼肯地区的区域影响力还是随着伊德夫和埃斯纳（Esna）这一南一北两座新兴中心城市的崛起而衰退了。伊德夫和埃斯纳都始建于古埃及时代，并在托勒密王朝和罗马帝国统治时期成为上埃及地区南部的中心城市，并保持至今。这两座城市同时也以其神庙而闻名于世。这些神庙也是尼罗河河谷地区被外来政权占领之后，古埃及宗教的最后遗存。

直到1860年前后，伊德夫的荷鲁斯神庙除了塔式门楼顶部之外的大部分都还被掩埋在黄沙之下。而在神庙的房顶则建有64座民居。此外，于 1849 年访问埃及的居斯塔夫·福楼拜（Gustave Flaubert）还指责当地居民把神庙当作公共厕所。直到埃及文物管理局第一任负责人奥古斯特·马里埃特（Auguste Mariette）在伊德夫地区开始考古发掘工作，荷鲁斯神庙才得以从岁月的尘封中重见天日。从维多利亚时代至今，这座保存几乎完好的神庙给无数参观者留下了深刻的印象。正如阿米莉亚·爱德华兹所记载的那样："这座宏伟壮观的建筑在整体设计的简练和细节装饰的繁复上实现了完美而有机的统一，堪称宗教建筑艺术的集大成者。"[7]

荷鲁斯神庙的修建始于公元前 237 年 8 月 23 日，托勒密三世统治时期。托勒密王朝本着明确的政治目的，在尼罗河南方腹地修建了一座古埃及历史上最宏伟的宗教建筑之一。作为古埃及文明的发祥地和众多埃及法老的龙兴之所，上埃及地区在外来政权托勒密王朝统治时期一直是埃及民族主义的温床。而在该地区大规模修建神庙以表示对埃及传统神祇的虔诚则自然成为托勒密王朝统治者们安抚埃及人民并树立其统治合法性的最好方式，更何况修建和维护神庙本来也是埃及历代君王的传统职责之一。而位于伊德夫的这座奉献给尼肯本地神祇以及王权守护神荷鲁斯的庙宇确实不负众望——在它于公元前 70 年落成之际，其壮观程度足以与历代法老修建的任何建筑物相媲美。

作为历代托勒密王朝君王所追求的埃及与希腊文化和谐相处的象征，这座拥有埃及式门楼大道和石柱大厅的神庙实现了埃及与希腊建筑风格的有机统一。在这座建筑中，镌刻有制备祭祀用油膏配方的"实验室"的存在体现了其受希腊文明的影响；而从尼罗河引水以准备宗教仪式用水的房间则完全来自古埃及的传统。神庙墙壁上的文字记载了这座神庙所在的位置正是原始陆地最先从混沌之海中升起的地方。而另外上千幅对宗教仪式的描绘则记录了身着法老服装的托勒密王朝君王向古埃及传统神祇做出奉献的场景。

但事实上，当年那些狂热的围观伊德夫神庙落成的一般民众是没有机会参与神庙的绝大多数宗教活动的。正如阿米莉亚·爱德华兹所记载："古埃及神庙并非一个供大众礼拜的地点，而是一个仅仅对王室和高级神职人员开放并举行宗教活动的场所。对于一般民众而言，在神庙高墙后面发生的一切都是不为人知的秘密。"[8]这一规定仅仅会在被称为"神圣婚姻"的宗教节庆期间被打破，而这也是伊德夫地区最重要的节日之一。该庆典在每年洪水季节前夕的望日开始举行并持续一个月。在此期间，哈索尔的神像会由丹德拉（Dendera）乘平底船前往伊德夫与荷鲁斯团聚。载有哈索尔神像的船队会在中途停靠底比斯和尼肯，以便哈索尔可以访问这两地的神庙并拜会神庙中的其他神祇。船队一般会于次月朔日抵达伊德夫并停留两个星期至该月望日。然后哈索尔的神像会在民众的欢呼声中重新登船返回丹德拉。

如今，尼罗河水运依旧直接关系着伊德夫的生活与繁荣，只是前往荷鲁斯神庙进行宗教活动的平底船已经被旅客游船所取代。沿着这条繁忙的航道，我们驶往伊德夫码头并在一艘双桅斐卢卡帆船旁边停泊。这艘斐卢卡帆船上装满了石材，但得益于超宽的船舷，其吃水并没有明显变深。工人们扛起大块的石料，走过狭窄的跳板登岸，再将其运往在陡峭河岸上等候的卡车。在烈日下赤脚搬运石块是非常劳累的工作，而古埃及的众多神庙也正是在无数建筑者这样的辛劳与汗水中建成的。

在这艘运送石材的驳船旁边，尼罗河河岸的景象充分展现了古代与现代文明在埃及这一带的并存：人们和马匹在河中洗澡，而马车和唯一一辆装运石料的卡车同时停在河边。一位渔民用两块木板当桨划船经过我们的船边，收网取出他为数不多的收获。他得意地举起一条圆滚滚的河豚。这种鱼虽然因为其毒性而无法食用，但在埃及经常会被作为房间的装饰物挂在墙上。这位渔夫将一些可以食用的鱼以几镑的价格卖给了我们的一位船员，然后继续划船离开。此后不久，来接我们去伊德夫神庙的机动车辆忽然出现，又将我们带回了现代文明。当我们乘车快速穿过伊德夫镇，并超过前面的众多畜力车时，我们可以看到当地人的日常生活：年轻妇女戴着色彩鲜艳的长围巾结伴而行，而更年长妇女的围巾则是黑色的。有些人坐在露天咖啡馆里抽烟，另一些人则在国营面包店门口排队。另外，镇中还有几家摊位在卖色彩鲜艳的刺绣衣服。当我们在两个半小时之后回到船上时，那两位搬运石料的工人依旧在辛苦的劳作，他们可能需要一整天时间才能完成整船石料的装卸工作。

而我们在2012年年底的另一次伊德夫之旅则需要采取不同的交通方式前往神庙。由于阿拉伯之春后尼罗河河谷地区旅客客流量的急剧减少，伊德夫的马车夫们联合起来垄断了前往神庙的交通以在旅游业不景气的环境下维持生计。他们要求所有的游客只能选择乘坐马车从码头前往神庙，所有试图在这一线路上运行的出租车或公共汽车都会面临着被扔石头或者在神庙门口被阻挡不得入内的风险。马车夫的这一策略反映了他们以及整个埃及旅游业所面临的困境，但这样做很大程度上并没有为他们的生意提供多少帮助。因为西方的保险公司拒绝为乘坐马车的游客提供保险，大多数游客如今选择从陆路而不是乘船前往伊德夫。与两千多年前伊德夫神庙开始修建之时一样，不安和动乱的阴云正笼罩在伊德夫和整个上埃及上空。

除了伊德夫的马车夫之外，多数上埃及人一般都会安于他们的生活现状，但在历史上也并非一直如此。在罗马帝国统治时期，尼罗河河谷地区的埃及本地人既无法在其故乡享有城镇居民待遇，在农村更会被课以重税。在当时，埃及的农业税收占罗马帝国粮食供给总量的三分之一。也正因如此，罗马帝国在尼罗河河谷各要地部署重兵以维持对埃及的经济掠夺。当时罗马驻军的主要职责包括保护当地遭人憎恨的税监和前往罗马的运粮船只的安全，并镇压当地居民（多成为流寇）的反抗。

罗马帝国在上埃及地区的统治中心位于埃斯纳。当时常常可以看到帝国在东部沙漠的驻军来此休假。而此地名义上献给埃及创世神克奴姆（Khnum）的神庙则被罗马帝国利用成为其宣传工具。在这座始建于托勒密六世时代神庙的每一个角落都可以看到罗马帝国的历代皇帝留下的铭文。考古学家在神庙的正面墙壁上发现了克劳狄乌斯（Claudius）、尼禄（Nero）、韦帕芗（Vespasianus）和图密善（Domitian）的名字；而众多立柱上的铭文则记载了图拉真（Trajan）、哈德良（Hadrian）和安东尼·庇护（Antoninus Pius）的功业；而在后墙上的铭文中亦发现了对塞普蒂米乌斯·塞维鲁（Septimus Severus）及其妻子茱莉亚（Julia）、卡拉卡拉（Caracalla）、盖塔（Geta）、菲利普一世（Philip Ⅰ）以及德基乌斯（Decius）的记载。在其他地方则发现了马尔库斯·奥列里乌斯（Marcus Aurelius）和康茂德（Commodus）的名字。除此之外，还有一幅浮雕将提图斯（Titus）皇帝描绘为埃及法老的传统形象。总而言之，埃斯纳是罗马在埃及长达三个世纪的统治与压迫的一个缩影。一幅颇具讽刺意味的立柱浮雕描绘了哈德良皇帝向克奴姆神奉献花环的场景。这一传统仪式可以追溯到法老时代。但在埃斯纳，皇帝奉献的花环则变成了罗马式的月桂冠。同时献上的还有一根象征皇帝武功的权杖。

正如上埃及的所有城镇一样，埃斯纳城同样是依尼罗河而建。在更古老的时代，尼罗河鲈鱼和克奴姆一道受到该城镇居民的崇拜。事实上，埃斯纳城的最早的名称莱托波利斯（Latopolis）在当地语言中就是"鲈鱼之城"的意思。该城的港口区和马尔库斯·奥列里乌斯时代修建的石制码头是当时罗马帝国粮食水运的重要枢纽。这座码头一直原封不动地使用到19世纪，并在之后利用来自尼罗河对岸的石块进行了加固。直到如今，埃斯纳依旧是这一地区的商业和贸易中心。

旅游业对埃斯纳同样十分重要。目前，当地政府正在开展一项雄心勃勃的计划：恢复神庙的码头区一线的古代风貌，以进一步开发当地的旅游资源。这是一项困难的工程：直到19世纪中叶埃斯纳神庙都被掩埋在"经年累月堆积的垃圾之下"[9]，而其内部"自屋顶数英尺之下都堆满沙土"[10]，并建有一家棉布商店。该神庙的内部在1842年被发掘和清理，并作为地下火药库使用，但神庙本身依旧深埋于闹市中心的地下。有鉴于此，当地文物局需要拆迁整条商业街以恢复从神庙到码头的古代风貌。这一拆迁工程也可能会威胁到附近的一座中世纪清真寺。事实上，这座清真寺的宣礼塔目前已经严重倾斜；如果没有适当的保护措施的话，其很可能在不久的将来倒塌。与此同时，当局也计划在沿途修建下水道干线。目前，工人们正在辛勤劳动以清除神庙浮雕上的煤烟和污物以恢复其原本的鲜艳色彩。当整项工程完工之后，这座神庙将与游船码头直接相连，并很可能成为一个新的、更为清洁和便利的旅游胜地。但我认为这也会使神庙变得更为繁忙与缺乏浪漫色彩。

虽然目前进行的整修工程会让埃斯纳市内的游览变得更加方便，该城附近的埃斯纳水坝仍然是顺流而下前往卢克索航程中必须跨越的障碍。这座修建于1906年的水坝由埃及工人在英国工程师的监督之下以传统方法修筑。主要建筑材料是来自格贝尔山的砂岩。这座水坝是尼罗河上最后的几座老式水坝之一，主要功能是控制水流以及灌溉。我认为这座水坝是一件壮观优雅的工程杰作，与之相比，在其下游半英里处以混凝土修筑的现代水电站就显得缺乏美感。

等待通过埃斯纳水坝的经历是非常埃及式的。等待通过水坝的船只拥挤在一起。虽然每艘船理论上都有自己的等待位置，但我们的达哈比亚船屋还是好几次被更大型的游船抢先。在三个半小时的等待之后，我们终于获得许可，通过了埃斯纳旧坝的狭窄水道。这座所有水闸都保持敞开的水坝已经不再发挥功能，但其历史纪念意义使它免遭拆除而保留了下来。

经过第一道旧坝，我们进入了新旧两道水坝之间的水域等待通过新埃斯纳水坝的船闸。出售围巾的小贩划着小木船来到我们的船边，把他们的围巾扔上甲板推销。最后我们和伴随我们的两艘拖船进入了船闸，然后水位在闸门合拢之后开始快速下降。在我们船尾的一艘拖船将缆绳系在船闸的边上，一位引水员随着水位的下降不断放长缆绳。但当下降到一半的时候，缆绳却在前甲板卡住了，这艘拖船就这样被一根缆绳悬在了空中。最终尼龙缆绳经受不住拖船的重量而崩断，这艘拖船才得以落回水中。这也让船长气得破口大骂，而那位失职的船员则显得垂头丧气。当水位下降大约25—30英尺之后，通往下游的闸门开启，我们也得以继续向北航行。我们通过埃斯纳水坝总共花费了将近4个小时。这种等待让许多西方游客感到不耐烦，但埃及当地人则大多不以为意。在埃及南方腹地，时间的流逝像尼罗河河水一样不紧不慢。对于这里乐天知命的人们而言，今天完成不了的事情总可以等到明天再说，一切都没有什么可着急的。

在最终进入底比斯平原之前，尼罗河河道的宽度已经开始明显加宽。在生长着茂盛香蕉林的东岸的远方,高耸的悬崖已经被平缓的丘陵所取代。而在河西岸,石灰岩质的峭壁仍紧靠河边森然而立。这里最显著的地标就是两道平行于尼罗河走向的丘陵。在古代,它们标志着南方腹地和富饶的底比斯地区的边界。这里还有一座以这两座山丘命名的城镇,其古称"Inerty"和今名盖博拉(Gebelein)都是"两座山丘"的意思。

更为靠近尼罗河的南山显得十分险峻,山的东侧尤为陡峭且沟壑纵横,因而难以攀登。因此,通向山顶的道路只有沿山丘较为平缓的西侧的一条曲折的小径。登上山顶可以看到尼罗河水的流向在这里平缓的转弯。河东岸的景色也清晰可见。毫无疑问,在古代这里是扼守底比斯南大门的战略要地。也正因为此,埃及早期的法老们在南山的山顶为他们的守护女神哈索尔修建了神庙。虽然其规模比起上埃及的众多神庙要小了许多,但这座神庙同样留下了历代统治者造访的记录。

从山顶返回经过盖博拉村的路上,我们所见的一切似乎还停留在前现代社会。赤脚的孩子们在尘土飞扬、游荡着家禽和流浪狗的街道上玩耍。山羊则啃食着随意堆放在街边的灌木枝和饲料。这里只有零零星星几辆轻型卡车,驴子仍然是最主要的交通工具。这里的人们害羞而好奇,虽然生活贫困但依旧保持着乐观的态度。在最初的一阵沉默之后,他们很快就对我们这些外来者表示欢迎。在我们一行人到达之后,孩子们很快成群结队地跑过来要求照相。而其他村民则走出家门静静地看着我们这些陌生人。如今这里很少会有外国人光顾,但在公元前3000年的埃及内战期间,这里曾经是埃及最著名的移民社区之一,并对埃及历史的进程产生了重要的影响。

这段历史的发现源于对盖博拉北山的考古发掘。这座山丘距离尼罗河岸较远，离南山的距离大约 1 英里。北山的山顶并没有建造神庙，但其山坡和比邻的沙漠地带则在几千年间一直被作为这一带的公共墓地，许多墓碑至今依然可见。意大利考古学家在 20 世纪 30 年代对这一带的考古发掘中发现了现存最早的亚麻制围巾，上面描绘了划船和捕猎河马的情景。另一只出土的石盘则刻画有食蚁兽的形象。这些出土文物使人们对于该地区最早期的历史与社会生活有了一定了解。而除了埃及史前时期的考古发现之外，这一带的考古同样为研究上埃及第一中间期内战的历史提供了有价值的第一手资料。这场内战中的第一次冲突就是在盖博拉一带爆发，其起因是当地的一位地方豪强试图扩张其势力范围。从此之后，地方总督之间的纷争愈演愈烈，并很快升级为争夺土地和王权的军阀混战。在这一时期墓葬中出土的武器显示了内战造成的埃及社会的整体军事化。而与此同时，冲突的各方也都在积极寻求外部支援。

在古代埃及，任何想要快速动员一支军队的统治者都会去征召居住在尼罗河第一瀑布上游贫瘠土地上、勇猛好斗的努比亚人。除此之外，努比亚人还是娴熟的弓箭手；事实上，在古埃及象形文字之中，"努比亚人"一词正是用一张弯弓表示的。这些特点使得努比亚人成为古埃及雇佣兵的主要来源；而内战中的冲突各方都有努比亚人为之效力。

当时一支努比亚雇佣军就驻扎在盖博拉附近，他们在公墓中的墓碑记载了这些外来者的姓名和生前事迹。例如这一位叫丘得斯（Qedes）的士兵，他称自己是"一位在第一线冲锋陷阵的优秀士兵"[11]，并宣称"我比全城的所有人（不管是埃及人还是努比亚人）跑得都快"[12]。这样的吹嘘在古埃及的墓志记载中屡见不鲜；所以从这个意义上说，这位丘得斯还是很好地适应了埃及的文化。但在这种适应之外，这些雇佣兵墓葬一个更为显著的特征是墓碑上的浮雕依旧通过独有的服饰、发型和面部特征将他们刻画成努比亚人而非埃及人。而这一点在以文化与生活方式区分民族认同的古埃及社会则显得尤为独特。这些以埃及式的葬制埋葬但保留努比亚人身份认同的雇佣兵们一定在当时备受当地埃及人的尊重，以至于他们决定保留自己的文化特征并以之为荣。

如今，埃及南部地区又再一次接纳了来自尼罗河上游地区的大量移民。但这一次，他们不再是为了参与埃及的战争而是为了逃避本国的战争而来到这里。自20世纪90年代苏丹内战爆发之后，已有大约四百万非法移民涌入埃及，而本应将其遣返喀土穆（Khartoum）的埃及警方则基本对此视而不见。而一般埃及民众则对于他们的苏丹邻居有着特殊的亲切感，正如我的向导所言："他们就像我们的亲戚，只是脏活累活都是他们干的。"[13]

在盖博拉更下游的尼罗河西岸逐渐变宽的泛滥平原上，大片的甘蔗茂密地生长着。蔗糖种植为当地提供了大量的就业机会但同时也带来了潜在的治安隐患：在20世纪90年代的动乱期间，极端分子以甘蔗地为掩护伏击过往游客的车队。为解决这个问题，埃及政府下令道路近旁5—10米不得种植甘蔗。如今，动乱虽然已经基本得到了平息，但政府的这一禁令依然有效，这也造就了埃及这一带农村的独特景观。毫无疑问，这一带的为数不多的游客基本都是来自临近的卢克索/底比斯地区。底比斯那些壮观的神庙和陵墓使得这一带其他所有的古迹都显得黯然失色，这也是少有游客会造访这一带的另一原因。

然而，在盖博拉和底比斯之间依然存在一处在埃及历史上有着重要地位的古迹。在古典时代，赫尔蒙迪斯（Hermonthis，现名艾尔曼特）以其伊西斯（Isis）神庙而闻名于世。克里奥帕特拉在这里修建过纪念她和恺撒的儿子恺撒里昂（Caesarion）诞生的建筑。

第三章　南方腹地：埃及兴起之地　　81

其后罗马帝国则修建了浴场和城墙。但这座城市的历史可以追溯到更久远的古代：这里的神庙始建于新王国时期，并与埃及历史悠久的神牛崇拜传统有着密切的关系。

古埃及人，尤其在法老时代的末期，认为万物有灵，并笃信动物崇拜。在古埃及，猫被作为巴斯特（Bastet）女神的象征而受到尊崇，朱鹭（鹮）则被作为智慧之神托特（Thoth）的化身。其他比如豺、狒狒以及某些鱼类都被当时的埃及人专门饲养和敬拜，并在死后被制成木乃伊埋葬。埃及的动物崇拜在不同地区侧重不同；在康翁波，崇拜的主要对象是代表索贝克的鳄鱼；在伊德夫则是代表荷鲁斯的猎鹰；而在艾尔曼特则是代表拉的神牛。将这些神牛在其死后制成木乃伊并埋葬是一件浩大的工程。事实上，艾尔曼特地下开凿的整座地窖都是为容纳神牛的木乃伊而建造的。这些神牛死后被以全副礼仪埋葬，它们的墓碑上还会记载其一生中的主要事迹。例如传递神谕、治疗眼疾以及参与斗牛活动。这些神牛的母亲被埋葬在附近的另一座地窖中。艾尔曼特的神牛崇拜延续了近6个世纪，直到被罗马皇帝戴克里先（Diocletian）禁止为止。

我们之所以能对艾尔曼特的历史有如此详尽的了解，要归功于一位令人意想不到的资助者对这一带考古工作持之以恒的慷慨支持。罗伯特·蒙德（Robert Mond，1867—1938）不是考古学专业的，他是作为著名的化学实业家而广为人知。罗伯特·蒙德出生于1867年的柴郡，之后他继承了家族的产业并将其父的工厂发展成为当时世界上最大的碳酸钠生产企业（蒙德的企业也是英国第一家给工人提供每年一周的双倍工资年假的工厂）。罗伯特·蒙德之后扩大其公司的经营范围并兼任了加拿大安大略省镍矿公司的主席。同时他也被选为英国皇家学会戴维·法拉第（Davy-Faraday）实验室的终身名誉干事，创立和资助了众多学术组织。如果不是他在1902年生了一场大病的话,这位蒙德先生或许会作为一位杰出的化学家和慈善家而闻名于世。像当时其他的英国上流社会人士一样,蒙德听从了医生的建议,在之后几年的冬天前往埃及疗养。

几次埃及之旅之后,精力旺盛的蒙德先生就把埃及考古作为他此后毕生的兴趣爱好(而另一个有趣的巧合是,"化学"一词的希腊语chemeia,词源正是"埃及艺术"的意思)。以他停泊在底比斯西岸的蒸汽达哈比亚船屋为据点,蒙德在底比斯地区进行了多年的考古发掘工作,并亲自发现了几座古代陵墓。除此之外,蒙德还资助了许多古代遗址的修复与保护工程。与此同时,蒙德也收藏了众多的埃及文物,并将它们展示在他伦敦的豪宅中一间模仿法老宫殿建筑的大厅内。

在1925年冬到1926年年初,蒙德的考古队从底比斯出发寻找新的遗址。它们在这次考察中发现了位于底比斯以南10英里、之前几乎已经被人完全遗忘的艾尔曼特遗址。在之后两年由蒙德亲自领导的考古勘探与其后由他资助的进一步发掘中,这里的神牛墓葬群以及其他遗址得以重见天日。因为有这样一位慷慨的资助者,在艾尔曼特考古队工作的待遇是非常优厚的,其工作条件与福利也强于其他考古发掘现场。例如,在1928年圣诞节,蒙德订购了两大篮各种福特纳姆与玛森家①(Fortnum & Mason)的食物由伦敦运往考古发掘现场。此外,蒙德还自费修筑了从底比斯到艾尔曼特的道路,以便他可以每周数次乘车前来监督发掘进度并记录进展。之后,蒙德还组织了69位各个学科的专家编写了五卷本艾尔曼特考古报告,为埃及研究新的学术标准的确立做出了贡献。

得益于罗伯特·蒙德的工作,艾尔曼特现在较之其他类似的遗

---

① 译者注:这是一家深得女王喜爱的百年老店。

址有着更高的知名度。考古发现表明，虽然这里从未成为政治和文化的中心，但作为次要城镇从史前时代延续五千年直到今日。在这里，从法老时代到托勒密王朝再到罗马帝国和科普特教会的遗址传承有序；而如今这些遗址上面则建起了伊斯兰式的墓园。这里如今的地名"艾尔曼特"事实上是其古典时代之名"赫尔蒙迪斯"的阿拉伯语转译，而"赫尔蒙迪斯"本身则另转译自古埃及底比斯地区战神的名字孟图（Montu），而这也正是埃及悠久历史的一个缩影。

第四章

卢克索：奇迹之城

这是一个让人陷入沉默的地方。[1]

——阿米莉亚·爱德华兹

对许多来到埃及的游客来说，流过卢克索城的尼罗河是最引人入胜与令人回味的。这段航线从未改变，从图坦卡蒙（Tutankhamun）、拉美西斯大帝和托勒密时代所有人都要经此河流停泊于古底比斯码头。此刻正如既往，隐藏在远处玫瑰色的底比斯山岗倒映在尼罗河的广阔河面上。白天，渡轮穿梭于河流间，将货物、人和动物从此岸运到彼岸。西岸山丘，在古代为亡者之境保存着神秘的光环，奠定其世界最佳的旅游目的地之一的地位。西岸河畔已经发展了现代化的酒店、餐馆和商店以满足游客需求。除此之外，穿过绿色河滩与甘蔗地，呈现在眼前的是一个永恒的点缀着狭长古墓的高山景观图。

与此不同的是，东岸则提供了一个完全人造的远景。多层甲板的游轮与传统的三桅小帆船、小艇排列在码头，争抢着最佳位置。在此之上，一条宽阔的、铺砌而成的步行长廊沿河边展开，背朝着

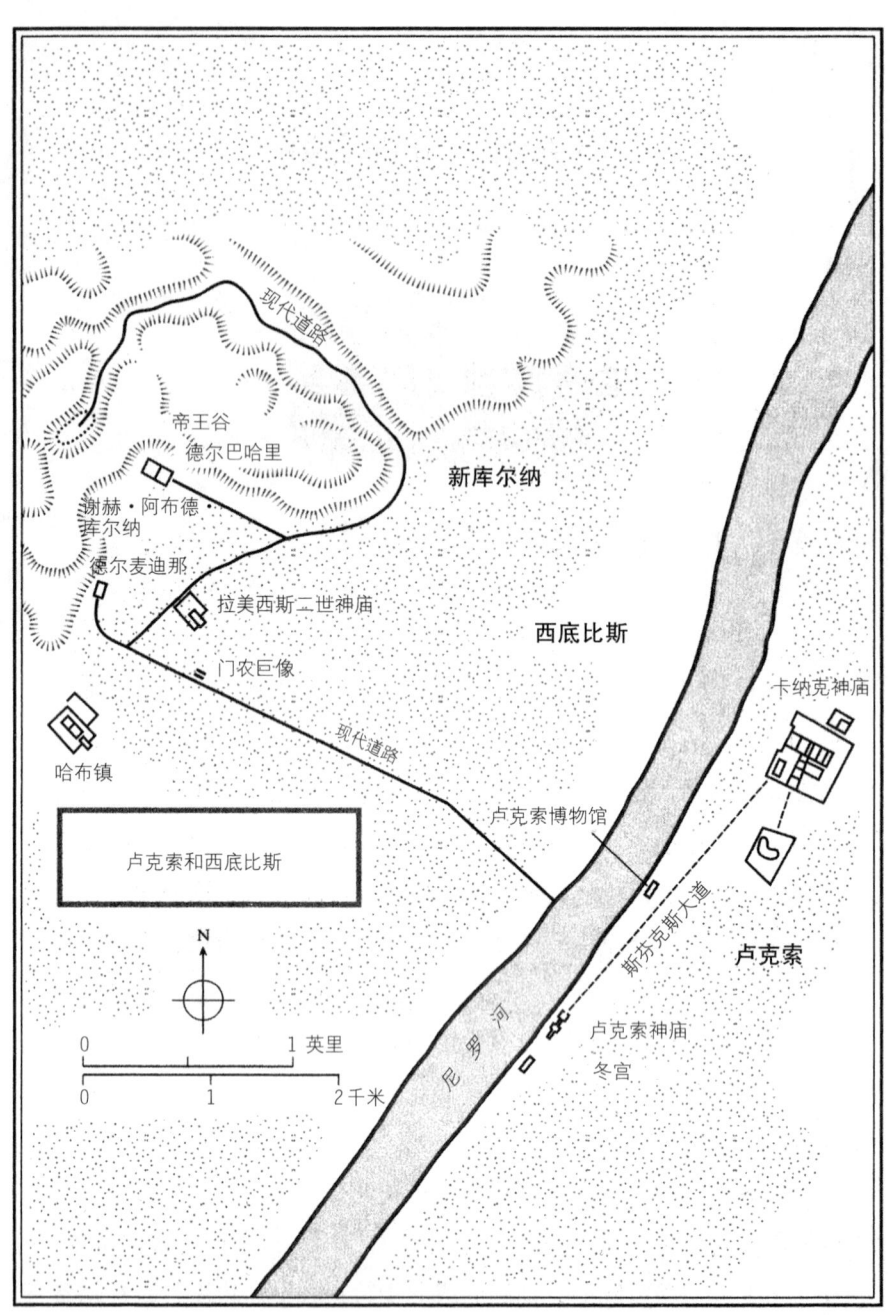

一条挤满了长途客运汽车、鸣笛的出租车、喷气的敞篷小型载货卡车与遮篷轻便马车的繁忙小路。在滨河路远处，酒店、商店与办公室构成了混凝土、砖块的人工景观。西岸与东岸，无时间限制与现代性。把这二者连接起来，也就连接了过去与现在，连起了尼罗河，连通了底比斯与埃及的命脉。随着每天晚上太阳落下，河流变得深蓝，河上泛着橙色的波纹，预示着另一天的结束。

卢克索最好从尼罗河上来欣赏。当我顺着河水的流动从南方来到这个城市，它像一幅全景画卷，缓缓展开的是它的诸多景点。一个多世纪以前到达卢克索，阿米莉亚·爱德华兹描述了这样的场景：

> 另一个塔门的顶端［城楼］；方尖碑的尖顶；半埋在土中的巨大的柱子组成的柱廊；英国、美国、普鲁士领事的白色房子，每个都有自己的旗杆和旗帜；陡峭的沙岸；泥墙和鸽塔的背景；前景是当地小船与绘制华丽的达哈比亚船屋停在锚点——这样，我们所见的是我们这个著名村庄的第一个全景。[2]

今天，神庙柱石四周几个世纪的堆积物已经被清除了，西方领事馆的房子也消失了，否则此地风景与当时的场景就更相似了。当然，现代游客在卢克索码头上岸的经历与一百三十年前并无改变："孩子们为了小费而尖叫；商贩们展示着仿制的金龟子串。"[3]

最重要的是，卢克索是充满了古代遗址的城市，充满了壮观的由门塔和柱状厅组成的神庙。对古希腊人来说，它是"百门之城底比斯"；对埃及的阿拉伯征服者来说，它是城堡（al-Uqsur，卢克索的现代名字的起源）。一位1589年曾到达卢克索的未留下姓名的威尼斯人称，这里的神庙是埃及唯一值得钦佩的建筑物，在他的心目中，连金字塔都黯然失色。为探索这一奇观及其惊人的历史，没有哪里比仍处核心之地的卢克索神庙本身更适合作为开始之地。历史对卢克索的重要建筑并不是很友好。原来的"南方圣地"（神庙古代名）现在位于城市最繁忙的拐弯处附近，遗迹最后的圣洁也被交通堵塞淹没了。路边的人行道上，我拼命地躲避小贩与卡车司机，难以重新获得敬畏与惊奇、威严与神秘的感受，掩盖住神庙全盛时期的感觉；我也难以想象它骄傲地矗立着，俯视着南部的城市，是一座神圣王权的机构的纪念碑。从尼罗河来看卢克索神庙则是更好的位置。从这个角度来看，神庙的起伏、内院的延伸设计及门塔（埃及学家所说的"塔门"）的布局清晰可辨。卢克索神庙平行于尼罗河而建，后期沿其北轴线扩建。从河上看卢克索神庙将更能阻止现代体验的入侵，使人聚焦于古代遗址上。

大多数法老的神庙面河而建，既是为了便于出访——古埃及国王乘船旅行，当他们希望在特定的地方下船时，皇家三桅帆船将直接停在主神庙前的码头，也是出于象征性的原因，为了强调它们与尼罗河创造生命的力量之间的联系。但卢克索神庙一开始是被设计为一个附属建筑，附属于北边1.5英里处的、更大的卡纳克神庙。所以卢克索神庙的正门直接面向卡纳克神庙，而不是朝向尼罗河。这是何等的入口！卢克索神庙的正面是人尽皆知的典型埃及古建筑，其魁伟的塔门面向巨大的皇家雕像与方尖碑。或者只有方尖碑。神庙最令人震撼的现代外观是其缺乏对称性造成的。在入口的东边有一个八英尺高的方尖碑，西边只有一个空基座。卢克索缺失的方尖碑的故事涉及埃及学的开始。这个看起来不像是真的，所谓英雄（或恶棍）是一个路易十五时代的法国人，一个在政权衰亡时期以色情图画取悦法国上流社会的艺术家。

多米尼克·维旺·德农（Dominique Vivant Denon，1747—1825）出生在索隆河畔沙隆区（Chalon-sur-Saône）的一个地主阶级家庭。17岁的他，正如所有雄心勃勃的年轻人一样，去了巴黎。他学习了设计，并成功地被任命为路易十五的侍臣。在国王的情妇蓬帕杜夫人（Madame de Pompadour）赞助下，他从宫廷艺术家摇身一变成为一名外交官，出使过圣彼得堡、瑞士和那不勒斯。经历凡尔赛宫的阴谋之后，外交生活可能有点枯燥。但事实证明，这对德农却是很好的事业变动。当1789年法国革命爆发时，他身在威尼斯，躲过一劫。他逃离了他原来的生活圈子，但他的财产被没收了。由于不希望在贫穷中度过余生，加上他对自己外交技巧的自信，1793年德农决定回到巴黎，并得到最受欢迎的革命画家雅克-路易·大卫（Jacques-Louis David）的保护。这是高妙的一步。德农认识了拿破仑·波拿巴（Napoleon Bonaparte），很快赢得了他的信任。拿破仑于1798年5月14日开始了他对埃及的远征，以期打破英国对埃及的控制，破坏英国与印度的贸易主导地位。拿破仑任命他为最亲近的副官之一。德农在《埃及北部及南部记行》（*Voyages dans la Basse et la Haute Egypte*）中对他沿尼罗河旅行进行了描述，返回法国出版后立即大卖，将法老的土地推到了欧洲想象的最前沿。他大量的绘画也产生了影响，这些绘画组成了拿破仑《埃及记行》（*Déscription de l'Egypte*）的核心，这部巨著标志着埃及学作为一门学科的诞生。这两本书出版后带来的"埃及热"横扫欧洲城市，启发了德农的年轻同胞商博良破译法老的语言。经过二十年的艰苦研究，他第一次正确解释了象形文字书写系统，实现了零的突破。

然而对于 19 世纪的欧洲帝国来说，他们不仅仅想要了解古埃及，更想要其中的一角为帝国首都增添光彩。1799 年 1 月 26 日第一次参观底比斯，德农和他的手下就被城市的古迹震撼了。正如德农在他的回忆录中写道："军队自己停下来，自发地鼓掌，好像占领这座首都的废墟是我们光荣使命的目标，我们征服了埃及。"[4] 在如此之多的建筑奇观中，德农对卢克索神庙前的方尖碑印象深刻。在他的日记中，他评论说："地球上没有什么可以与它们相比的。"[5] 商博良 1828 年访问这里时也同样深受震撼。对于法国人来说，没有什么比拥有一个在巴黎中心竖立的卢克索方尖碑更适合来象征他们国力之强盛的了。正如一位当时的评论家所说："法老、托勒密、恺撒、教皇轮流建立了他们自己的埃及文明的宏大符号。"[6] 现在轮到了法国。

19 世纪 20 年代，法国外交人员在路易十八的命令下与埃及总督穆罕默德·阿里进行了谈判，目的是为法国得到一个方尖碑。亚历山大的一个方尖碑——第二"克里奥帕特拉之针"被送给了法国，但由于某种原因它从未成行。1829 年，商博良重新提出了这个想法，却是另一个不同的文物："如果必须在巴黎看到一个埃及方尖碑，那么就让它来自卢克索。"[7] 这位杰出埃及学家的观点难以被忽视，因此一个新计划被适当地提交给新的法国国王查理十世，计划中保证说，如果巴黎能有一个卢克索方尖碑，巴黎"将不再有任何理由嫉妒罗马"[8]。国王很乐意被说服，并建立了一个以泰勒（Taylor）先生为首的皇家委员会前往埃及。泰勒有两个目标：一是与埃及协商要求以卢克索方尖碑作为礼物，二是收集额外的文物以丰富卢浮宫的收藏。为了襄助谈判，他获得了 10 万法郎的巨额款项，以及用来赠予穆罕默德·阿里与其子的各种礼物。泰勒于 1830 年 4 月 23 日抵达亚历山大，在总督接待前，他等待了一个月。

　　一开始，谈判有些棘手。英国人占得先机，已提出对卢克索方尖碑的需求。但埃及总督感觉到取悦法国的政治重要性，所以"他给法国两个卢克索方尖碑，确认了他以前提过的礼物，亚历山大方尖碑，并提出与英国巴克先生（Barker，英国领事）调换卡纳克方尖碑"。[9] 这确实是一场交易。1830年7月巴黎革命带来的威胁差点导致这项协议取消，但商博良坚持他的计划。最终11月，礼物在穆罕默德·阿里的部长的信中得到了确认："我被殿下命令将上述三个纪念碑交给法国国王陛下处置，立即生效。"[10]

　　1831年4月15日，一艘名为"卢克索"的特殊的船从土伦（Toulon）起航，开往尼罗河。它在建造时就被设计为能往返从法国出发的两次长途海运，能穿过尼罗河和塞纳河的浅水区，甚至能通过巴黎桥下的拱门。它还必须能承载放于木头及铁制的笼子中的250吨的方尖碑。在离开地中海沿岸港口四个月之后，卢克索号停靠在卢克索准备接收庞大的货物。不幸的是，事情在神庙未能顺利进行。在到达卢克索几个月前，法国工程师受到了怀疑，要求解释他们拆卸方尖碑并把它运到法国的动机。等他们让当地人确信他们的和平意愿，他们又不得不与毗邻卢克索方尖碑的房屋业主进行漫长的谈判，因为房屋必须在方尖碑被卸下前拆除。在卢克索号停靠后两周，霍乱的暴发导致了十五名法国水手的死亡，也威胁了整个项目。但工程师们坚定地认同自己的伟大事业："没有人离开他的职位，没有什么能使工作中断，一个动机鼓舞了我们全体：将最美丽的装饰品之一从古代文明古都拆除。"[11]

　　克服了很多困难之后，卢克索方尖碑在1831年9月1日之前被装入脚手架。把它安全地降低到地面又花了一个月，把它拖到河岸，装载到等待的船上又花了三个月时间。12月中旬，尼罗河水位下降了。只有等下一个八月洪水季到来，卢克索号才能带着珍贵的货物起航，开始漫长的回法旅程。该船于1833年12月23日抵达巴黎，进入干船坞。方尖碑上面的覆盖物也被除去了。把这座伟大的方尖碑竖立在它的新址之前，还需要三年的细致工作。"10月25日（1836），上午，超过20万名观众充满了协和广场所有出口、杜勒丽花园（Tuileries）的平台以及香榭丽舍大街，等待着对方尖碑的竖起。"[12] 幸运的是，天气干燥，有一点儿阴。一个时代文物贮存器——存有金银币及国王纪念章的雪松盒，在方尖碑被安放之前被放置在基座中心的空洞里。年轻男子攀上了方尖碑，用月桂花环和三叶草装饰了其顶部，为其加冕。法国政府制作了一个纪念奖章来庆祝这伟大的时刻。

可惜的是，德农十一年前就已去世，未能见到他的梦想实现。通过古老而诡计多端的外交手段，古代世界最伟大的王国的方尖碑现在立在了协和广场的中心。这里是三十年前法国统治阶级（包括许多德农的朋友和同事）被断头台夫人（译者注：即铡刀）处死之地。至于垂涎已久卢克索方尖碑的英国人，他们只能带着习惯的蔑视旁观。当五十年后阿米莉亚·爱德华兹访问卢克索神庙，看到那里仅有一个方尖碑时，她很沮丧地说："它的伴侣已经潜移默化地被外国气候极大影响了。"[13] 并想象它俯视下方、"对协和广场的小革命与反革命忧郁而漠不关心"的神色[14]。法国已经获得了合适的皇家纪念碑，也是法老的最荣耀的建筑之一。但埃及已经失去了其建筑奇迹之一。只有法老真正知道：尼罗河可以赐予一切，尼罗河也可以带走一切。

早年尼罗河旅途中卢克索神庙所呈现的景色与今天的旅游景点有很大不同。当时，这座半埋的神庙是一个"烟雾弥漫、肮脏、错综复杂的巷道与小路组成的迷宫。泥房子、泥鸽塔、泥筑码头和泥筑清真寺聚集起来，就像黄蜂在废墟中及其周围筑巢。带有皇家头衔的拱形雕刻支撑着肮脏的小屋屋顶。庄严的首都从棚屋中窥探出来，在那里可见水牛、骆驼、驴、狗和人类被放在一起，有着令人讨厌的伙伴关系"。[15] 这与卢克索神庙在公元前 1360 年为它的皇家建造者法老阿蒙霍特普三世呈现出的多么不同：

> 它由细砂岩建成，宽阔，还有令人难以置信的美丽。
> 琥珀金的墙壁，银的家具。
> 门槛都画着装饰。
> 塔门直升入天，旗帜在群星之上。
> 看到这一切，人们会匍匐赞美伟大的陛下。[16]

在一个追求宏大建筑的时代，卢克索神庙被列为埃及最伟大的建筑成就之一。在公元前 1539 年，作为对君主的献礼。南部的圣所位于底比斯市的四个角落，这一系列建筑是用来圈出国王将扮演领导作用的神圣竞技场的。在接下来两个世纪中，一个狭小的神社被改造成一个带有巨大的中庭以及柱状大厅的神庙。当前的样子则是由拉美西斯二世扩建而成的。巨大的塔门和高耸的方尖碑反映出他不妥协的性格与唯我独尊的自大。入口的侧面同样也有两位端坐的巨人。在他们的基座上，装饰着征服人民的图像，雕刻着拉美西斯的名字，刻得如此之深以至永远不会被抹去。巨大的塔门墙壁上装饰着卡迭什（Kadesh）战役中拉美西斯与赫梯人的史诗般的相遇。在追求完美的过程中，拉美西斯也要对这座神庙奇妙的对称负责。拉美西斯发现原来的轴线未能准确地与卡纳克（在其北方接近两英里处）对齐时，拉美西斯命令在他的新前院的方向纠正错误。因此，奇怪的道路弯曲以另外一种方式造就了一个完全对称的建筑。

卢克索神庙的核心是阿蒙霍特普三世统治的产物。在这里，形式的优雅与规模的野心反映了古埃及文明审美的高度。排成列的柱廊由十四个巨大石柱组成，每一个的形状都类似盛开的纸莎草。在古埃及的历史上人们从未构想或建造过如此宏大的建筑物。对于那些在他们之下行走的人来说，柱廊的顶部确实似乎是"在星星中"。越过柱廊，整个神庙最美丽的部分就是所谓的"太阳庭院"，每一边由两重十二个优雅的廊柱组成，雕成了类似于纸莎草束的形状。神庙这一部分的目的是将国王与最高造物主太阳不可分割地联系在一起。神庙按照传统加上了屋顶，其昏暗的内部营造出神秘的感觉，强调了神的不可见性。相比之下，太阳庭院被故意地修成了露天开放式的，以便直接表达对太阳的崇拜，保证了太阳光不间断地落在国王及其官员身上。

太阳庭院并非仅仅是为了表达一种新的神学。在这种神学中，国王与太阳神达成了更为紧密的联系。太阳庭院的设定也将国王设定成不朽的、神圣的存在。通过最令人吃惊的、真人大小的阿蒙霍特普三世雕像可以看出，他从中寄托着他对自己庆典日的预期。由一块耀眼的红色石英岩（强烈暗示着"太阳"意义的石头）雕刻、以黄金装饰的雕像展示了国王在卢克索的太阳庭院中如何登场。他看起来更年轻，如太阳般照耀一切，正在转变为天上的雄鹰。雕像埋在太阳庭院中的一个深坑里，这种奇迹般的保存方式使之逃脱了时间的蹂躏，直到1989年出土。今天，它被视为古埃及雕塑的杰作之一，成为卢克索博物馆的骄傲。

卢克索神庙的太阳庭院，其概念及其非凡的艺术手法是相当前卫的。值得注意的是，它甚至可以定位到可辨别的个人。一块阿蒙霍特普三世时代的纪念石板记下了建筑负责人的名字：双胞胎苏蒂（Suti）与霍（Hor）。与他们的国王一样，他们是太阳崇拜的附属品。但他们生活的细节而非其信仰更让人着迷。因为他们是整个法老历史上唯一一对可以确切证明的双胞胎。苏蒂可能更为年长，是哥哥。但在他人眼中以及实际的行动中，两个兄弟被视为一个人。他们能在多数多胞胎婴儿死亡的时代活下来并顺利成年可能赋予了他们特殊的地位，并有助于他们快速升迁。他们一起被任命为"南方圣地的阿蒙的监工"，平等地分担责任：

> 我的兄弟，我的相像者，我相信他的一切，
> 我们同一天脱离母体……
> 当我掌管西边时，
> 他就掌管东边。
> 我们控制了卡纳克（Ipet-isut）的伟大纪念碑，
> 在底比斯的最前沿，阿蒙的这座城市。[17]

伴随着城市的现代扩张，卢克索被游客与小贩挤满了，被城市生活的喧嚣包围冲击着，苏蒂与霍的杰作仍然宁静、安详地待在那里，一如三千多年之前。这是一个古埃及人伟大愿景的见证，更是他们不朽传奇的有力象征。

每一个时代，卢克索神庙一直都是底比斯与埃及宗教的中心。经过上千年来法老、希腊、罗马、拜占庭以及伊斯兰的统治，底比斯居民一直到卢克索的圣石群中祈祷。世界上没有其他地方可以看到这种连续性的崇拜，甚至可以追溯到三千五百年前。耶路撒冷的圣殿也不及它。它的原名"南方圣地"是说卢克索神庙一开始是作为底比斯之神阿蒙的度假之处，一个与其主要住所卡纳克神庙有些距离的小型后宫。根据古埃及的习俗，一年一度，阿蒙从卡纳克到南方的卢克索，从神繁重的职责中得到休息与放松（古埃及语中，

"圣所"和"后宫"是相同的，看来不是巧合）。但在现实中，卢克索神庙有另一个更微妙的目的。从一开始，埃及十八王朝就启动了一个深思熟虑的建筑计划，旨在将国王与阿蒙联系起来，模糊皇家和神祇之间的区别。卢克索神庙在支撑政权意识形态方面发挥了至关重要的作用。

神化君主也是法老时期钦定的神话，是一种能将古埃及黏着在一起的意识形态胶水。但是，神化君主的概念可能被根本性的问题揭穿：很明显国王都会死。解决这困境的神话是埃及祭司所设计的最为奇妙的神话之一。这个神话中，国王借助于一种神之精华（卡，ka）而被赋予神性，在他成为国王时，卡充满了他凡人的肉身。国王死后，卡会原封不动地传给他的继承人，从而维持神安排好的继承。卢克索神庙成为举行新宗教仪式之处——一年一度封圣节。其间，在这里明确为国王灌注神之精华卡，使之焕发青春，并保证其统治的合法性。

节日一开始，阿蒙、阿蒙的配偶穆特（Mut）以及他们的儿子孔苏（Khonsu）的崇拜塑像被从卡纳克运到卢克索。最初，这些塑像在祭司的肩膀上架得很高，沿着有狮身人面像的大道行驶，在路线的停靠站休息。在十八王朝后期，则用驳船拖着它们沿尼罗河行驶，成了尼罗河上一大万众瞩目的盛景。塑像安全抵达卢克索神庙内，就被从神圣的三桅帆船上搬下来，安装在它们的新住处。神庙的内室中，节日气氛达到了最高潮。在紧张的宗教仪式中，法老与神私下交流；埃及的最高神与国王的神圣精华相互混合，相互引发彼此的力量。在神人沟通结束时，国王走入神庙露天的中庭，祭司及领地的高级官员为之欢呼，称其为"所有卡之首"[18]。

神庙节日期间，是少有的普通民众可以参与宗教活动的机会，他们可以走入中庭，可以匆匆瞥一眼阿蒙神的三桅帆船从街区到神庙的过程。埃及统治者绝不会放弃一个受欢迎的庆祝活动的宣传价值，尤其是尼罗河上的盛典。埃及统治者依然是以国王为中心，但封圣节塑造了接下来几个世纪埃及人对宗教的体验。

即使在法老统治结束后，卢克索神庙依旧保持着其国家信仰中心的地位。在所有法老之后的尼罗河谷统治者中，没有比亚历山大大帝对埃及的独特宗教更包容的了。埃及人相信他们起源于神，而卢克索神庙因此与国王的神圣地位密切相关，受到格外关注。亚历山大决定在这个最重要的、神圣的地方留下自己的印记。他定制了一个巨大的花岗岩神龛，其中装饰着一些他伪装成传统法老的场景。在他的命令下，神龛被安装在法老-神交流室后的房间——内殿的中心。就好像亚历山大接管整个建筑物，并且接管了他所渴望的神圣王权的根源。类似的心愿似乎鼓励了后来统治埃及的罗马统治者。哈德良皇帝在神庙围墙的西北角修建了一个很小的泥砖神龛，以献给希腊化时代的埃及神祇塞拉匹斯（Serapis）；而在神龛内部伊西斯的雕像则强调了这个女神对罗马帝国的人民有着特殊的吸引力。

但像亚历山大大帝这样的罗马人，不仅想要卢克索神庙变得更美，更要与自己相适应。在4世纪初，卢克索神庙被大规模地改造成为一座罗马神殿。太阳中庭的南面柱廊后的大厅之一被改造成了一个帝国崇拜的教堂。阿蒙霍特普三世那些华美的廊柱被拆下，后墙修建了一个位于中央的拱形壁龛，堵住了门口。精致的法老浮雕被石膏覆盖了，并加入了新绘制的穿着紫色长袍的罗马的四位统治者（四帝共治）。神龛中是神像，也可能是皇帝的雕像，由华盖覆盖并由四个科林斯式的粉色花岗岩柱支撑着。附近的墙壁被石膏覆盖了，重新绘上代表罗马帝国力量的场景，比如士兵的队伍。相邻的房间似乎被用来存储驻扎在卢克索的帝国军团的财产；这些徽章与英国军队现代军团的徽章一样，不仅是代号，更代表了骄傲与荣耀。

四帝共治的绘画似乎是为了纪念罗马帝国一位真正的皇帝戴克里先（Diocletian）在298年访问卢克索。这次访问不仅是一次视察之旅，而且是一套深思熟虑的外交政策，旨在安抚罗马最有利可图的省份。埃及在3世纪的最后几年动荡不安，历经了底比斯对罗马统治的反抗，来自东方沙漠的四处劫掠的布莱米亚（Blemmyan）部落的侵略，以及最终由罗马人领导的争取独立的战争。只有皇帝亲自到访才能平息这些暴乱，并获得对全局的重新掌控。戴克里先访问的直接结果是301年最后几个星期，卢克索神庙附近建造了一个大规模的军营，以此作为第三军团的驻地。法老神庙现在占据了大长方形堡垒的中央部分，在角落有方形塔和沿四面墙的半圆形堡垒。这样可以有效地禁止大部分本地埃及神职人员进入神庙，尽管祭司仍允许进入神庙内部的圣地——从神庙东边凿破石墙而成的新入口进去。堡垒围墙上防御良好的大门可以用于战略防卫：从东门到卢克索镇，从西北到尼罗河码头。拉美西斯二世的门塔及其巨大的雕像和方尖碑形成了相当雄伟的营地入口。神庙两边妥当地布满了营房与储藏室。然而，这可不仅仅是为帝国挪用法老的古迹，而是全面的篡夺。独具风格的罗马建筑特色被添加到原址，使其完全拉丁化。在东门后面，露天广场的四个角都修建了廊柱。每根廊柱的顶部都有皇帝的雕像。第二个"四帝共治"放在营地的西北角，而康斯坦丁（Constantine）大帝的雕像站在多廊柱大厅的一个基座上。

对4世纪初的卢克索居民来说，对统治者的崇拜——曾经是法老，接着是马其顿征服者，现在是罗马皇帝，将永远持续下去。但变化的风已拂过帝国的疆域，来自东地中海的一个新的宗教快速地赢得了追随者。在戴克里先访问后不久,卢克索便受到了这场革命的影响。驻守在营地的两名士兵,一名叫索夫龙(Sophron)的步兵和一名叫查纳同(Chanatom)的老兵,拒绝执行帝国的崇拜仪式,通过抗议表达他们的基督教信仰。如此对罗马统治的直接挑战是不可容忍的,这两人及一个地方贵族家庭的女儿达勒锡娜(Dalcina)一起被处死。三人立刻被基督徒同伴称为殉道者。尽管受到戴克里先的迫害,基督教迅速找到了立足点。不到十年的时间里帝国被迫容纳与承认新的宗教。虽然罗马军团在卢克索继续停驻了三个世纪,但它已越来越像基督教国家军队的面貌。

卢克索神庙已吸收过一次宗教的变革。现在它又一次在宗教变革的同时保持了其必不可少而神圣的地位。公元 313 年,康斯坦丁(转信基督教)在成为罗马皇帝一年后,颁发米兰法令,承认新宗教,为整个帝国的宗教变革铺平了道路。法老宗教对早期基督教有着强烈的影响力——圣母与孩子的肖像画复制了伊西斯及荷鲁斯的图像;而三位一体、复活、最后审判等主要元素显示了对埃及思想大量的借用。所以也许并不奇怪,埃及人已准备好了转变到新的信仰。教堂很快遍布整个尼罗河谷,其中卢克索神庙的范围内就有不少于六个。有三个建在法老时期神庙的墙外,两个在围墙的西边,一个正对着拉美西斯二世像的正面。一个崇拜者团体甚至搬到了异教纪念碑附近,在拉莫赛德(Ramesside)前院内建立了他们的教会。他们挪用了一所献祭给阿蒙神及其世俗化身国王的神庙,献给新神及其世俗化身基督。在卢克索神庙的其他地方可以看到类似的挪用,基督教的符号被雕刻在象形文字之上。

然而,法老宗教在卢克索持续了十八个世纪,基督教却只持续了三个世纪。639—641 年,阿拉伯人征服了埃及,国教正式改为伊斯兰教。许多乡村继续坚持他们的基督教信仰,包括卢克索周围。将底比斯最终变为伊斯兰教信仰区的人是萨义德·优素福·伊本·阿卜杜勒-拉姆，又称阿布·哈加格。他1150年左右出生在巴格达，是哈里发·阿里（Caliph Ali）的后裔，先知穆罕默德的后代。杰出的血统使得他担任宗教教师一职从未受到质疑。他先去了麦加，然后去了埃及，在开罗与不同的苏菲派小组学习后前往卢克索。他到达时，卢克索已不再重要，仅仅是一座令人印象深刻的废墟中的小村子。传说，卢克索当时被名为希特·犹扎（Sitt Yowzah）的女强人所统治。她对有魅力的外国传教者的到来并不满意。故事还说，哈加格通过沿村修起一道城墙以回应她的冷漠，证明了自己的精神力量。他继续留在卢克索，建立了一个祷告和教学中心，住在这个城镇多年。1243年，他去世后，被当地人尊为守护神谢赫（sheikh）[①]。卢克索神庙内的教堂被改造成了清真寺，接纳了哈加格圣骨。这里迅速成为热门的朝圣地。今天，谢赫继续安息于拉美西斯二世前院之上，静静地赋予这里神圣的祝福[②]。

卢克索神庙中举行的仪式不断变化，而尼罗河的重要性却始终如一。每年斋月开始前两个星期是庆祝阿布·哈加格节。这两天卢克索人民可以享受各种各样的娱乐、舞蹈、音乐、赛马、武术。节日的核心就是一队喧闹的小船通过神庙及卢克索的街道。1925年，摄影师哈利·伯顿（Harry Burton，其时他在卢克索清点图坦卡蒙墓）拍下了神庙附近三个全尺寸的三桅小帆船被拖动的画面。最近，与狂欢节彩车类似，船只变得更多了。它们被拖拉机牵引着，载着当地的孩子们。根据伊斯兰符号象征，这些船只代表了对精神启蒙的追求，比法老时代每年封圣节期间祭司肩膀上的三桅帆船神

[①] 译者注：谢赫，阿拉伯酋长。
[②] 译者注：伊斯兰教苏菲派术语。

龛承载了更多。通过阿布·哈加格节，我们可以瞥见三千年前古底比斯宗教生活诱人的风貌，有力地证明了卢克索神庙持久的神圣地位。卢克索神庙在三十五个世纪内一直是埃及精神生活与身份认同的中心。若文明可以被封存入遗址当中，卢克索神庙堪称埃及历史的缩影。

神庙也在古埃及与现代的结合中发挥了中心作用。自欧洲人16世纪第一次到达尼罗河谷南部，他们对卢克索完好的遗址的报告激发了西方的想象。也许没有比苏格兰画家大卫·罗伯茨（David Roberts，1796—1864）更不遗余力地宣传古底比斯神庙的人了，他将它们定位为东方异国情调的原型。他对埃及，特别是卢克索的认识仍然受到成千上万人的欢迎。在他之前或者之后，都没有一个艺术家像他这般成功地抓住尼罗河永恒的美丽——尼罗河流经古底比斯的山丘与遗迹。罗伯茨的名声掩盖了他卑微的出身。他出生于爱丁堡附近，父亲是补鞋匠，母亲是洗衣工，三个兄弟姐妹都未能成年。他只是偶尔去当地学校上学，学会了写字，会"一点最基本的算术"[19]。但小罗伯茨喜欢图片，天生有绘画的天赋。十五岁时，他做了一位爱丁堡油漆工的学徒，熟练地掌握了彩绘装饰效果。1815年装饰斯考内宫（Scone Palace）的工作机会为他提供了他梦魇以求的机遇，他作为布景画家加入了一个巡回演出的哑剧公司。最终，罗伯茨前往伦敦，在德鲁里巷（Drury Lane）的皇家剧院工作，并成为英国艺术家协会的创始成员。

这使他进入了一个受人尊敬的、重要的艺术家圈子。他的熟人包括查尔斯·巴里（Charles Barry）爵士和拉斯金（Ruskin）爵士，还有狄更斯（Dickens）和萨克雷（Thackeray）。他在诸多鼓励下举办了个人画展，其浪漫主义风格大受欢迎，于是他明智地将作品复制为印刷品使之能接触更广泛的受众。1832—1833 年西班牙的长期画展使他声名大噪：他为沃尔特·司各特（Walter Scott）爵士的作品画插图，提交了一个新国家美术馆的设计，甚至被邀请协助巴里（Barry）装饰威斯敏斯特的新宫殿。1838 年罗伯茨入选皇家艺术学院，表明他完全被英国上层艺术家接纳。他已从爱丁堡的贫民窟走出很远很远。

在事业成功的背后，他的私人生活却支离破碎。1820 年，罗伯茨娶了玛格丽特·麦克拉克伦（Margaret McLachlan）。一年后，他们的女儿在祝福中诞生。但玛格丽特酗酒，且越来越不能自控，对婚姻造成巨大的损害。正如罗伯茨自己所说：

> 婚后十二年，我一直被（妻子）恣意放荡又醉醺醺的习惯而逼迫着。为了避免我和我的孩子一贫如洗，我卖掉了我在亚丁顿街 8 号的产业，并且将她托付给她的朋友，让她离开英国（去西班牙）。她信誓旦旦地发誓会悔改后，我又把她带回来。但她仍然堕落了，恢复了从前的坏习惯，我的尝试是徒劳的……为了使她能摆脱这些坏习惯，1835 年我终于离开她，离开了英格兰。[20]

或许是因祸得福。自童年时罗伯茨就野心勃勃地想要访问"遥远的东方"[21]，现在机会来了。1838 年 8 月，他离开伦敦到了巴黎，走陆路并水路直到亚历山大，再到开罗。他在布拉卡港口雇用了一艘船，每月花费 1300 埃镑（约 15 英镑）。他与 8 名船员、1 名领航员及其忠实的仆人伊斯梅尔（Ismail）从尼罗河起航，桅杆上的英国国旗陪伴着他们。罗伯茨慢慢沿着尼罗河谷旅行，一直走到南部的第二瀑布。他为人民的贫困感到悲哀，让他印象深刻的是沿途的风景与令人敬畏的神庙。他的日记中有他对埃及农村生活直接的体察："孤独的朱鹭沿着两岸懒洋洋地走着，在现场有一种有趣的平静与美丽……我们惹恼了的每个城市与村镇里，整个夜晚都充斥着狗的嘶吼与殴斗。你不必走太远就能看到死狗的尸体……"[22]

尽管旅行遇到过一些困难，罗伯茨绘制了一些前所未有的，关于埃及最美丽、最令人回味的画卷。他不仅是一名观察者，而且是一位对西方"消费古代埃及"（这种消费很可能激发了他自己的画作）现象的犀利的批评家。在阿布辛贝，他非常厌恶欧洲人在墙上乱写乱画丑化了神庙，并指出游客"厚颜无耻地在神的额头上涂抹他们愚蠢的名字"。[23]他有着与艺术家的热情同等的献身精神。在阿比多斯，他把一本草图遗落在山上，他的仆人伊斯梅尔四天后回去找到了它。在开罗，罗伯茨穿上了土耳其服装，刮掉他的胡须，并承诺不使用猪毛刷以获得进入清真寺的许可。但正如他指出，"作为第一个能画出这些清真寺的艺术家，应对这些小小的不方便是值得的"。[24]在卢克索，他画出了他不朽的风景——仍半埋于沙中的卢克索神庙、尼罗河本身及其特有的三桅帆船："在画家的眼中，没有什么能超越这种美，沿河掠过的小船，白帆铺展着，在风中颤抖。"[25]1839年7月，罗伯茨回到英国（通过巴勒斯坦和叙利亚），带回三大本写生簿，272幅草图及一幅开罗的全景：简言之，足够"我的后半生去画"[26]的材料。接下来的十年中，他从草图中制作了一系列的新画作，并将这247幅大型石印画发表在多卷本的《圣土：叙利亚、埃多米亚、阿拉伯、埃及与努比亚》（*The Holy Land: Syria, Idumea, Arabia, Egypt & Nubia*）中。这是对中东展示得最全面的系列画卷，赢得了大量评论与公众的赞扬。这些画塑造了英国公众的想象力，使埃及成为冒险旅行者眼中最流行的目的地。

罗伯茨将尼罗河谷灿烂的日落与伦敦连绵的大雾相比较，也打动了英国大量肺结核患者。英国冬天单调、潮湿的阴霾天气，再加上令人窒息的烟雾，对他们可能是致命的。贵族或乡绅等有钱的患者一般遵循私人医生的建议，搬到更温暖的国外过冬。印度、南非是理想的地方，只是路途遥远。而突然之间，埃及为人们提供了一个更近且更便宜的选择。卢克索有古老的历史遗迹，如画的风景，干燥的气候，突然成为典型的疗养度假村，"许多人的终极目标，就是寻求对无趣的大陆以及英国严冬的逃避"[27]。1881年住在卢克索的一个英国人不敢相信自己健康的改善：

> 一星期左右，卢克索的阳光和温暖的空气让我可以在花园中坐起身；再一星期，我可以骑上一头驴子，一个月我就可骑驴到卡纳克神庙……对我来说，无论如何，气候的影响都是奇迹！[28]

在诸多欧洲人去古代"底比斯"神庙中寻求健康缓解的案例中，露西·达夫·戈登（Lucie Duff Gordon，1821—1869）是最具代表性的。乖僻、先锋、民间女英雄都是她的代名词。她住在卢克索神庙屋顶的一个破烂不堪的房子中达七年之久，不仅获得当地人的喜爱，还使自己的居所也成为一个旅游胜地，进一步增加了卢克索的魅力。与大卫·罗伯茨不同，她生于富裕而政治上相当激进的中产阶级家庭。她父母的朋友中有哲学家杰里米·边沁（Jeremy Bentham），而露西因美丽、机智与独立的思想而闻名于伦敦社会。她视自己为一名专业翻译，并与苏格兰血统的丈夫亚历山大·达夫·戈登（Alexander Duff Gordon）男爵一起为伦敦的文学精英举办各种正式的晚宴。这对夫妇有三个孩子，生活安逸而富足。但露西的生活笼罩在肺结核的阴影下。1862年,已在南非度过了一段时间的她独自一人前往埃及,时年四十一岁,而她最小的孩子只有三岁。

从一开始,尼罗河谷就以其独有的魅力征服了她——因它不仅是古老的遗迹,更是当代文化的组成。作为唯一永久定居在卢克索的欧洲居民,她参观了卢克索神庙内的阿布·哈加格清真寺。当地人相信她有"幸运之眼",并邀请她拜访新嫁娘、围观怀孕的奶牛,甚至在建的房屋。露西则热情而勇敢地为在奥斯曼帝国苛政压迫下的埃及农民发声。在西方,埃及统治者伊斯梅尔通常被认为是进步的,因其对埃及基础设施现代化贡献颇多。但露西了解到了所有这些发展背后的负担和人为的代价:惩罚性税收和强制性劳役(适用于政府公共项目的劳役草案)。在卢克索,每1000名男子中,有220人每隔六个月就被强制性收编。三分之一的服苦役者魂断于此。而留下的人所面临的却是饥饿或因拖欠税款而监禁。露西哀叹道:"多年来,整个城镇与村庄遭到突击搜查,身体健壮的男子被带走用于开掘运河、搭桥、修建水坝及铁路,在苏伊士运河上像奴隶一样劳动。"[29] 她在信件中明确表达了对伊斯梅尔统治的激烈反对,然而她的善良却冒着极大风险。奥斯曼统治者派出间谍去卢克索拦截她的信件,但她找到了对策——请其他欧洲游客夹带信件。伊斯梅尔试图贿赂她的船夫去淹死她,但她在当地的声望挽救了她。

虽然露西非常想念她的家人,但卢克索的新生活占据了她的绝大部分时间,她逐渐远离了英国的家庭。她丈夫于1864年到埃及时,夫妻俩仅有三个星期是在一起的。她开始厌恶每年冬天大群降临卢克索的欧洲游客,轻蔑地写道:"底比斯已成为英语浇灌之地。这里有艘船停着,他们最伟大的目标就是尽可能快地穿过尼罗河。"[30] 随着她引人注目的《埃及来信》(*Letters from Egypt*) 出版，游客们也将找到她作为另一旅游热点。1867 年露西写信给她的丈夫说："今年，每当我看到一艘汽船，我就会用螺栓将门锁起。"[31] 尽管身体状况逐渐恶化，她在卢克索神庙南端的小屋中找到了平静与满足。这栋小屋原为 1815 年英国领事亨利·萨尔特（Henry Salt）所建。据说曾在 1829 年接待过访问卢克索的商博良，并在两年后接待了一些负责将方尖碑从卢克索运到巴黎的法国海军军官。当露西搬到此处时，她称之为"我的底比斯神殿"[32]。她还与各种不速之客共享此地——"蝙蝠和燕子都很随和，但我希望蛇与蝎子能更矜持一些"[33]。天气炎热时，她住在一个开放式的房间，从那里可以欣赏尼罗河上的船只与底比斯山的日落。

露西终于向疾病低头，于 1869 年 7 月离世。四年后，当阿米莉亚·爱德华兹参观卢克索时，露西的房子保持了原貌，"她的沙发，她的地毯，她的折叠椅都在"[34]。要体会这里特殊的魅力需要小说家的感性："我们震惊于此地的沉寂——直到我们走到窗前。这个窗口指向了尼罗河与底比斯西部平原，装点了每个房间，让这一困厄之所变得璀璨"[35]。在卢克索居留了七年，露西是停留在上埃及时间最长的欧洲人。即使在她的小屋因卢克索神庙的发掘而在 1884 年被拆除，她依然被当地人怀念着："每一个卢克索的阿拉伯人在内心深处都珍视达夫·戈登夫人的往事，谈及她都是深切的祝福。"[36]

神庙发掘时英国领事穆斯塔法·阿迦（Mustapha Aga）非常宏伟的住宅也被破坏了。坐落于游行柱廊之间的小屋曾是每年冬季英国贵族游客到达卢克索后无穷无尽的聚会的举办场所："在卢克索，欢乐的中心由英国领事馆主导。穆斯塔法·阿迦热情款待所有英国船只，而所有的英国船只又宴请穆斯塔法·阿迦。"[37] 阿米莉亚·爱德华兹于 1874 年 3 月 31 日亲享了领事的好客。晚餐的菜单如下，非常典型："白汤（火鸡），鱼（烤鱼），主菜（炖鸽子、菠菜及大米）；烤肉（羔羊肩肉），主菜（烤羊肉串、烤羔羊腰子串、大米西红柿、烤肉丸子）；烤肉（火鸡，浇黄瓜汁），主菜（大米炒饭）。第二道（杏脯、大米及杏仁布丁、大米布丁，甜去皮杏仁果冻）。饮品：水、米汤、柠檬水"，随后还有烟草及咖啡。晚宴始终伴随着当地音乐家的"小提琴、手鼓和高脚杯鼓"[38]。令人惊讶的是因肺结核来到卢克索的病人们回家时已感觉不到痛苦了。

当然，富有的旅客不能一直留在领事馆，也不想在他们设备齐全的达哈比亚船屋上花费数周时间。他们所希望的是有一个欧洲风格的大酒店，如故乡般舒适，同时能享有埃及南部的气候。

自托马斯·库克（Thomas Cook）于 1869 年组织了第一次埃及旅游，沿尼罗河东岸建的酒店如雨后春笋般涌现出来。从卢克索后街散发恶臭的经济型旅馆到尼罗河私人岛屿上的五星级豪华度假酒店，大大小小的建筑物容纳了每年数以千计涌向卢克索的游客。尽管现代旅游大厦正在迅速扩张，但他们的祖先仍然优雅而宁静地屹立着，占据滨海路的黄金地段。

自 1907 年 1 月开业迎客以来，冬宫已成为卢克索的地标性建筑之一，不亚于法老的神殿。它建于可俯瞰尼罗河的殖民式热带花园中，酒店外墙由黄灰泥粉饰，布满了阳台及栏杆，展示了 20 世纪早期富丽堂皇的不朽形象。但在如此显赫位置的建筑物必然会带来分歧。1910 年，一名曾是法国海军军官的游记作家皮埃尔·洛蒂（Pierre Loti），轻蔑地描绘了冬宫：

> 这是近一年尼罗河边仓促现代化的产物：一个由石膏、泥浆和铁框架构成的，非常假的奇怪的酒店。比令人钦佩的法老

神殿高两三倍，粗糙的门面涂满了脏兮兮的黄色。很容易理解这么个东西破坏了整个周围的环境。[39]

法国人可能只哀悼酒店的审美，而英国人更感兴趣的却是其中的现代化生活设施。两名有着爱德华时代常见名字的医务官W. E. 尼古拉斯·邓恩（W.E. Nickolls Dunn）及乔治·维杰斯·沃辛顿（George Vigers Worthington）曾在"卢克索医院"工作。他们热情洋溢地在《作为疗养胜地的卢克索》（*Luxor as a Health Resort*，1914年卷）中写到冬宫，他们宣布"对于追求享乐及寻求健康者，这个酒店的价值绝非夸张"[40]，他们还说："这是个配有本时代所有奢侈品的大酒店……一座辉煌的现代建筑。"[41] 这些医务人员非常了解读者首要关注的问题，特意对旅馆的卫生间与厨房安排大加赞扬：

> 该酒店配有套房和私人浴室，房间都是高级的，宽敞而干净……厨房，酒店的亮点之一，超出行业标准，配欧洲人工作人员，无可挑剔。供水来自花园内自流井，专家使之沉入岩石中，没有其他水源进入酒店，只有一种例外：人们已发现尼罗河水更适用于泡茶和咖啡。尼罗河水通过一条管道经贝克斐尔德氏细菌滤器滤后输送至咖啡厨房，被人们抽取而后直接进入锅炉。尼罗河水只能经煮沸后使用……因此这里没有需要提醒人们用依云水刷牙的机会，客人可以肆无忌惮地喝洗澡水，只要他们乐意就行。[42]

今天，客人们不一定会乐意去喝洗澡水，但至今冬宫依然有着卢克索最美的风景："酒店的西北面对尼罗河与底比斯平原。越过平原，是辉煌的、灯光流转变幻的底比斯山。"[43] 花园可能不再包括"6英亩的蔬菜水果种植地……受欧洲首席园艺师的监管"[44]，但它仍然是一片位于繁华而喧嚣的卢克索城中的绿洲。

典雅的马蹄形平台下的拱形建筑被各种小商店占据。南侧卖珠宝及纺织品，而北侧临街一面依然被"加迪斯的阿拉丁之洞"有限公司（Aladdin's Cave of Gaddis and Co.）占据。这是一家自1907年营业至今的家族式书店，在卢克索书籍题材最为广泛的书店之一。它的邻居是令人尊重的却看上去永远脏兮兮的"胡夫旅游"（Cheops Travel），提供质量可疑的带导游的西岸之旅及卡纳克神庙"声与光"的门票。酒店前的滨海路仍然是所有沿街叫卖的小贩所青睐之处，等待着他们各显神通。在100码的距离内，我被"出租车""鞋子""报纸""马车""渡船"和"三桅小帆船"等名词轰炸。这些产品列表在一个世纪内并没有多少改变。

仅隔一门之内，冬宫内恢复了静谧与体统：高耸的天花板、大理石地砖、丝绸地毯、戴着毡帽的服务生，一齐散发着魔力。主楼梯是新艺术风格①的铁制品，优雅地螺旋上升。餐厅中，吊灯和镀金的镜子捕捉到了透过富丽堂皇的窗帘的光线，还有落地窗可以清晰地欣赏尼罗河全景。着夹克、系领带是1886年的用餐礼仪。每天下午3点在维多利亚式的休息室（酒店原宴会厅）有下午茶供应。在卧室，厚厚的墙壁与柔软的寝具使得外面交通的喧嚣变得像来自远处的、低沉的嗡嗡声（尽管早上5点总有报告祈祷时间的宣礼员会把人野蛮地吵醒）。那些留在豪宅的娇生惯养、养尊处优的客人与卢克索深受压迫者的距离正如露西·达夫·戈登与当时奥斯

---

① 译者注：新艺术风格是18世纪末19世纪初从法国开始流行的，讲求细节的华丽与感官的刺激性。个人认为作者这样写是为了说明冬宫建筑风格在当时是非常新颖而吸引眼球的欧式。

曼帝国统治者的距离一样遥远。

自一个多世纪前，冬宫以欧洲皇室精英的新年前夜化装舞会隆重开幕，已经有足够多的名不副实者或者名人驻跸于此。从法鲁克国王（King Farouk）到奥马尔·谢里夫（Omar Sharif），冬宫依然是来访的国家元首及政府首脑之首选。但或许其中没有比乔治·爱德华·斯坦霍普·莫利纽克斯·赫伯特（George Edward Stanhope Molyneux Herbert，1866—1923），第五代卡那封伯爵（Earl of Carnarvon）、图坦卡蒙墓的共同发现者更能使冬宫蓬荜生辉的。卡那封出生于高贵的贵族家庭，24岁继承了爵位，当时他通过与罗斯柴尔德银行家族继承人联姻获得了大笔财产。在"一战"前有钱有闲的富人中，大肆挥霍财产的卡那封也属享乐者的翘楚。

对速度的追求使得他致力于找到种马并成为赛马赞助者，之后又使他对当时最新的科技进步——摩托车产生了兴趣。但1901年在德国的一场摩托车车祸使他病倒了。他腿部易受到风湿病的阵痛折磨，尤其是在冬天寒冷潮湿的汉普郡的海科利尔城堡（Highclere Castle，现在以《唐顿庄园》拍摄地而闻名）。1903年以后英国天气最差的冬季月份，他为了健康便居住在更为温暖干燥的卢克索。从1907年开始，如我们所知，他长居于冬宫。他一般2月初到达，一直停留到3月末，一次六至七周。

卡那封一边在阳台上品尝鸡尾酒，观看穿梭在尼罗河水域中的渡船，一边对埃及的历史产生了兴趣，被正在勃兴的埃及学吸引。埃及学家也被卡那封吸引，尽管卡那封缺乏历史学的训练，他的财富却可以弥补这种不足。野心勃勃却缺乏资源的考古学家为卡那封伯爵准备了一条捷径。1907年卡那封被介绍给一位杰出却性格暴躁的考古学家，霍华德·卡特（Howard Carter），二人形成了赞助人与实践人的关系。十五年后两人从冬宫越过尼罗河，在帝王谷的高温与尘埃中造就了考古学最为伟大的发现。

从 1922 年 11 月 26 日最初发现图坦卡蒙墓到 1923 年 2 月 17 日官方开放墓室，卡那封及其家族成员一直在卢克索，也参与了这一震惊世界的新闻事件。卡那封与卡特处于旋涡的中心。1923 年 2 月 28 日，卡那封伯爵想要寻找几天宁静的日子，于是离开去了阿斯旺。他本应待在冬宫的。在南下的旅程中，他被一只携带病菌的蚊子叮咬了脸颊，在漫不经心地刮胡子时又划到了伤处。卡那封被感染后急速赶往开罗治疗，但为时已晚。4 月 5 日早晨，57 岁的他与世长辞。他并不是死于法老的诅咒（他的伙伴卡特也得享高年），而是死于尼罗河的有毒物质及其丰富的昆虫。卡那封之死只是尼罗河上一个死亡案例而已。

在卢克索的南部，神庙与附近的冬宫是最著名的建筑物。但他们并非城市中仅有的景点。在卢克索北部，另一个建筑也是古代信仰与现代旅游的圣地，吸引着游客们。沿着悬崖道路从南边的圣地漫步一个小时，你会来到"母亲的神庙"，今称卡纳克神庙，世界上最伟大的宗教建筑群。它被描述为"人类手工制造的最崇高的建筑学工事"。[45] 在古代，埃及人认为它是"最为精挑细选之地"，这绝非夸张。

这些数据本身是令人惊叹的：遗址有将近一英里长，半英里宽，覆盖将近 168 个足球场那么大。有十个塔门，十个庭院，在三个不同宗教区域中有至少 12 个不相连的神庙。但数字远不能概括卡纳克神庙的壮观。阿米莉亚·爱德华兹以她惯常的文学鉴赏力总结参观者对卡纳克神庙的观感："规模太宏大了，效果也太惊人了；个人的沉默、渺小与无力感被完全压倒了。这是一个让人震撼至沉默之处……"[46] 即使卢克索神庙被从历史的尘埃中重新挖掘出来，

第四章　卢克索：奇迹之城

它依然"排在第二……逊于卡纳克伟大的设计与协调的美感"[47]。

两千多年间，从中王朝到罗马帝国时期，备受庇护人关注的卡纳克纪念碑不断地被新建或重建。主神庙是为献祭给底比斯神阿蒙拉，在十一王朝（公元前2050年）埃及内战时修建的。其皇室庇护人国王因提夫二世（Intef Ⅱ）毫无疑问想要得到神的眷顾，巩固全国统治。阿蒙拉显然因此很满意，底比斯人大获全胜。他们的胜利宣告着一段文明大幅进步时期的到来。随后的中王朝见证了卡纳克令人震惊的宗教崇拜建筑物的修建，其中最主要的是辛努塞尔特一世（Senusret Ⅰ）的白色神庙。该神庙建于公元前1888年，是为国王登基五十周年纪念而建。其美丽的浮雕修饰是全埃及独一无二的。三个半世纪后的另一次国内战争，底比斯人又获胜了。这一次，为了感谢他们神圣的保护者，皇室将阿蒙拉升位为全国之神。卡纳克神庙作为主要的祭祀阿蒙拉的中心，史无前例地大规模扩建。拥有大量财产的这里也成为全国经济机构中最为重要的部分，而这里的祭司则是全国最有权力的人。

卡纳克建筑群沿两条轴线分布，两条轴线的交界处有一个圣湖。主要的轴线从东延伸到西，从神庙背面的内殿到门口巨大的门塔。沿着这条路连接的是内廷，由方尖碑、神龛、祭坛来装饰。最令人震撼的建筑毫无疑问是塞提一世（Seti Ⅰ）与拉美西斯二世的辽阔的多柱式大殿——如此宽阔以至于人身在其中觉得自己像是虫豸。每一个身临此境的人都会感到威慑。从大卫·罗伯特耐人寻味的画作到007系列电影《海底城》（The Spy Who Loved Me）中的重要布景，134个纸莎草形状的石柱大厅一直以来都给人留下深刻的印象。在多柱式大厅后是最神圣的地方，包括一个由亚历山大大帝继任者——腓力·阿黑大由斯（Philip Arrhidaeus，腓力三世）建设的花岗岩内殿。之后，主轴线的最东端是装饰奢华的图特摩斯三世

112　　　　　　　　　　尼罗河：穿越埃及古今的旅程

（Thutmose Ⅲ）的节庆大厅，绘有国王在叙利亚军事战斗的场景。

从东到西排列的内殿旨在模拟太阳在天空中从日出到日落的整个路径（12月初的几个黎明，太阳从塔间直接升起，模拟出地平线的象形文字，在每个人眼前呈现出每日重生的意义）。这种排列也有实用的、神学的目的。像大多数埃及神庙一样，卡纳克神庙不仅是神祇的崇高的所在，也是经济活动集中之处。官员、商人、祭司及先知往返于此地。当时主要的交通是在尼罗河上，因而从河岸到圣殿非常便捷。卡纳克神庙前最近挖掘出来了石头垒成的码头，远古时期各种形状、各种大小、装有各种货物的船只停泊于此。有一条短运河与尼罗河相连，这样船只可以直接抵达神庙的正门前装货、卸货。

尼罗河对卡纳克生活中的重要性可以通过历史长河中最为壮观的事件之一而彰显。公元前656年3月2日，自孟菲斯王宫出发开往底比斯的豪华船队航行约600英里到达南部。这不是一次普通的航行，而是为了将萨姆提克大王一世（King Psamtik Ⅰ）的女儿尼提克里特（Nitiqret）公主送到卡纳克阿蒙拉神庙。在那里，她将得到神职人员的接待，并被埃及最重要的神圣大祭司亲自认证为阿蒙拉神的未来妻子。这项制度具有同样重大的宗教意义和政治意义。当国王亲近的女性亲属被选为神的妻子，国王就获得了对底比斯圣职的控制权，甚至说是整个南部的控制权。对于萨姆提克大王一世这样起家于偏远西北部三角洲的君主，赢得底比斯的控制权至关重要。因此，在他在位的第九年，他便派出最大的女儿进入卡纳克神庙神学院，保证她最后能成为阿蒙神的妻子。

全面负责船队的是舰队司令塞玛塔威特法纳赫特（Sematawytefnakht），接下来十六天开到尼罗河的航行是他职业生涯中的巅峰，也是他一生中最重要的两周。航线已提前数月规划好。皇家使者曾前往上游的路线，并说服、劝诱船队经过的所有行省总督为公主和她大量的随从提供食品。各总督将为航行者提供面包、啤酒、肉类、家禽、水果、蔬菜。通过这种方式，皇家金库不必为如此昂贵的任务背负财政负担，行省当权者也能向统治者展示自己的忠诚。

出发当日的黎明，一切就绪。典礼官开路，尼提克里特从国王的私人寓所出发，至港口登船，开始了命中注定的旅行。16 天后，船队安全抵达底比斯，成群结队的人们大声欢呼着来见公主一面。尼提克里特随即被送至卡纳克神庙，阿蒙拉的祭司正式迎接了她的到来。她被引荐给现任阿蒙拉神的妻子谢普温皮特（Shepenwepet）及其继任者阿蒙伊迪斯（Amenirdis），并在"所有神的仆人、祭司及寺庙信徒"的见证下得到了正式的承认。[48]为了再次确认，本次契约得到书面记录。最重要的是，阿蒙之妻"农村及城市的全部财产"[49]都签约移交给尼提克里特。虽然尼提克里特从未想过会做几十年神的妻子，但她最终继承的这一切以及对底比斯新王朝的控制得到了宗教与法律权威的双重保护。

女性在宗教生活中的重要性可以从卡纳克建筑群的附属建筑中反映出来。阿蒙拉神的主庙南侧第二神殿献祭的是他神圣的配偶穆特（Mut）。它四周是高高的围墙，古代有上百个女神穆特的雕像，常常以母狮子代表其形象。在今天，世界各地博物馆中的狮子是人们最为熟悉的古埃及雕像之一。他们由阿蒙霍特普三世放置于此，或许是为了抵抗鼠疫的祭品。有人认为本来有 720 尊，一年中的每天都有两尊（一个代表白天，一个代表夜晚）。但如此之多的雕塑面对南部从穆特建筑群到卢克索神庙的大道也要甘拜下风。这条路仅仅在每年圣殿节日时使用，曾有石制狮身人面像林立，16 英尺的间距共有逾千尊雕像。

多年以来被掩埋在沙子与碎片下或埋藏在道路与建筑物下的狮

身人面像大道的再次发现，证明了其在古代所享有的所有荣耀。从最南端卢克索神庙前开始到卡纳克神庙的神道得到了精心修整，列入埃及文物管理局有史以来所开展的最大的重建项目之一（直到 2011 年，该机构是继军队、警察和社会保障部后得到埃及政府财政拨款的第四名，它也是最赚钱的机构之一）。这是个史诗级的任务，成本也十分惊人：至今花费 600 多亿埃镑，支付了包括对那些被强拆的家庭、企业的赔偿，还有给主要工程承包商——军队的费用。马路不得不改道，煤气、水管要重新铺设，还有路上的建筑物被强制购买并拆除。大道旁的一个清真寺可能不太容易被清除，于是被重新加固。目标就是重现卢克索古代的辉煌壮观，也为旅游行程新增神话般的项目。尽管在这个过程中无数人的生活被打扰，生计被中断。当然，如果该项目能完成的话（2011 年后这项工作已停滞），无论从哪个方面来说，这都是当之无愧重现法老时代的项目。

卢克索的宗教建筑共同构成了古埃及艺术和雕塑的最大宝库之一。在更早的时候，文物被运去装饰埃及外国统治者的宫殿和博物馆——罗马、君士坦丁堡、巴黎、伦敦以及开罗。直到 20 世纪 60 年代更开明的时期，人们认为卢克索应该有自己的艺术博物馆。这样，来自卡纳克神庙及卢克索神庙的杰作可在他们故乡的博物馆展示。博物馆选址在两个神庙之间的河边，是东岸任意旅游线路都合适的停顿处。博物馆由一位埃及人马哈茂德·哈基姆（Mahmud el-Hakim）设计，极大丰富了卢克索伟大的建筑史。主建筑呈简单的矩形。尼罗河一侧的正门廊与整个建筑物一样高。博物馆与滨海大道之间是长满树木与鲜花的花园，放置着巨大的雕像及浮雕装饰。博物馆内部均为人工照明，展品按照以最古老的传统精心设计的参观路线摆放（修建博物馆及摆放展品花费了十一年，体现了现代埃及的特色。若是法老们肯定会更快建完）。

像卡纳克神庙那样，卢克索博物馆面对着尼罗河（尼罗河是将古底比斯的两半分开或联合起来的线索）。午后站在博物馆的草地上，随着太阳望向底比斯山西垂，我的思绪自然转到了尼罗河的西岸。那里是死亡之境。如果那里有遗迹的话必将更为壮观。而每一个建造、掠夺、重新发现与发掘古迹的故事都如此令人心醉。

第五章

西底比斯：死亡之域

> 我来到了西底比斯，亲眼看到那些令人惊叹的陵寝，度过了愉快的一天。[1]
>
> ——亚历山大城的菲拉斯特里奥斯（Philastrios the Alexandrian）

当16世纪后期的欧洲旅行者第一次溯尼罗河而上，到达与卢克索隔河相望的西岸时，他们所见可谓是荆棘铜驼。宽广的冲积平原与肥沃的土地上依旧罕有人烟。与北方的商业城市相比，当时的整个上埃及都显得偏远而无足轻重。

然而，在这一片贫穷与落后中，古埃及宏伟的纪念碑依然默默伫立着。事实上，西底比斯或许是整个尼罗河谷地乃至全世界大型古建筑最为密集的地区。这些始建于新王朝时代的神庙和陵寝正是古埃及那段囊括努比亚到近东全盛时期的历史见证。

古埃及的王侯将相在这里修筑了数不清的陵寝以寄托他们永垂不朽的企望。四千年间，人们怀着各式各样的目的来到这里，或营建或破坏，或掠夺或修复，而这一切都在这片土地上留下了自己的印记。

在他们统治的全盛时期，古埃及的君王们习惯选择在全国宗教中心底比斯大兴土木。在当时，位于尼罗河东岸的今卢克索地区是当地的主要人口聚居区。而卢克索与卡纳克两大神庙的存在也使得节庆活动多集中于东岸。与之相对的是，人们将每日夕阳落下的西岸底比斯丘陵视为死亡之域，并将其作为陵寝和殓室的修建场所。直至今天，即使旅游业已经为卢克索带来了前所未有的发展，人们依然可以看到东西两岸之间的显著差别。正对着游人如织的东岸卢克索，西岸的轮渡码头依然是一派前现代埃及的风貌：从卢克索购物归来的妇女将篮子顶在头上、孩子们在尘土飞扬的街上玩耍、家禽家畜在通往集市的道路上穿梭觅食。直到1990年，这里相对于东岸地区依旧处于相对贫穷落后的状态。直到卢克索南部新大桥的建成才真正促进了当地旅游业与相关产业的发展，如今这里已经建有不少"廉价旅店""问题餐馆"和旅游纪念品店。

但在这些"现代路边毒瘤"之外，西底比斯被此处宏伟的古迹和曾经显赫的建造者所塑造的古老神韵依然保留至今。对于大多数参观者而言，古埃及复杂的历史可以在这里被浓缩成四个代表性的人物：哈特谢普苏特，她所修筑的壮观的露台神庙至今令人赞叹不已；阿蒙霍特普三世，依据他的形象雕塑的巨像是几乎每个游客的必游景点；图坦卡蒙，他在帝王谷中貌不惊人的陵寝是目前为止最为重大的考古发现；拉美西斯二世为自己修建的停灵庙堪称古埃及之最，与此同时他也为王后妮菲塔利（Nefertari）在王后谷修建了举世无双的陵墓。每一本埃及旅游指南都会包含这些古埃及核心景点的趣闻；每一本埃及旅游指南也都会简要介绍它们背后的"女法老"（哈特谢普苏特）、"埃及的路易十四"（阿蒙霍特普三世）、"少年天子"（图坦卡蒙）、

"奥斯曼狄斯"[①]（Ozymandias）（拉美西斯二世）。但除此之外，一些知名度不是那么高的历史人物同样在西底比斯的历史上留下了不可磨灭的印记。

底比斯的繁荣也并不是与生俱来的。在古埃及历史最初一千年的金字塔时期，底比斯仅仅是一个在全国籍籍无名的偏远之地，其地方官吏在埃及也不过是无足轻重的小角色，神庙与祭坛也不过是矮小的泥砖建筑，仅在很少的地方可能会装饰有石制过梁和门框。与吉萨和塞加拉（Saqqara）极尽装饰之能事的陵寝相比，当地的墓葬不免相形见绌。总而言之，当时的底比斯毫无特殊之处。直到金字塔时代末期的埃及政权崩溃和持续内战，才将底比斯推上了历史舞台的中央。而讽刺的是，这一切的缔造者如今几乎被彻底遗忘。

上面提到这位君王名叫因提夫二世（Intef II），于公元前3千纪末期统治埃及长达半个世纪。此人的相关历史记载并不充足，原因在于政权的割据性质：至少在其统治初期，因提夫二世尚未能完全控制整个埃及。事实上，在他出生时，因提夫二世的祖父因提夫大王还是管理底比斯及附近地区并效忠于朝廷的地方总督。但正如今天一样，四千年前的底比斯人有着自己的独立性，并往往对遥远北方首都中统治者们的勾心斗角持怀疑的态度。因提夫大王一方面对法老宣示忠诚，但同时也通过自封为"上埃及大总管"——该封号仅有国王可以使用——挑战朝廷的权威。这标志着底比斯扩张进程的开始，这一进程不仅改变了因提夫家族和底比斯的命运，也最终影响了埃及的历史走向。

因提夫大王之子（该人与其父同名）则更进一步自封为王，并

[①] 译者注：奥斯曼狄斯系希腊人对拉美西斯二世的称谓，后世雪莱有同名诗作传世。

开始试图控制连接西底比斯的沙漠商路。这些举动随即成为一场延续70年的南北内战的导火索。在这场战争中，因提夫大王的孙子因提夫二世作为底比斯方面的统帅对北方发动了持续不断的攻势，而其个人魅力和领导才能也感召了他的将领们对他誓死效忠。虽然底比斯方面将这场内战描绘成重振埃及雄风的统一战争，但它事实上也无异于野心勃勃的地方豪强组织私人武装发起的夺权行动。因提夫二世首先平定了最南部地区的反抗并由此保证了自己的侧翼安全；然后他进一步吞并了周围的三个行省以巩固其后方。在因提夫二世确信其拥有的军力优势之后，他便开始主动出击攻打当时埃及的宗教中心阿比多斯。虽然这些行动有些经历了暂时的挫折，因提夫二世还是最终为底比斯阵营重新统一埃及打下了坚实的基础。

在使底比斯地区由偏远行省一跃成为帝国中心之后，因提夫二世开始在这一带大兴土木建造与新首都地位相称的各种纪念物。在尼罗河东岸，他开始了堪称古埃及史上空前绝后的卡纳克神庙的建筑工程。而在此前仅有少数不起眼的私冢的西岸，因提夫二世也开始营建自己的王陵。他的陵寝依山而建，横向前厅与后方墓室之间有甬道相连。前厅外的广场上树立着因提夫二世的纪念碑，上面雕刻精细的浮雕和文字记载了因提夫二世的尊号以及他对神明的虔诚。纪念碑上对两位王权保护神——太阳神拉与母性女神哈索尔（Hathor）的赞颂至今仍然让人动容，这也暗示了因提夫二世"马上天子"表象背后脆弱的一面。

而这里树立的另一座纪念碑所铭记的内容则是这位君王忠心耿耿的猎犬们。这些猎犬均以柏柏尔文[①]（Berber）命名，这为后人

---

① 译者注：一种北非语言。

研究当时尼罗河流域与外部世界间的人口迁徙及货物贸易提供了线索。与此同时,从这些猎犬的名字我们也可以一窥这位国王的性格特征:领头的那条毛色光滑、吻部超长的猎犬被命名为"瞪羚"(应该是因为其反应灵敏)。而其他三条狗的名字——"狗子""锅子""大黑"——则显得耳熟与乏味得多。从这些名字的差别中,我们或许也可以看到因提夫二世和他的继任者们根深蒂固的等级意识。

如果说因提夫二世在公元前3000年末期奠定了底比斯崛起的基础,这座城市后世的繁荣则离不开另外两位乱世豪杰。他们中的第一位是生活在公元前2000年中叶的森穆特(Senenmut)。由于当时底比斯的文化影响力,此人的名字就是用底比斯的守护女神穆特命名的,虽然他实际出生于底比斯以南几英里的艾尔曼特(Armant)镇。森穆特的仕途主要是在底比斯锻造的,正是他一手将西底比斯打造成了冠绝当时的建筑奇观。

虽然当时第十八王朝实行绝对的君主专制,王朝依然会为如森穆特这般有杰出才能的社会下层人士提供向上流动的渠道。森穆特仕途上的第一份工作是担任位于卡纳克的阿蒙拉神庙资产管理部门的一名官吏。这是一份稳定的工作,但收入也相对微薄。当父亲去世时,森穆特只能够为其举办寒酸的葬礼,更无法陪葬任何财物。与之形成鲜明对比的是,几年后,发迹的森穆特在其母亲的葬礼上陪葬了镀金面具以及镶金嵌玉的心甲虫。

森穆特的飞黄腾达是和当时统治埃及的女法老哈特谢普苏特(公元前1473—前1458)掌握最高权力分不开的。在此之前,虽然确实有过女性统治埃及的先例,但依然被视为冲击传统君权神授观念的、非常不寻常的情况。作为一名在男权社会掌握最高权力的女性,哈特谢普苏特不可避免地要建立富有才能且效忠自己的近臣集团。或许是其"颇有预见性的"源于女性神祇的名字获得了女王的好感，森穆特就此成为哈特谢普苏特的亲信。不管女王是单纯赏识森穆特的管理才能，还是两人确有如当时的流言所暗示的秘密关系，森穆特很快被委以要职，并成为对女王最有影响力的近臣。与此同时，森穆特还担任了公主的家庭教师、王国的高级财政官员，并把持了其他臣下觐见女王的门路。但真正使这位森穆特青史留名的还是他在担任王国营建总监兼首席设计师期间修造的宏伟建筑。正如他所自述的那样："我，森穆特，奉法老之命在卡纳克、艾尔曼特、德尔巴赫里（Deir el-Bahri）大兴土木；同时又以神明的名义在伊希瑞（Ishry）和卢克索修缮神庙。"[2]

森穆特最知名的作品要数坐落在西底比斯的哈特谢普苏特停灵庙。为了彰显哈特谢普苏特统治的正当性，停灵庙紧邻因提夫二世孙子修筑的庙宇。为修建这座庙宇，森穆特命人在山壁上开凿出三座彼此相连的巨大露台。而在停灵庙刚刚落成时，其延伸出的神道就超过半英里长，其中最接近神庙的500码的道路两旁装饰了超过100尊斯芬克斯像。在每座露台前方的廊柱上，都刻有雕刻精美、记述哈特谢普苏特女王一生事迹的浮雕。这些不尽真实的记载包括女王的天人感应式的诞生、立储、加冕，以及其方尖碑抵达卡纳克神庙的场景。而这其中最为人所熟知的可能要数女王在公元前1463年派遣探险队去往传说的庞特①（Punt）带回焚烧后会产生香气的树的故事。其中对非洲风情以及富态的庞特女王的生动描绘使之成为最为人所熟知的古埃及艺术作品之一。

作为首席设计师，森穆特也在停灵庙的许多角落留下了自己的形象。在露台的壁龛以及描绘庞特探险的浮雕中都出现了森穆特的

---

① 译者注：庞特在哪里今已不详。

形象。他甚至将自己顶礼膜拜的形象藏在了神殿门后。这在当时堪称大不敬之举，但由于森穆特的特殊地位，也没有人能拿他怎样。与此同时，森穆特也在女王陵寝的附近修建了自己的坟墓。虽然这座坟墓的入口位于陵区之外，其墓室则一直延伸到了停灵庙外围的下方。像历史上所有当权者一样，森穆特的自我膨胀也是无止境的。

但好景不长，森穆特的失势和他的上位来的几乎一样突然。事实上，他精心修筑的坟墓从来没有被使用过。而他为自己修筑的各种纪念物也在其去世后遭人破坏。更可悲的是，因为没有子嗣为其正名——森穆特终生未婚——他作为西底比斯宏伟建筑的首创者的业绩被人遗忘长达三千五百年，直到近代考古学家将其重新发现。

在哈特谢普苏特停灵庙神道的旁边，坐落着古埃及另一位著名建筑师孟图依姆哈特（Montuemhat）的坟墓。这位生活在森穆特身后八百年的建筑师同样对王室和底比斯忠心耿耿，而他的名字，也来自守护底比斯的另一位神祇：战神孟图。巧合的是正如以女神命名的森穆特为他现世的女神献上了宏伟的纪念碑一样，以战神命名的孟图依姆哈特则在底比斯面临军事入侵的黑暗时代挽救了这座城市。孟图依姆哈特所生活的时代（公元前800—前700年）正是库施王国（Kush）[①]和亚述（Assyria）帝国对埃及展开争夺的时期。

孟图依姆哈特所出生的年代正是库施王国全面控制尼罗河谷地的时期。他的仕途在具有非洲血统的、第二十五王朝的明君塔哈尔科（Taharqo）的治下顺风顺水，先后担任了上埃及总督和卡纳克阿蒙拉神庙的祭司。而他后来被招赘为驸马更进一步巩固了其在朝廷中的地位。但在尼尼微（Nineveh）[②]，好战的君王们将扩张的矛

[①] 译者注：即努比亚，当地人统治埃及后建立的王国，即第二十五王朝。
[②] 译者注：亚述的首都。

头指向尼罗河流域后，仅十年间，埃及就遭到了来自亚述帝国的五次入侵。

对底比斯的第一次考验发生在公元前667年，亚述王以撒哈顿（Esarhaddon）率领大军入侵埃及。这一次亚述人征服了从第一瀑布到尼罗河三角洲湿地的整个埃及，并在埃及的土地上委任总督，建立起亚述式的行政机构。但利用高超的政治手腕，孟图依姆哈特还是成功地使亚述人认可了自己在底比斯的统治。而在表面服从亚述入侵者的同时，孟图依姆哈特有效维持了底比斯地区原有的社会秩序，并通过谈判保全了这一带的神庙免遭洗劫与破坏。

但仅仅三年之后，被埃及人的反抗所激怒的亚述新国王亚述巴尼拔（Ashurbanipal）——一位以猎狮作为消遣的暴君——再次率军横扫了整个埃及。在首都孟菲斯失守之后，时任法老只得灰头土脸地向底比斯遁逃，而亚述大军则紧追其后。埃及人并非全无准备，但在装备精良且久经沙场的亚述大军面前，他们还是无法组织起有效的防御。在当时，亚述军队有着无与伦比的战斗力，而攻城作战更是他们的强项——在坑道、云梯和破城锤等设备的配合下，亚述军队甚至能够轻易攻克当时防守最为严密的要塞。除此之外，亚述军队残暴无情的恶名同样令人谈虎色变——所有未能立即开城投降的城镇都不免会被其洗劫一空再付之一炬，而且居民或遭到屠杀或充作苦力。当时，近东地区没有一座城市能够抵御亚述铁蹄的入侵。而拥有大片不设防平民区和神庙的底比斯自然也难以幸免。

没有任何悬念，亚述军队摧枯拉朽式地攻陷了底比斯城。冲入城内街道的亚述人在大肆烧杀抢掠中继续向城中两座最大的神庙扑去。在卡纳克神庙他们将积累了14个世纪的财富搜刮一空，打包送回了尼尼微亚述巴尼拔的宫廷。而在这场古代世界的文化浩劫之后，重建就成为摆在当地统治者孟图依姆哈特面前无比艰巨的任务。但仅仅用了八年，孟图依姆哈特就指挥工匠完成了神庙的重建和修复工作，使被破坏的城市恢复旧观。而这也是他漫长的公职生涯中最值得骄傲的成就。

孟图依姆哈特最终在其任内等到了新王朝（第二十六王朝）光复埃及国土。在公元前656年，他还主持了尼提克里特公主在卡纳克神庙的出嫁仪式。得益于孟图依姆哈特的努力，他的故乡底比斯及其丰富的古埃及文化遗产最终在这一时期的战乱破坏与王朝更迭中得以幸存。

古往今来，东底比斯（今卢克索）一直是这一带主要的人口聚居区，而尼罗河西岸则一直是当地人的墓葬所在。但在古代，这片王侯将相的安息之所也并非全无人烟。事实上，这里的陵寝修建不可避免地带动了当地经济的发展，并促使随之而来的工匠们在这里落脚，形成了一个个组织严密的小规模聚落。坐落在德尔麦迪那（Deir el-Medina）的工匠村就是其中一个典型的例子。

这座至今保存良好的村庄遗址孤零零地坐落在成片的丘墓之间。其中出土的上千件古代文献——内容涵盖从洗衣店清单到情诗的方方面面——提供给现代考古学家了解古埃及农村日常生活鲜活的第一手材料。但从另外一些意义上说，这座伴随法老陵寝的修建而产生的村庄又是十分与众不同的。在第十八王朝的阿蒙霍特普一世（Amenhotep Ⅰ，1514—1493 B.C.）将底比斯丘陵中一条荒僻的山谷（就是现在举世闻名的帝王谷）选定为王室陵区的新址之后，征募一批修造陵寝的能工巧匠的任务就被提上了日程。这随之也带来一个问题：如果大量工匠像往常一样居住在尼罗河东岸，那么通勤问题足以让每一个管理者头痛。与此同时，为法老修筑陵寝的保密需求也要求将施工团队与外界有效隔绝。阿蒙霍特普一世的解决方案便是在这片被丘陵遮挡却又紧邻耕地和帝王谷的地区建立德尔麦迪那工匠村。这样，部署在山顶的警卫就可以随时对这一带保持有效控制。而为了杜绝人员的随意进出，阿蒙霍特普一世的继任者们甚至围绕该村修建了一道坚固的石墙。德尔麦迪那村成了最初有门禁的社区。

在石墙之内是横贯全村的道路和两侧错落的房屋。这些房屋的结构多数包括会客的前厅和居住用的后室与庭院。地面和屋顶有楼梯相连，这表明人们似乎会在炎热的夏天睡在屋顶。这些房屋的基本特征已经与今天埃及农村民居十分相似。

村庄中居住的石匠每十天一换班，出工的人们沿着山边的小路前往帝王谷。在这十天里，工人们每夜都会在工地附近的山坳扎营，并在十天的工期结束后原路返回与家人团聚。与此同时，妇女和小孩则留在村子里操持家务。在长达四个世纪的时间里，一代又一代的石匠在这座村庄生活。直到新王朝末期帝王谷被废弃，这座村庄才退出了历史舞台。

这座工匠村的全盛时期大约在公元前1292年至前1069年的第十九到二十王朝时期。这时该村居住着大约有70户来自埃及各地的工匠。这里的生活简单但并不艰苦，在固定的政府工资之外，当地的石匠还会售卖自制的葬具以换取衣服鞋帽、家具等生活用品。而当地妇女制作的纺织品有时也可以用来补贴家用。虽然这里的居民并不拥有土地，但他们依然有着较高的生活水平。村庄不仅会雇用提供干鲜水产的专人渔夫以及专职洗衣妇，还会组织驮队保障饮水供应。这些，也都是这个藏在底比斯丘陵的村落与尼罗河之间联系的纽带。

与埃及的大多数地方不同的是，大多数这里的村民（包括部分妇女）都具有读写能力。从出土的文字记录中，我们可以看到当地居民自由表达的多面性，或严肃或诙谐或虔敬或讽刺。这些记录只有很少一部分是记载在莎草纸上的，其余大多数刻画在如今遍布村庄遗址的陶器碎片或石灰石板上（这种石板在希腊语中被统称为"ostraca"）。这些记载有助于我们详细了解这些石匠及其家庭的生平，有时甚至比长眠在他们所修筑的陵寝中的那些君王们的功业还要详细。

得益于这些记载，我们现在仍然可以知道许多德尔麦迪那工匠的姓名（这在古埃及是十分罕见的）；而他们的故事有些即便在千年后的今天看来也极富戏剧性。这其中最为臭名昭著的要数一位叫作帕尼泊（Paneb）的工头的故事。这位无良工头生活在第十九王朝后期，在当时村里的石匠队伍中担任右侧工头一职（和后代的水手一样，当时的工人也按左右两侧划分）。与村子里的大多数人一样，帕尼泊也是继承祖父、父亲世代相传的手艺；他的父亲纳斐赛纳特（Nefersenet）曾参与过拉美西斯二世陵寝的修建，在村子里是德高望重的人物。但不幸的是，帕尼泊却彻底败坏了其父的好名声。帕尼泊的妻子名叫瓦碧忒（Wabet），他们膝下有三个儿子和五个女儿。但帕尼泊似乎并不满足，而这座摩肩接踵的拥挤村落似乎也为他的婚外情提供了天然的土壤。据记载，帕尼泊曾至少与三名有夫之妇私通；这不仅让他的原配夫人怒火中烧，也让他在邻里之间声名狼藉。

与其家庭生活相比，帕尼泊在工作上的狡诈无德也丝毫不落下风。在贿赂官员[①]得以递补了工头的空缺之后，他立即反咬一口导致该官员丢掉了乌纱。在此之后，此人更开始变本加厉地以权谋

[①] 译者注：原文为 vizier，维齐尔。但这一官职似起源于古波斯萨珊王朝官制，时代远晚于古埃及第十九王朝。故此处泛称为"官员"。

私：他不仅命令本应修建王陵的施工队转而修建他自己的坟墓，还在施工现场盗窃生产工具，更被指盗发了他自己负责修建的王室陵墓。其所盗得的赃物包括马车蒙布一张、塑像一尊以及香料、香油和葡萄酒若干。除了上述盗窃行径之外，帕尼泊还被指曾大逆不道地坐在了法老的棺材盖子上面。帕尼泊树敌众多，而他这些众多的敌人也一直在寻找扳倒他的时机。最终，那位曾被帕尼泊行贿挤掉工头之位的仁兄把他的斑斑劣迹书之于册呈于官府。帕尼泊引起的民怨如此之大，以至他的亲生儿子也积极为他的通奸行径提供证据。在家人和邻里的一致谴责声中，这位无良工头为非作歹的日子也算到头了。现存资料并没有记载帕尼泊的最终结局——或许他又采取了什么阴谋诡计逃脱了惩罚。

帕尼泊的故事揭示了与古埃及及其官方宣传不尽相同的另外一面。在这里，民众和朝廷的关系也并不像法老们所形容的那样仅仅是盲目的愚忠与绝对的服从。尤其在经济不景气时，人民也会发出自己的声音。而整个古埃及，甚至是整个古代世界最为著名的和平抗争事件也恰恰是这些工匠发起的。这绝非是一种巧合。作为承担法老陵寝修建这一高度敏感且高度保密工作的工程人员，他们普遍比一般大众更有文化、更为富有，而且在统治者的眼里更为重要。正是这种特殊地位所赋予的、在古代世界极其罕见的政治影响力与政治自觉为这场抗争提供了土壤。

在拉美西斯三世统治时期（公元前1187—前1156年），政府拖欠了依据古老的不成文合约应支付给工匠们的薪水。当时埃及的经济已经在此前的战争中元气大伤，正在筹备周年庆典而又囊中羞涩的法老于是停止了向他的工人们支付薪水。更严重的是，这份按月发放给工匠的薪水中其实也包括每月的食品配给——所以收不到工资就意味着开始挨饿。愤怒的工匠们立刻派他们的工头向地方官表示了抗议。虽然事态随着工资的发放而暂时平息了，但历史证明这仅仅是一次更大的动乱的前奏。

到了第二年，不断恶化的经济让国家的支付体系终于彻底停转。工人们随即发起了罢工——这也是有历史记载的第一次"劳资纠纷"。参与罢工的工人们不仅拒绝继续工作，他们还举行了大规模示威游行、高呼口号、设置路障，甚至冲击占据政府机关——现代社会动乱中的各种要素似乎都能在这里找到。在大规模的抗议面前，政府的反应迟钝而麻木，似乎面对反对者的声音完全手足无措，也无法对其诉求做出任何回应。虽然警察总监受命驱散人群，但抗议者们拒绝离开。当晚，示威群众的火把照亮了夜空，而一场地区性的抗议也大有向全国蔓延之势。古埃及当局最终让步，并补发了拖欠工人们的工资。但这并不是结束，此后陵工们总计举行过四次罢工，最后甚至提出了全面改革政府机构的诉求：

> 我们此次罢工不是为了解决自身温饱问题，而是要在这里郑重指控此地在法老治下发生的种种恶行。[3]

这一诉求无疑超出了当局所能容忍的极限。但这些罢工工匠所指出的古埃及社会的种种弊端也无疑是痛切的；事实上，正是这些弊端最终导致了古埃及的衰亡。可以说，这些工匠的抗争是人类历史上第一次有记载的公民意识觉醒与问责政府的努力。而当时政府表现出的冷漠与顽固、敌意与无能在后来的埃及历史上也绝对不乏效尤。

直到20世纪90年代，底比斯西岸仍然有一座小村庄将古墓作为赖以为生的收入来源。与三千多年前不同，他们如今从事的行当不是修墓而是盗墓。而巧合的是，这座村庄同三千年前的工匠村

第五章　西底比斯：死亡之域

德尔麦迪那一样，也经历了相似的官民对立。这座位于奢赫·阿布得·艾尔－库尔纳（Sheikh Abd el-Qurna）小山坡上的库尔纳村和当年的工匠村一样狭小拥挤，遍布着摇摇欲坠的砖木结构房屋。几个世纪以来这座村庄已经和那些古代遗址一样成为西底比斯的有机组成部分。这里世代居住的村民对底比斯陵区的熟悉可以说无与伦比。事实上，许多考古学家就是借助村民们提供的线索去寻找新的考古发现。不过，库尔纳人所从事的勾当却和考古完全背道而驰——他们的房屋就建在古墓的正上方。这不仅阻碍了周围地区的科学考古，更给这些人的盗墓活动提供了掩护。每当手头拮据，当地人往往就会盗发古墓，将其中精美的艺术品或者壁画拿到古玩市场贩卖。① 所以这些所谓"古墓保卫者"中，很大一部分其实也是不折不扣的盗墓贼。在穆巴拉克当权的全盛时期，政府终于决定结束这一乱象。

政府采取的第一步策略是劝说当地村民自愿离开，搬迁到旧村以北几英里新库尔纳的现代住宅。但与有冷热水和抽水马桶的混凝土制新家相比，当地人更喜欢他们地下室里藏着古墓的木质老宅。如同几千年前的工人们一样，他们直接拒绝挪窝。事实上他们一直自称是"拿破仑大军征服埃及时敢于抵抗到最后的人"，而一位19世纪的旅行家也确实将他们形容为"在埃及最为狡诈也最具有独立性的阿拉伯人"[4]。在劝说无效之后，埃及政府转而动用了国家机器。在毫无警告的情况下，强拆队的推土机将简陋的房屋夷为平地。强拆事件引起了游客的关注，其中一些游客甚至表态支持当地村民。这也给当地政府出了难题——拆迁库尔纳村表面上是为游客

---

① 译者注：根据埃及1983年颁布的文物保护法，自1983年8月12日起，一切文物买卖均为非法。

净化底比斯景区的旅游环境，但事实上同一批游客中的许多人更喜欢一个"有生机"的地区，而非一个净化过的主题公园。

在拆迁暂告一段落的期间，笔者拜访了住在库尔纳村山坡上的哈桑斯（Hassans）一家。这是一户典型的库尔纳人家。家中的长子在红海度假胜地赫尔加达（Hurghada）工作，次子则在当地以担任导游和售卖小礼品为生。家中的妇女们多数时间都待在后室操持家务，而男主人则会在前厅接待他的访客——这一切都和几千年前的德尔麦迪那村一般无二。这间屋子陈设简陋，但屋外的风景却无与伦比。从笔者所坐的他们用于招待贵客的软垫沙发向外看，可以看到整个底比斯陵区、拉美西斯二世神殿、冲积平原上的良田以及尼罗河对岸隐约可见的卢克索神庙的廊柱。而这片世界遗产景色的"相框"却仅仅是一间老屋的木质门框。

餐饮在埃及待客之道中是不可或缺的。我们好客的主人很快端上了必不可少且味道甘甜浓郁的深色薄荷茶以及各种点心。虽然哈桑斯一家的英语水平有限而笔者对阿拉伯语更是知之甚少，我们交流依然十分顺利。虽然道别的时间来得太快了，但这次访问还是给笔者留下与众不同的、难忘的印象。

三年后，当笔者又一次来到哈桑斯家做客时，一切却都已经面目全非。在来自政府的持续压力面前，他们最终选择了退让，迁入了位于新库尔纳的混凝土新居。与他们在山坡上的旧家相比，这里无疑更加宽敞坚固，也更为冬暖夏凉。但在这些现代化的便利的背后，我们看到的却是一片单调呆板的社区里一座毫无特色的住宅。当年前厅门口壮丽的风景消失了，从如今的阳台向外望去，所能看到的只有一排排千篇一律的阳台而已。这里唯一不变的是主人的好客与丰盛的款待（笔者至今能清楚地记得那天菜肴的细节：成盘的辣蚕豆、填充了米饭的辣椒和西葫芦、烤鸽子以及大量的自制白面包）。我们的交流依旧流畅，但这里，包括整个新库尔纳，好像都缺少了什么。这里的人民被从他们世代居住的地方连根拔起，有故乡而不能归。

而八年之后，笔者再一次来到拉美西斯二世神庙。穿过神庙后面的罗马时代建筑遗址，笔者原本希望能前往库尔纳村故地重游，但眼前的一切早已是面目全非。老库尔纳村那些村民世代居住并招待游客的"多彩"房屋已经荡然无存，取而代之的则是残垣断壁、一片狼藉的景象。埃及政府的强拆工作终于大功告成，而这也是对埃及这一段历史的"恶意破坏"①。与当局期望的整洁与古意相反，这里的山丘如今显得"支离破碎"且"饱受摧残"。此情此景，笔者已不忍再去寻访哈桑斯一家。那无异于去拜访游魂。

如新旧库尔纳村的变迁所展示的那样，长久以来，旅游业一直和西底比斯的生活息息相关。这种联系并非是近代才产生的，事实上，早在两千年前，埃及尤其是西底比斯就已经成为旅游胜地。不过，相比那些陵寝与神庙，更多地吸引当时游客的还要属那两座会发出神奇歌声的门农（Memnon）巨像。

公元前1400年，法老阿蒙霍特普（Amenhotep）在其登基后不久就开始了他在西底比斯的平原上巨大祭祀神庙的修建工程。这座占地面积达93英亩的神庙，即便从古埃及的标准看也可称得上是庞然大物。这座神庙中的每一间庭院和每一座大门都装饰有壮观的塑像：这其中既有国王昂首阔步的塑像、排列整齐的斯芬克斯和胡狼的雕像，还有两尊国王与王后泰伊（Tiye）的巨大坐像。但其

---

① 译者注：作为对"埃及这一段历史"的一点补充，大英博物馆收藏的塞舍拜梅伊特棺椁（2017年曾来中国展览）即是1869年由这个库尔纳村流失海外。这里译者也请各位读者关注该村当代盗墓者们所盗发文物的买主与流向。

中最为知名的,还要数矗立在神庙东门口的两座巨像。作为绝对王权的象征,这两座高达 60 英尺的石像所表现的都是法老头戴王冠的形象;石像侧面还建有王室女性成员的较小的雕像。在每年的尼罗河洪水中,这两座巨像都会在几个月的时间中被部分淹没,而他们一次次从洪水中重见天日则自然地被古埃及人当作重生的象征。另一方面,他们面对太阳升起的朝向更是进一步强化了这种象征意义。自它们的落成之日起,这两座在底比斯平原上鹤立鸡群的巨像就成为人们赞叹仰视的对象。

但有趣的是,这两座巨像变成罗马帝国时代的旅游胜地却完全是出于巧合。公元前 27 年,两座巨像中靠北的那一尊在地震中部分被毁。从此以后,日出时分温度和湿度的变化就会引发岩石的内部震动,使石像发出一种奇怪的如同弦乐器演奏的"歌声"。当时的评论者依据希腊神话的故事[门农,希腊神话中埃塞俄比亚国王与英雄,黎明女神奥罗拉(Aurora)之子,参与特洛伊战争,阵亡。这里是说巨像在黎明时刻发出"歌声"如同门农呼唤自己的母亲]认为巨像上描绘的是门农的形象(这也是今天"门农巨像"名称的由来)。无数游客从四面八方赶来聆听巨像的歌声。而像古往今来的无数游客一样,古罗马人也喜欢留下各种"到此一游"的铭文。在门农巨像上发现的铭文中,有 61 条用的是希腊文,45 条为拉丁文,甚至还有一条双语铭文。在这之中有日期的铭文显示其年代介于罗马皇帝提比略(Tiberius)至塞普蒂米乌斯·塞维鲁(Septimus Severus)统治期间。在这些铭文中,诗句和格言一般都用希腊文撰写。拉丁文撰写的铭文则更加直白——这也是当时罗马统治下埃及雅俗文化差异的真实写照。但所有这些铭文的共同点是,他们都来自门农巨像"歌声"的听众。

其中一条标志性的铭文写道："我，塞尔维乌斯（Servius）……克莱芒斯（Clemens），作为元老 M. 奥列里乌斯·科塔·梅萨利努斯（M.Aurelius Cotta Messalinus）的属官，听到了门农巨像的歌声并为此心存感激。"[5] 另一条铭文则描述了这位游客听到的歌声，"我亲耳听到了巨像的歌声，我甚至还可以分辨出歌曲的旋律"[6]。在这一时期，能前往这里的游客多数都是达官显贵：在 71—104 年，就有五位埃及地方长官到访门农巨像。巨像的另一批固定访客则是帝国在埃及的驻军，当时许多从亚历山大港出发派驻到底比斯以南的军人都会把巨像作为他们中途落脚的旅游景点。下面这条由贝雷尼斯山（Berenice）驻军指挥官卢修斯·朱尼厄斯·卡尔维努斯（Lucius Junius Calvinus）留下的铭文就体现了当时高级军官脚踏实地、刻板严肃的特征："我和我的妻子米妮西亚·鲁斯蒂卡（Minicia Rustica）于韦帕芗·奥古斯都皇帝四年 4 月 15 日凌晨 2 点听到了门农巨像的歌声。"[7]

而更为神秘和诱人的是，门农巨像的歌声并无规律——它既不会保证每天早上都会发出歌声，也不会以人类的意志为转移。一方面，一些幸运的游客声称他们可以在同一个早晨两次听到巨像的歌声；另一方面，一位地方长官的妻子则去了整整三次才有机会听到巨像"一展歌喉"。对有些游客而言，聆听门农巨像的歌声简直让他们走火入魔。在昔兰尼加（Cyrenaica）第三军团（驻扎在上埃及）担任百夫长的卢修斯·塔尼修斯（Lucius Tanicius）就是其中之一——此人曾在一年之内 14 次造访此地。体现罗马人对埃及文明兴趣的"门农热"在哈德良（Hadrian）皇帝统治时期达到了顶峰。在他二十一年的统治时期内，罗马帝国的各路高官走马灯式地造访底比斯并在各种雕像上留下铭刻。而皇帝本人也在 130 年的尼罗河之旅（详见第 8 章）中造访了门农巨像。当巨像为皇帝献上歌声时，随行的大小臣工都确信（或者"被确信"）这是门农的英灵在向同样具有神性的皇帝致敬①："巨像在天明前认出了真命天子哈德良，并用它自己的方式向皇帝致敬。"[8] 而他常年郁郁寡欢的皇后萨宾娜·奥古斯塔（Sabina Augusta）也在巨像上用希腊文留下了自己的铭文。并不是所有的罗马皇帝都如此幸运，当202年塞维鲁（Severus）皇帝来访时，巨像就没能发出歌声。皇帝想当然地认为巨像出了故障，并立即下令修复，但"修好"的巨像从此之后就陷入永久的沉默了。

门农巨像并不是西底比斯唯一能唤起人们诗意畅想之处。在英语世界，与门农巨像齐名的还有坐落在其北方半英里处的拉美西斯二世神庙门口，但已在地震中坍塌的拉美西斯二世巨像。在古罗马时代，拉美西斯二世神庙及其巨大的雕像首先吸引了历史学家狄奥多罗斯（Diodorus）的注意。他在他的著作中动情地写道：

> 神庙的入口处有三座巨像，每一尊都用来自赛伊尼的一整块黑石制成。这些坐像的每一只脚都有至少7腕尺长……这些巨像不仅体积惊人，其选材与雕刻艺术水准同样令人赞叹。雕像上面的铭文写着：我是众王之王奥斯曼狄斯（Osymandyas），如果谁想了解我的丰功伟绩，就让他试着超越我的一项功业吧。[9]

近两千年之后的1817年，年轻的英国诗人珀西·比希·雪莱（Percy Bysshe Shelley）在大英博物馆一场名为"年轻门农"的展览会上看到了另一尊新近从底比斯运往伦敦的拉美西斯二世塑像的上

---

① 译者注：罗马帝国有把皇帝奉为神明的传统。

半身。就在这一年，在狄奥多罗斯的记载和自己的亲身体验的启发下，雪莱发表了他最为著名的诗作——《埃及的奥斯曼狄斯》。虽然雪莱此前从未去神庙现场看过倒塌的拉美西斯二世巨像，但他的诗作依然是英语文学中描写盛衰兴亡最著名的篇章。

> 吾乃万王之王是也，
> 盖世功业，敢叫天公折服！
> 此外无一物，但见废墟周围，
> 寂寞平沙空莽莽，
> 伸向荒凉的四方。[10]

——雪莱《埃及的奥斯曼狄斯》，王佐良译

从拉美西斯二世神庙乘坐出租车，经过被强拆破坏的库尔纳村后，不远就可以到达古埃及历史上最为震撼人心的建筑：哈特谢普苏特停灵庙。在该遗址于20世纪20年代从土堆的掩埋下被发掘出来之后，修理复原工作已经持续了长达七十年；如今，这里是唯一一座从卢克索清晰可辨的西岸神庙。同前面几处名胜一样，这里作为旅游胜地也有着非常悠久的历史。事实上，在哈特谢普苏特选择这处崖壁上的凹陷为哈索尔——古埃及的母性女神与王室守护神之一修筑神庙前，这里就被认为是哈索尔的居所，她也被尊为西山女神。这一特殊宗教意涵使这一带理所当然地成了哈特谢普苏特女王最合适的安息之所。更为巧合的是，这片崖壁恰好与河对岸卡纳克神庙经由哈特谢普苏特所扩建的部分遥遥相望，这更增添了这里对女王的象征意义。

停灵庙的建筑充分利用了这里壮观险峻的山势与峭壁上自然形成的山间平台。森穆特为他的女王所建的这座神庙与众不同又别具魅力，堪称天然形势与人工建筑的完美结合，甚至在哈特谢普苏特女王去世后多年，这座神庙——尤其是其中的哈索尔神殿一直香火不绝。直到第十九至二十王朝时期，工匠村的妇女依然会翻山越岭来到这里向女神祈祷，以求神明保护她们和她们的婴儿。在产妇与婴儿死亡率都居高不下的古代，人们似乎也只能把自己的命运寄托于神明。在停灵庙（Deir el-Bahri，德尔巴哈里）出土的一大批诸如护身符、小布片和简陋的小雕像之类的小物件，很可能正是这些人还愿时献上的贡品。通过这些文物，现代的人们才能有机会直观地了解古代埃及普通人的恐惧与希望，这也是古埃及不同于王侯将相宏观叙事的另一个侧面。

当然，前往停灵庙的现代游客似乎不太可能会带着祈祷许愿的目的。但在避开了人群和商贩的喧嚣后，人们依然可能会被这里独特的古老神韵所触动。与导游们的宣传不尽相同，一天中来这里最佳的旅游时间（也是前往埃及大多数神庙的最佳旅游时间）其实是中午12点至下午2点。在这段时间，早上的旅游团已经离开回旅馆吃午饭，而下午的旅游团则尚未到达。当然，这是一天中最热的时刻，不适合身体虚弱者，但这也是神庙一天中最清静的一段时间。而那些随大流选择上午参观的游人很容易被大一群贩卖纪念品乃至假古董的小贩包围，或者淹没在一支支由举着小旗子或者小阳伞的导游、领队的旅游大军之中。这显然不是什么美好的经历。但对1997年11月17日前往停灵庙的游客（主要是日本和瑞士游客）而言，这种不美好的经历直接变成了噩梦。

当天上午，隶属于极端组织"伊斯兰组织"的六名恐怖分子化装成警察混入了景区，而无论是游客还是负责此地治安的埃及观光警察对此都一无所知。当第一批乘大巴前来的游客登上露台，恐怖分子随即开枪射击。游客们在惊慌中四散寻找掩护，而吓破了胆的神庙守卫则直接逃之夭夭。军警反应的迟缓使这次袭击持续了长达45分钟，甚至最后恐怖分子竟然是被愤怒的当地人赶走并抓获的。这次恐怖袭击最终造成58名游客和10名当地人丧生。虽然在此之前，埃及也发生过对旅游车和游船的袭击事件，但这次事件无疑最为严重。虽然埃及当局在事件发生前已经有所警惕，并采取了包括增设路障、为旅游大巴配备武装警卫、限制未经允许的旅游团等措施加强安全防备，并停止了底比斯以北的游船航运，但依旧被恐怖分子钻了空子。这次袭击使埃及旅游业一落千丈，并在之后数年内都难以恢复元气，而这也导致底比斯当地的失业率激增。这些都使极端组织"伊斯兰组织"在埃及被人人喊打。1997年后，该组织的军事头目阿伊曼·扎瓦希里（Ayman al-Zawahiri）已在埃及无处藏身，只得潜逃国外与基地组织合流，追求所谓的"圣战"。

如今，停灵庙的旅游业已经逐渐恢复，而相应的安保措施也已经得到了空前的加强。现在的旅游者在进入景区前都需要接受机场安检级别的金属探测器检查。虽然这些古代遗址旁边的现代化安检措施似乎显得有些煞风景，但这也折射了埃及历史与现实的无奈。

1997年恐怖袭击案的另一个影响是当局关闭了从停灵庙通向帝王谷的古代山路。现在，前往帝王谷的游客必须取道一条现代道路。这条道路两侧遍布着生产石膏制花瓶、金字塔以及当地特产石雕灯座的纪念品工厂和商店，而纪念品制造的兴盛也是底比斯旅游业规模的一个缩影。更有趣的是，从他们的命名规律我们也可以看到现代流行文化变迁留下的印记。除了诸如拉美西斯（Ramses）、克里奥帕特拉（Cleopatra）、娜芙提提（Nefertiti）这样来自古埃及历史的名字相对稳定之外，其他多数纪念品商标似乎一直在不断呼应西方世界流行趋势的变化。在20世纪80—90年代，戴安娜王妃石膏厂是尼罗河西岸最大的纪念品百货之一。如今这家商店依然存在但已经是破烂不堪生意萧条——看起来不久之后它只有倒闭或者改名两条路可走。但这种赶时髦仍在继续；或许不久之后，这里就会出现"威廉和凯特"（William & Kate）或是"大卫·贝克汉姆"（David Beckham）工厂，或许现在已经开张了呢。

而从此地继续曲折向西，我们就进入了围绕帝王谷的底比斯丘陵的核心地带。在这里，一条夹在陡峭山谷中间的狭窄小径是进出这片陵区的唯一通道——这也很好地解释了为什么新王朝的法老们会选择易守难攻的这里作为他们万全的安息之所。而从尼罗河东岸望去，这里丘陵的山形又恰好与古埃及象形文字中的"地平线"一词相似——由此衍生出太阳升起的意象也赋予了此地"重生"的象征意义。而在帝王谷之上雄伟的山峰［现名库尔恩山（Qurn）］更恰如一座天然的金字塔守护着历代君王的陵寝。

从托勒密（Ptolemaic）王朝早期[①]开始，帝王谷就开始成为吸引游客的景点。下面这一段用希腊文书写的涂鸦生动地反映了当时游客面对这些壮观陵寝的复杂心情："我，亚历山大城的菲拉斯特里奥斯（Philastrios the Alexandrian）来到了西底比斯，亲眼看到那些令人惊叹的陵寝让我度过了愉快的一天。"[11] 到了罗马帝国时代，虽然会唱歌的门农巨像在当时吸引了更多关注，但前往"门农尼亚"（Memnonia）（西底比斯当时的名字）游览古代陵墓的游客依然络绎不绝。斯特拉波（Strabo）[②]记载"这里的大约40座规模宏大的古代陵墓均为在山体上直接开凿而成，堪称值得一游的古代奇观"[12]。而帕萨尼亚斯（Pausanias）[③]则惊叹于帝王谷陡峭蜿蜒的墓道（他谐谑地称之为"气管鸣管"）。这一时期的游客在那些最为显

[①] 译者注：约公元前300年，距离新王国时期已过去大约1000年。
[②] 译者注：约公元前64—24年，希腊历史地理学家。
[③] 译者注：2世纪希腊历史地理学家。

著且易于到达的陵墓中留下了大量的涂鸦：例如在拉美西斯四世陵墓中发现的希腊和拉丁文涂鸦有656处之多，而在被当时人们误认为门农本人陵寝的拉美西斯六世墓中所发现的涂鸦更多达近千处。从上面的例子可以看出，如同今天的很多游客一样，当时的游客在驻足于这些古代陵寝的同时，对它们的建筑和意义基本上也是一头雾水。正如一位古罗马游客写道："在这些如鬼斧神工的陵寝之前，我们的描述与解释显得苍白无力。"[13] 据考古学家统计，在帝王谷发现的希腊和拉丁文涂鸦总数高达2000条以上。这些涂鸦，与其他用腓尼基文（Phoenician）、塞浦路斯文（Cypriot）以及利西亚文（Lycian）书写的铭文一道，见证了这段帝王谷作为国际旅游胜地的古代历史。

而到了537年，整个罗马帝国已经完成了基督教化。当时任上埃及总督奥利安（Orion）在这里留下铭文之时，一小群基督徒已在这一带安家落户，并把其中一座陵寝改建成了他们日常礼拜用的教堂。夏天的帝王谷天气酷热，寸草不生的崖壁反射着灼热的日光；即便在谷内少有的遮阴处，气温也高达50摄氏度以上。科普特（Coptic）教会最早来此的定居者甚至会咀嚼有致幻作用的橡形木属坚果以求在酷暑和孤寂中得到片刻解脱。而今天的游客在炎炎夏日也只能选择当地破烂而昂贵的休息室（提供瓶装常温柠檬汁）稍事喘息（从涂鸦的内容推断，多数古希腊和罗马时代的游客都明智地选择了在冬天造访帝王谷）。

从现存的记载看，当时的基督徒之所以来此定居是把这里当成了与世隔绝的静思之所，但对这里的古代陵墓本身似乎并没有给予多少关注。直到一千年之后，这片土地才开始再次吸引外国游客的注意。近代第一位注意到这片荒僻山谷的欧洲人是1708年访问此地的开罗耶稣会会长克劳德·西卡特（Claude Sicart）神父。他定位了十座已经遭到盗掘的陵墓，并记录了其中"鲜艳如新"[14]的多彩壁画。而第一本关于帝王谷的出版物见于1743年，由英国旅行家理查德·波寇克（Richard Pococke）所著。在该书的影响下，很快更多的旅行者纷至沓来。在威廉·布朗（William Browne）于1792年访问帝王谷时，这里就已经在过去的几十年间被一位"试图寻宝"[15]的地方首领之子挖得满目疮痍。而这仅仅是即将上演的大戏的序幕而已——在此后的一个半世纪中，帝王谷变成了西方"寻宝人"的关注中心。

到了21世纪的今天，游客终于再次取代了盗墓贼。而在这一过程中，帝王谷也从一座荒僻的山谷变成了世界闻名的旅游胜地；但这也让这里失去了某些独特的魅力。现在的帝王谷，一道商店组成的拱廊将小贩们隔绝在了停车场之外，但要前往售票处就还是必须从他们之中穿过。在游客中心和帝王谷谷口（只有一间警卫驻扎的小屋和一道铁轨）之间有小火车运行。出于控制客流和保护文物的目的，目前并不是所有的陵墓都对外开放。一些深入山体的墓室异常闷热潮湿——人们甚至难以想象其中的壁画是如何保存至今而没有剥离脱落的。而在图特摩斯三世（Thutmose III）的宏大陵墓中穿梭，更会令人对在闷热潮湿的山腹中昏暗闪动的烛光下开凿建造这一切的古埃及人民肃然起敬。总而言之，正如在1799年春造访这里的维旺·德农（Vivant Denon）所写下的那样，如今的帝王谷之旅依然"如同一次高烧过后，给人留下的是一段混杂着难以名状的焦急、热情、烦躁与疲惫的记忆"。[16]

除了图坦卡蒙的壁画诉说这往日的辉煌。这段早期的盗墓史其实还要追溯到我们之前介绍过的工匠村的故事：根据陵工和古埃及政府不成文的约定，政府要为工匠们的辛勤劳动和严格保密支付不菲的薪水并提供优厚的福利。但当政府违约在先①，工匠们也不免会开始质疑是否还有义务保守古埃及法老们的最高机密——帝王谷陵寝入口的具体位置。事实上，在拉美西斯三世时期的罢工运动后仅仅一代人的时间，帝王谷中的陵墓就开始遭到盗扰。②一开始，盗墓贼们的目标还仅仅局限于拉美西斯二世神庙后山较为次要的陵墓。但在公元前1114年的一个夜晚，工匠村一名名叫阿蒙帕尼菲尔（Amunpanefer）的石匠伙同一群盗墓贼盗发了法老叟伯克沙夫二世（Sobekemsaf Ⅱ）的王陵：

> 我们打开了他们的棺椁，甚至解开了他们的裹尸布以大肆搜刮黄金。我们还盗走了法老遗体胸部和颈部的大量珠宝……17

在这场胆大妄为的盗墓中，贼众们共获得了重达32磅的黄金。而他们在被抓获处死之前竟逍遥法外四年之久。此例一开，对王陵的盗掘就变得一发而不可收拾。当朝廷意识到问题的严重性开始调查王陵被盗情况时，人们惊讶地发现祖宗的陵寝如今已然是十墓九空。很快盗墓之风在整个底比斯蔓延开来，而且这已经不再是工匠村个别人的胆大包天——事实上各级政府官吏和神庙祭司都牵涉其中。他们中的某些人对猖獗的盗墓行为装作视而不见，另一些则直接监守自盗，试图在盗墓的大潮中分一杯羹——这些人中甚至包括了卡纳克神庙的卫队长。

随着古埃及在拉美西斯六世统治期间（公元前1099—前1069

---

① 译者注：见前文所述的拖欠工资事件。
② 译者注：这不免让人对这二者的可能的因果关系产生联想。

年）实质上陷入内战与分裂，盗墓活动很快升级为有组织的政府行为，盗掘前人的宝藏以充实自己的棺椁。在一封底比斯军阀头目写给陵区书记员布特哈蒙（Butehamun）的信中，这位将领命令他"寻找一座我们祖先的陵寝，但在我回来之前不得私自开启它"[18]——这标志着政府组织的盗墓活动正式开始。在此过程中，这位布特哈蒙扮演的角色举足轻重。但令后世历史学家稍感安慰的是，此公至少是一位热心负责的盗墓贼。在他与其父图特摩斯（Thutmose）流传至今的书信中，布特哈蒙详细记录了公元前 11 世纪这场对底比斯王陵的系统破坏：此次盗墓组织严密堪比军事行动；布特哈蒙手下的每位盗墓贼都配备了帝王谷陵区的详细地图以便"开展作业"。布特哈蒙手下甚至成立专门的机构负责处理盗得的赃物并将已经被搜刮得一无所有的木乃伊重新包扎。基于这些"功绩"，布特哈蒙被封为"王陵（Necropolis）的开启者""地宫工程总监"以及"先王冥器总监"，而此公居然也能泰然受之。布特哈蒙父子的大名更在帝王谷各处陵寝的墓道口以及其他关键位置留下的涂鸦中反复出现，似乎根本不介意自己千载之后的骂名。

随着多数王陵被盗掘一空，公元前 1 千纪埃及政治经济中心北移至三角洲城市，塔尼斯（Tanis）、布巴斯梯斯（Bubastis）、塞易斯（Sais）、伯路西亚（Pelusium）、亚历山大（Alexandria）及开罗（Cairo），底比斯剩余的残垣断壁也渐渐被遗忘，进入历史的深处。而当 19 世纪初的拿破仑远征让下一波欧洲寻宝人的目光再次投向埃及时，他们首先关注的便是那些宏伟的神庙。

在此后的一百年间，埃及沦为殖民者们争相为欧洲各国王室搜刮文物的战场。在这段不光彩的历史中，有一位江洋大盗显得鹤立鸡群。

乔万尼·巴蒂斯塔·贝尔佐尼（Giovanni Battista Belzoni，1778—1823）出生于意大利帕多瓦（Padua）一个理发师的家庭。像当时很多平凡的意大利人一样，贝尔佐尼年轻时曾前往罗马希望成为一名修士。但拿破仑对罗马的入侵改变了这一切：贝尔佐尼没当成修士，反而成了一名在法国、德国与荷兰之间流窜兜售宗教饰品的无业游民。贝尔佐尼在他24岁时抵达了英国，随即以他英俊的外表吸引了众人的目光：此公身高将近两米，有着醒目的鹰钩鼻和敏锐的蓝眼睛。沃尔特·司各特（Walter Scott）爵士称他为"我见过的最英俊的巨汉"[19]。在到达英国的第一年，贝尔佐尼就凭借其高大帅气的外表开始了他在伦敦大受欢迎的演艺生涯，并娶了一位叫莎拉（Sarah）的女子作为他的终身伴侣。1803年复活节，伦敦萨德勒·威尔斯（Sadler's Wells）剧院的海报这样写道：

> 巴塔哥尼亚（Patagonian）巨汉乔万尼·巴蒂斯塔·贝尔佐尼阁下将献上最为精彩的体操表演，保证令人大开眼界（此系其在英国的首次演出）[20]

作为表演的一部分，贝尔佐尼要在舞台上举起铁架子上的11个人，而铁架子本身也有至少100磅重。这一表演在当时大受欢迎并持续演出了三个月之久。在此之后，贝尔佐尼又摇身一变，打着"法国的赫尔克勒斯"①（Hercules）的招牌去伦敦的巴索洛缪（Bartholomew）市场继续演出。而他在戏剧《巨人捕手杰克》（*Jack the Giantkiller*）[即《杰克与豆茎》（*Jack and the Beanstalk*）]

---

① 译者注：古希腊神话中的大力士、大英雄。

中所饰演的巨人一角也给他带来了"巨人贝尔佐尼"的绰号。在之后的九年间,贝尔佐尼以大力士、演员和魔术师的身份在英国各地巡回演出。与此同时,当时一些利用水力学原理设计的夸张舞台效果同样出自此人之手。贝尔佐尼在1813年2月于牛津的蓝野猪酒馆举行了谢幕演出,从此告别了英国的演艺生涯,随后他开始偕妻云游各国。

在去往君士坦丁堡的路上,贝尔佐尼夫妇在马耳他遇到了一位埃及政府的代理人——当时,埃及的统治者穆罕默德·阿里正在从欧洲各地招揽工程师以实现他埃及基础设施现代化的宏大目标。凭借为舞台设计水利机械的经验,贝尔佐尼向这位掮客大肆推销他设计的"畜力驱动水车"——他声称这种"水车"可以输出普通水车四倍的动力。贝尔佐尼随即被邀请前往埃及去实地证实这一设想;他于是在1815年到达开罗。这次埃及之旅深刻地改变了他的人生乃至埃及的历史。

但贝尔佐尼的埃及之旅可谓出师不利。他在前往觐见穆罕默德·阿里的路上被一名士兵踹了一脚,以致好几个星期生活不能自理;而在紧接着发生的兵变中,他的护照和财物更被乱兵抢劫一空。而最后,贝尔佐尼的"水车"设计也被拒绝了——如此一来,他就只能无亲无故、无产无业地流落在开罗街头。但戏剧性的是,与时任英国驻埃及总领事的亨利·萨尔特(Henry Salt)的相遇令他的命运在这一刻又一次峰回路转。在当时,野心勃勃且一心逢迎权贵的萨尔特正想在掠夺文物的竞争中干出些名堂;而他最大的愿望就是把当时被称为"年轻的门农"的那座拉美西斯二世半身巨像从西底比斯运回英国,再以他的名义"捐赠"给大英博物馆展出。贝尔佐尼与他一拍即合,随即干起了掠夺文物的勾当。

贝尔佐尼夫妇于1816年6月30日第一次从开罗动身前往底

第五章　西底比斯:死亡之域

比斯。据他所言，初次造访底比斯"就像进入了巨人的国度"[21]。与此同时，他也记录了"年轻的门农"在拉美西斯二世神庙的原始状态："当我发现它时，年轻门农像正仰面朝天，位于距其破损的身体和座椅不远的地方，他似乎是在对我微笑，显然对被送往英国十分满意。"[22] 在当时，贝尔佐尼所能使用的工具仅有14根杠杆、4条棕榈绳以及4具辊子。但仅凭着这些简陋的工具，贝尔佐尼在短短几天之内就将巨像成功运抵尼罗河岸边。而在后来他仅用了一周半的时间就在帝王谷发现了四座古代陵寝，并毫不意外地盗走了其中塞提一世的棺椁。当年11月21日，贝尔佐尼启程返回开罗（并于12月15日抵达），船上装满了包括"年轻的门农"在内的各种文物。"年轻的门农"最终运抵了大英博物馆，但萨尔特揽走了所有的"功劳"与名利，并没有给贝尔佐尼分一杯羹的机会。贝尔佐尼没有气馁，他很快再次动身前往努比亚；这次他的目标更为惊人——扫荡阿布辛贝神庙。在途中停靠地菲莱（Philae），贝尔佐尼顺手牵羊掠走了一块精致的小方尖碑。他原本以为可以将其兜售，作为英国某处乡间别墅的装饰品；但当这块小方尖碑最终落到多赛特（Dorset）的历史学家金斯顿·莱西（Kingston Lacey）手中后，它为历史学家解读古埃及象形文字提供了重要线索。

在掠取文物的生涯中，贝尔佐尼可谓充分发挥了他的"聪明才智"。作为一个"谈判专家"，贝尔佐尼往往能把自己的竞争对手——尤其是受雇于法国领事馆的伯纳迪诺·德霍维提[①]（Bernardino Drovetti）——耍得团团转，并"说服"疑心重重的当地人"放下祖先的包袱"。此人不仅体壮如牛，还能忍受各种恶劣

---

① 译者注：1776—1852，意大利文物贩子。

的自然条件。他在塞提一世陵寝的现场给其兄弟写了几封信；信件的抬头写道："底比斯附近的帝王谷［比班·穆鲁克（Biban el-Muluk）］；1818年8月15日；北纬25度44分31秒，东经32度36分31秒；非阳光直射气温124华氏度。"[23]贝尔佐尼于1819年最后一次离开埃及，从此他回到英国出版回忆录并展出其掠得的文物。第一天的展出在皮卡迪利（Piccadilly）大街的埃及大厅周边举行，并吸引了近两千人购票观看（票价每人半克朗，折合1/8英镑）。至此，贝尔佐尼终于收获了他孜孜以求的名利——正如查尔斯·狄更斯所说："一个食不果腹的街头骗子竟摇身一变成了欧洲最为知名的人物之一。"[24]但贝尔佐尼最终也没有得意太久：他在1823年寻找尼日尔（Niger）河源头的探险中染上痢疾，最终在贝宁一命呜呼，时年45岁。贝尔佐尼的行径遭到了后世史学家的唾骂，但大英博物馆的许多最精美的埃及文物确实是由他提供的。而在古埃及文明的推广上，他的作用也堪比那些最专业的历史学家。

一个世纪之后，贝尔佐尼曾大肆掠夺的底比斯已被各路后来者洗劫一空——所有可移动的物件都早已荡然无存。这使得人们的目光又一次开始转向帝王谷——人们希望至少还有一些王室墓葬未被发现。下面两位（一英国人、一美国人）的故事可以作为这段最后的文物淘金热的典型写照。这其中的美国人是富有的纽约州律师西奥多·M.戴维斯（Theodore M. Davis，1838—1915）。像许多"镀金时代"的人一样，戴维斯夏天住在他位于罗得岛州纽波特海洋大街（Ocean Avenue，Newport，Rhode Island）的家中，之后则会和他的旅伴艾玛·安德鲁斯（Emma Andrews）夫人一起前往他在埃及的达哈比亚船屋"贝都因"号上度过冬天。1902年，在获得了埃及当局所颁发的在帝王谷进行考古发掘的许可证后，戴维斯正式成为一名埃及文物服务局下属的私人赞助商。在这时，他早已被贝尔佐尼的经历所感，成为古埃及历史的狂热爱好者；而唤起他对古埃及兴趣的，正是我们故事中的这位英国主人公，时任上埃及首席考古监督官的霍华德·卡特（Howard Carter，1874—1939）。卡特是一位才华横溢的考古学家，但是因为出身寒微而找不到赞助的金主（卡特原本是住在诺福克的一位贫苦画匠，在绘制插图的时候第一次接触了古埃及文明）。而在戴维斯这里，卡特以为自己终于获得了他所急需的资金支持。在他们于帝王谷合作挖掘的第一个季度里，他们发掘了一座平民的墓葬并发现了一箱皮质的腰布。而当卡特丢掉了他作为首席考古监督官的职位之后，他的继任者说服了戴维斯与其他考古学家合作重新办理一张发掘许可。在之后的九年间，戴维斯持续资助了帝王谷的考古发掘工作。在此期间，他发现和整理了三十座陵墓，其中包括阿蒙霍特普三世的岳父母由亚（Yuya）和图玉（Tjuyu）以及霍伦海布[①]（Horemheb）的陵寝。除此之外，他还发现了当时还不为人知的法老图坦卡蒙已经废弃千年的防腐处理室。但自始至终，戴维斯赞助的考古工作始终没能取得任何重大发现。戴维斯最终宣布放弃，并留下一句名言："帝王谷如今早已被搜刮一空。"[25] 他于次年（1915）2月23日去世。

而之前被晾在一边的卡特却没有放弃。在争取到卡那封勋爵的赞助之后，卡特重新办理了发掘许可并再次投入帝王谷的勘探中。这一段合作在1922年最终导致了埃及历史上最为重大的考古发现——图坦卡蒙王陵。而他们发现王陵的地点距离戴维斯因担心损坏周遭陵寝而放弃施工的最后位置仅有6英尺。正如人们所熟知的那样：经过了五年劳而无功的发掘之后，卡特说服卡那封再最后

---

① 译者注：古埃及新王国时期第十八王朝的末代法老。

资助他完成一个季度的勘探。而就在这一期考古发掘开始后的第三天，工人们在一座更晚期王陵修建时形成的废土堆下方发现了一道深入山腹的阶梯。在清理工作完成之后，人们发现阶梯的尽头另有一道覆盖有石膏的石壁，上面的封章依然完好无损。种种迹象表明：石壁后面保存着一座未经盗扰的古埃及王陵。

与大多数考古学家不同的是，卡特并没有立即继续进行发掘。出于对赞助人承诺的坚守，他下令暂时回埋阶梯并立刻通知尚在伦敦的卡那封火速前往埃及——根据他们的协议，赞助人与考古学家必须共享任何重大考古成果的发现权。在17天焦急的等待之后，卡那封乘坐的火车终于抵达了卢克索车站；进一步的发掘工作随即于1922年11月26日清晨，在人们的期待中正式展开。外层墓门之后首先是一条充满碎石的墓道；清理工作持续了整整一天。墓道的尽头则是另一道密封石门。这次卡特毫不犹豫地用铲子在石门上凿了一个洞。密封了千年的墓室中的气体自孔洞涌出，吹得人们手中的蜡烛火光摇曳。当片刻之后卡特的眼睛适应了墓室的昏暗之后，其中的宝藏开始在他的眼前浮现。卡特呆若木鸡。几分钟后，按捺不住的卡那封开口询问："你能看到什么吗？""是的是的，"卡特答道，"都是好东西。"

但之后发生的一切却显得有几分沉重。在图坦卡蒙王陵的发掘结束之后，卡特就很少回到他在西底比斯的"卡特公馆"；更多的时候，他都郁郁寡欢地待在卢克索冬宫旅馆的大厅里若有所思。虽然他的考古成就让他获得了埃及和比利时王室颁发的勋章以及耶鲁大学的名誉博士学位，但卡特始终无法摆脱出身低微的阴影，也始终没有能在自己的祖国获得任何荣誉。而更令他气恼的是，到后来他自己竟然和他所发现的宝藏一样也变成了底比斯的一个不大不小的观光景点。一向脾气暴躁、言谈粗鲁的卡特不善交际，而古埃及研究的主流学术界更是一直将他排斥在外。在他去世时，没有人向他的亲属发去唁电。但我们依旧可以说，在古往今来包括因提夫二世和森穆特、贝尔佐尼和戴维斯等诸多历史名人中，卡特为西底比斯的闻名于世做出了最为突出的贡献。

第六章
吉夫特和基纳：中央和地方行省

吉夫特人是我共事过最麻烦的人。

——弗林德斯·皮特里[1]

卢克索以北，尼罗河河道很大幅度地向东弯曲，多年受侵蚀的石灰石峭壁和郁郁葱葱的绿色田园景观倒映在尼罗河缓缓流淌的水中。然而与底比斯相比，这里的河岸、运河、路边有明显的区别——没有成堆的垃圾，比在国内其他地方都干净。这一区别虽小却很重要，因为它反映了这里的埃及人独立的性格。

回收垃圾背后的故事在许多方面可以说是对现代尼罗河流域生活的比喻。过去，人们会告诉你，回收垃圾被私人承包了。或者说，由一群小男孩在天蒙蒙亮时就从路边垃圾袋中回收而来。在垃圾仓库中，有机废物被分离出来并作为肥料售出，承包商则得到一笔可观的利润。这种模式可谓皆大欢喜。无力控制的当局只能眼看着利润丰厚的行业眼红。因此，垃圾收集的合同被从私人运营商手中送给大公司，目的是换取巨额贿赂。当服务变差后，街道与运河开始被垃圾堵塞了。但普通公民却无能为力——这都是由于穆巴拉克埃及的腐化与僵化。

但是，该国南部农村具怀疑精神的当地人——总是具有独立思想并怀疑他们遥远的统治者，习惯于把事情掌握在自己手中。在卢克索与基纳之间的城镇和村庄，居民自己组织了垃圾的收集、分类和处理。因此，他们所在的环境更干净，绿化更好。这意味着埃及社会的鸿沟不只存在于南北之间（北部埃及人认为南方人落后；南方人发现他们的北方同胞粗鲁、自私），也存在于中央与各省之间。中央控制与省级自治的紧张关系奠定了埃及历史的基调，上埃及最为明显。

尼罗河西岸，新库尔纳（Qurna）镇12英里以北，有个叫涅伽达（Nagada）的小村庄。尘土飞扬的街道、脏兮兮的孩子、捉襟见肘的成年人、鸡飞狗跳。若非在西部悬崖下埋藏的古墓，这里不值一提。这里19世纪末挖出的浅坑不仅把涅伽达印在地图上，也改变了我们对埃及起源及其伟大文明起源的看法。

考古学家用铲子在农村闭塞的地方发现了一个失去已久的、闻所未闻的文化遗迹，复杂而出人意料。更加奇怪而陌生的是这些材质光彩依旧——黑边红色花瓶，生动地绘饰以河马和猎人场景的碗，漂亮的纹理细密的墨绿色石制装饰品调色板，刻上的富于曲线美的各种动物。发掘者认为偶然遇见了"新种族"。他们认为这么不埃及的东西肯定是被侵略者在内战期间从东边带到尼罗河谷的，中断了古埃及文明的进程。大错特错！后来在其他遗址中的发现也很快显示出在涅伽达浅坑中挖掘出的花瓶、碗还有调色盘不属于外来移民者，反而是史前时期土著埃及人所作。人们的技艺和创造力促使埃及文化走向辉煌。在涅伽达，可以从沙砾地一直挖掘到法老文明的起源。

在今天看来，既是令人难以置信的，也是令人兴奋的——公元前4000年的涅伽达是整个埃及最重要的两个或三个地方之一。有城墙的城市代表了一种创新性的群居方式，预示着这里的居民拥有巨大财富以及在邻居的嫉妒下保护自己资产的愿望。同现在一样，财富被埃及少数的统治阶级所享受，这种情况也出现在附近的墓地中。那里，装饰华丽的坟墓聚集在角落里，正如生活中一样将富人与穷人分开。更壮观也更为突出的是一个巨大的长方形泥砖坟墓，占地十万平方英尺，内部挤满了昂贵的颇具异国情调的物品。这座王室墓葬所属者身份特殊，甚至可能是埃及第一位国王的妻子。该镇在涅伽达的位置表明了它对该国的政治统一产生的举足轻重的作用，反映了它在史前历史上的重要性。

但是，埃及国家的形成意味着涅伽达衰落命运的开始。刻在小镇后面沙漠中的石壁上的一幅描绘胜利场景的壁画暗示着与当时领先的权力中心间的战争。涅伽达上埃及的敌人们，尤其是尼肯（Nekhen）发展迅猛，获得了土地控制权。涅伽达逐渐湮没无闻，它在埃及文明诞生中的引领作用很快被遗忘。在皇家陵墓修建后的几个世纪，涅伽达的规模和辉煌逐渐衰落了。一直到19世纪末，考古学家的铲子才将它从默默无闻中彻底解放出来。

涅伽达的发现引人注目，其发现者亦然。威廉·马修·弗林德斯·皮特里（William Matthew Flinders Petrie，1853—1942）作为"埃及考古学之父"，比之前或之后的其他任何考古学家挖掘出尼罗河谷的遗址都要多得多。在寻宝者的时代，他细致的方法与细心的记录第一次建立了考古学应有的学科地位。涅伽达成就了他作为考古学家的地位，他也慷慨地回报了它。

像许多伟大的埃及古物学家一样，皮特里接触到法老的这片土地始于多种奇怪的因素组合。他出生于1853年，父亲威廉·皮特

第六章　吉夫特和基纳：中央和地方行省

里是一名电气工程师,母亲安妮(Anne)是澳大利亚的探险家马修·弗林德斯(Matthew Flinders)上尉的女儿。小威廉,或者更为人所知的名字是弗林德斯,因为过于纤弱而由父母在家里教育。这是他第一次偶然的机遇。弗林德斯的父亲造出了第一盏超越时代的电弧灯,他也表现出了科学上的资质。弗林德斯的父亲是一个敏锐的业余勘测员,带着二十出头的他围绕着英格兰南部旅行。与英国维多利亚时代受过教育的中产阶级一样,他们流行的消遣方式就是测量土木工程和建筑古迹。他们对巨石阵的测量是当时最准确的,也是先驱性的。

第二个机缘则是,威廉·弗林德斯越来越对查尔斯·皮莉齐·史密斯(Charles Piazzi Smyth)的工作感兴趣,查尔斯是苏格兰皇家天文学家,当时伟大的科学名人。查尔斯·史密斯的趣味尤其包罗万象,他将正统天文学与不正统的古埃及天文学相结合。他认为"金字塔是一个完美的结构,神圣灵感的产物。它的测度是一个重量与尺寸的完美的系统,其中有以色列人神圣的腕尺、金字塔寸[1]以及一个预言系统"[2]。史密斯的目标是通过大金字塔的准确测量解锁人类的过去与未来。[今天"新生代"作家,如葛瑞姆·汉卡克(Graham Hancock)和罗伯特·包维尔(Robert Bauval)也是从这个悠久的传统而来。]

带着对科学的兴趣、测量的才能、对金字塔的好奇心——一切已准备就绪——1880年,弗林德斯·皮特里乘船从利物浦出发,开往埃及。随之而来的远征意味着史密斯理论的终结与皮特里终身使命的开始。在吉萨一个废弃的墓中居住了两个孤寂的冬天后,皮特里的细致测量彻底削弱了史密斯的"金字塔崇拜"。所有皮特里

---

[1] 译者注:17世纪学者认为是古代度量单位。

目睹的身边的对古迹的掠夺及破坏令他印象深刻。如他所说："埃及像火，破坏如此之快。我的职责是救助，尽我所能尽快搜集起来。"[3] 埃及多种多样的古迹需要适当的挖掘与记录，皮特里有决心，又有科学的方法。但他们也需要资金，而他的收入并不高。幸运的是，命运再次偏爱于他。浪漫的小说家阿米莉亚·爱德华兹因 1873 年至 1874 年在埃及沿尼罗河而上的旅行而成为古埃及一切的情人。当她读到皮特里 1883 年在皇家学会出版的关于金字塔的报告，他们的心灵相通了。在她的鼓励和财政支持下，皮特里走上了职业考古学家的生涯。在接下来的七十年，他的工作几乎遍布沿尼罗河流域的所有已知遗址，出版了超过千种书籍和文章。

皮特里最大的优势在于他对考古学的天赋。是他坚持认为即使是不配在博物馆展出的、最小的片段，也是无价的历史见证。他的书《考古学的方法与目标》（*Methods and Aims in Archaeology*）是开创性的。但与他一丝不苟的方式相伴的是他暴躁的脾气。他与埃及考察基金的发起者激烈争吵，并多年来在私人支持者的帮助下独立工作。他对他的工人的态度也同样严格："这些人曾在吃饭后到处游荡……因此有一天，当他们表现得比平时还要恶劣时，我去见他们，因他们拖拖拉拉地上工后，我就只让他们上半天工。那以后，他们吃完饭就马上来上工了。"[4] 他的节俭始于他住在吉萨的前两个冬天，几乎有些禁欲主义。而他的挖掘营地虽然会提供无与伦比的训练，但也因条件严酷而为人所惧："当然，没有原因的纯粹的懒惰意味着立即解雇，但上午、下午有十分钟中间休息是可以的。"[5] 他还完全不接受别人的批评。这种特质也许是因为他是在家接受教育导致的。因此，他在埃及发掘时的服饰是个人化的，"炎热天气中的室外工作，背心和裤子是适宜的，如果都是粉色的就能让游客觉得太奇怪而被吓走了"[6]。

第六章 吉夫特和基纳：中央和地方行省

1892年，皮特里的良师阿米莉亚·爱德华兹去世，留下了一笔资金给伦敦大学学院，首次在英国建立埃及学教授职位。她还让人们知道她希望皮特里是第一位教授。随着学术地位与经济基础均得到保障，皮特里可以每个冬季都进行挖掘了。1894年冬天他在涅伽达的挖掘是他标志性的细致的典型。在这三个月里，他和他的助手詹姆斯·奎贝尔（James Quibell）清理出2000座坟墓。皮特里在每张小卡片上仔细记录每个墓葬的内容，尤其是陶器。他的科学直觉暗示他可以通过跟踪陶器风格的逐渐变化，从而将墓穴按照其相对时间顺序来排序。于是，他整理并重排了那些卡片，使得每种风格的陶器都展示出其形式上完整的演进过程。这个结果就是皮特里著名的"序列断代系统"，现在标准的考古序列技术的第一个实例。到目前为止，它仍然是埃及史前历史人造物和墓葬组断代的最佳方法——以陶器为时代的代替物。

涅伽达居民制陶的高超技艺已经持续了上千年。中世纪阿拉伯旅客曾标注过附近的巴拉斯（Ballas）村是著名的陶器工艺中心。其独特的在古代设计的窑炉中用甘蔗叶烧制的淡色水壶在整个地区备受追捧。尽管塑料罐已经出现，当地妇女从尼罗河或村庄的水泵返回时，头上仍然顶着巴拉斯陶罐。

涅伽达的史前繁荣归功于其特殊的地理位置。这里既是沙漠贸易路线遇到河流的地方，也是尼罗河河道向东弯曲之处，比河流通向大海的旅程的其他位置都要靠东。这些因素结合起来，使得涅伽达居民相对更容易进入东部沙漠的金矿，并且有能力将他们的珍贵矿石通过交易输送到埃及的更深、更远处。实际上，涅伽达是黄金的代名词：它的古埃及名字"Nubt"意思就是"黄金"。如果涅伽达是一个黄金中心，那么采矿远征队的运作中心就是在河对岸的相邻定居点。这个特别的城镇在埃及历史上比涅伽达更成功。与埃及其他仅有的几个地方一样，它的名字已经存在了数千年：古代叫作吉布特（Gebt），古典时期叫作科普特［Copt（os）］，现代叫吉夫特（Qift，发音为"Kuft"）。这个名字的长期使用也体现了人民的不屈不挠。

在1893年的冬天，皮特里选择了吉夫特作为他当选爱德华兹教授后的第一个挖掘地（在这里工作的时候，他"看着尼罗河对面的山丘，听到那里被发现的东西"[7]，指引了他翌年在涅伽达的工作地点）。他选择了吉夫特不是因为这里的古迹（这里也没有古迹），也不是因为它的历史重要性（当时尚未可知），而是因为其靠近红海的地理位置。皮特里相信，王朝时期的埃及人已经将文明带到尼罗河谷。虽然他有决心继续下去，但吉夫特的条件对考古学几乎毫无益处。对于皮特里来说，比普通的苍蝇、老鼠、狗更让人难受的是当地居民："吉夫特人是我共事过最麻烦的人。"[8] 部分问题是他自己造成的。到了19世纪晚期，经过欧洲人近百年对埃及的古代珍宝的掠夺，埃及人已经意识到：穿着奇怪衣服、带着奇怪设备的白皮肤外国人的突然来临通常预示着有价值古物的发现。吉夫特尤其不幸（从皮特里的角度看来），有一条公路直接通向考古遗址，古代遗迹就特别方便到达。结果，皮特里发现这个城镇充斥着掠夺者和古物经销商。他可不是一个能被考古任务挫败的人，他打算给吉夫特人一个教训。他设法逮捕了一个小偷，并狠狠打了一顿。然后，皮特里"让他四肢着地，大骂他，愚弄他"[9]。但是贫困的村民并没有那么容易地能抵制快速赚一大笔钱的指望，尤其他们只需要每天晚上回来一趟，就能偷走前一天皮特里先生辛辛苦苦挖出的古物。

尽管如此，一群吉夫特人与皮特里找到了共同事业，都欣赏对方一心一意的决心。如考古学家所言：

在这些相当不礼貌的人中，我们发现在每一个地方都有一小部分优秀的人，大约有六个是最好的本地人，忠实、友善、勤勉。我们已经吸引来四十到六十个人参与我们的工作……他们已经成了我在上埃及工作人员的骨干。我希望可以保持这些好朋友，只要我工作的任何地方都有他们的存在。[10]

如他所言。"这里的挖掘发现了一群每位发掘者都梦寐以求的工作者。一个'吉夫特人'几乎等同于一个好的挖掘者的名字。这里有大量的老家族，完全没有受到旅游方式的破坏，他们依然保存着，甚至他们的孙子仍然在为我工作。"[11]皮特里所训练出的工头将他们的技能传授给他们的后人，其中一些人现在仍然在为埃及工作的考古学家从事职业挖掘。"吉夫特人"是埃及学家对熟练工头的常见提法。

吉夫特在埃及历史上占据了独特的地位：从来不是发展的核心，但也不是不重要的。它被恰当地描述为"经济有优势但在历史上处于不利地位"[12]，因为它一方面靠近东边的沙漠及红海的金矿，另一方面靠近底比斯。它南边的邻居自法老时代就不断扩张，一直到主宰上埃及的政治。但国家统治者从未忽视这里，因为这里的沙漠矿产资源及红海贸易对埃及经济非常重要。虽然从许多方面来说，吉夫特比较偏远，却一直是埃及千年以来故事的核心。今天，典型的摇摇欲坠的现代安置房与街道环绕着古老的遗迹，标志着五千多年占领的延续。在19世纪末20世纪初，这里与埃及大部分考古遗址一样被广泛地开掘。这些肥沃的土地是泥砖建筑腐烂而成的。吉夫特的古老建筑被夷为平地，完全被摧毁。掠夺古物加剧了进一步的损害，就像皮特里曾遇见的一样。今天，这处遗址只有"被新建的公寓大楼所包围的所剩无几的古代柱子,被现代的道路分割得凌乱不堪,只有成群的山羊和大群以垃圾为食的野狗"[13]。但这些不起眼的遗产仍然提供了关于吉夫特悠久历史的绝佳线索。

从史前时代到基督教时代之前,吉夫特居民崇拜生产与收获之神。其外形与众不同,法老时代叫作敏(Min)。他的经典形象常常为一位身材高大的塑像,用绷带绷紧了,头上戴着一对鸵鸟羽毛,一只手臂抱着一根连枷托着头部,另一只手抓住他从衣服中突出的巨大的直立的阴茎根部。两根羽毛(一般表示神性)似乎是后加的,但这个造型的其他部分,尤其是猥亵的姿势先于有文字记载的历史而存在。皮特里1893至1894年冬天在吉夫特的挖掘中发现了一对引人注目的当地生育之神的巨大雕像。每一个都是从一个圆柱形的石块中粗略地雕出的,其中一边下面有一些早于象形文字的奇异标志,仍然没有令人信服的解释。维多利亚时期禁欲主义的考古学家显然对雕像中夸张的生殖力感到尴尬,只能简单描述这个姿势为"通常的敏的形象"[14],没有进一步的评论。通常皮特里发表的内容是非常细致的,但这里他省略了雕像的全图,仅留下雕像的头部图像。他也没有提供石头阴茎的任何插图或者提到它。尽管这部分是经过仔细雕刻,以适合其中一个雕像的插槽,也是可以分离的。事实上,除了拐弯抹角地提到敏之外,宗教出现之前的遗留物也没什么更有特色的东西。

其后,吉夫特出土的敏神的浮雕可上溯至公元前19世纪第十一王朝辛努塞尔特一世(Senusret I)统治时期,也属古埃及艺术的杰作。但对皮特里来说,尴尬程度未减。他不得不公布一张石块的照片,于是用一个木板遮住了"神的质朴",上书曰:"辛努塞尔特一世在敏神之前起舞的场景。"[15]敏神的其他形象的素描图也完全省略了令人尴尬的部分。

第六章 吉夫特和基纳:中央和地方行省

皮特里处于特别微妙的境地。皮特里在吉夫特十二周的挖掘工作由英国个人财务支持者杰西·霍沃思（Jesse Haworth）和马丁·肯纳德（Martyn Kennard）资助，他在整个挖掘季节向他们发回了常规报告。他不得不在汇报发现的重要性与让资助者愤慨的夹缝中求生。或许因此，翌年皮特里成立了埃及研究部门以资助未来的挖掘工作，由此他可以完全独立地行动（及出版）。

曾经放置这些卓越的雕像和浮雕的神庙建筑几乎没有保存下来。连续几代的挖掘与寻宝者严重损害了他们。但即使是从原环境中移出的小石块仍然能重写埃及历史的章节。没有比古王国后期[①]君主接连在吉夫特神庙颁布的一系列法令更有启发性。它们显示了中部与行省间的紧张关系，其中经济控制与政治权宜之计的关系是最为尖锐的。

直到19世纪初穆罕默德·阿里的改革，埃及政府才获得农业财富中的大部分收入。大部分（如果不是全部）土地最终由国家所有，国家将收成的部分征为税收。肥沃的土地以及自埃及农民的定期收集的农产品使政府财政状况保持健康的盈余。在这样一个制度下，给任何土地所有者免税是个严肃的问题，因为会降低国家收入。另一方面，没有哪一项政府的恩惠标志是如此重要（或者对被授予人来讲，如此受欢迎）。在整个历史上，埃及统治者利用自己的权力承认免税身份。这是赢得有影响力的家庭、城镇及神庙忠诚的一种得力的政治工具。由于特殊的财政与政治价值，公共建筑被豁免税率的法律经常被突出显示。

在古王国垂死挣扎的日子里，在吉夫特神庙中有几个那样的法令，突出了其作为省级城市更宽泛的经济与政治意义。此外，还

---

① 译者注：指埃及的第三至第六王朝。

有一些皇室法令涉及免税，以及将皇室偏爱者拔擢至要职。奈弗尔卡拉（Neferkaura）国王颁发了三项法令，认可了从默默无闻到控制上埃及的某些舍迈人（Shemai），并将其儿子伊迪（Idy）任命为吉夫特省长。奈弗尔卡拉的继任者在一天的时间里又宣布了八项法令，都与给舍迈人及其家族成员升职与荣誉有关。皇室展示出如此慷慨的原因是：新国王是舍迈人的岳父，只是用自己的权力来充分奖励亲戚。吉夫特法令提供了一个关于裙带主义的实例。中央政府需要用利益换取各省的忠诚度。而21世纪埃及政治的特点就像公元前21世纪一样。

吉夫特在当代埃及默默无闻，而在古代埃及却属于核心地区。例如，它是底比斯与北部省份内战的最前线，最终导致了中王朝的诞生。吉夫特的统治者在二者之间摇摆不定，取决于谁占优势。最终吉夫特把砝码丢给了底比斯人。这是个明智的选择。当底比斯统治者征服全埃及时，吉夫特再次成为皇室的重点保护对象。蒙图霍特普（Mentuhotep）国王部署镇上的劳动力至红海沿途开凿新井，而两代以后成功的采石远征使得吉夫特大臣阿蒙涅姆赫特（Amenemhat）保证了其政治优势，登基称王。

吉夫特的全盛时期毫无疑问是在托勒密和罗马时期。人们在红海沿岸（伯伦尼克①）建立了港口，也修建了一条从尼罗河谷始发的公路，开设了一条从地中海到印度的红海贸易路线。吉夫特成了主要转运中心。当地神庙见证了从托勒密二世到卡拉卡拉（Caracalla）几乎不停的建筑活动，因为每个随后的统治者都想要在吉夫特留下其权力的印记。小镇的气氛非常国际化，来自托勒密和罗马帝国的驻扎部队和商人与当地居民混在一起（考古学细节告

---

① 译者注：Berenike，托勒密三世的妻子伯伦尼克女王统治埃及时期。

诉我们，托勒密居民吃牛、猪、鱼，而罗马人喜欢吃羊、山羊和禽类）。希腊地理学家斯特拉波（Strabo）是一位罗马总督的朋友，在公元前25—前24年，他的旅行足迹遍布整个上埃及，与底比斯的退化（那里已倒退到没比"一些村庄"好到哪里）[16]相比，高度评价了吉夫特的声望。在奥古斯都统治下，第三军团的士兵驻扎在吉夫特，在尼罗河上建了一座桥梁，并为穿过东部沙漠在尼罗河谷向红海延伸的沿途堡垒配备上人手，提供修理与供应服务。从吉夫特到奎沙尔（Quseir）港的道路是全国戒备最森严的，有望塔、路站和水井以及像狄狄密（Didyme）一样的卫戍部队，至今保存完好。

除了军事与贸易中心之外，吉夫特还是抵御盗匪的前哨（罗马统治下埃及的一种避税形式），更严重的是，东沙漠神出鬼没的游牧民族定时威胁国家的经济利益。奥古斯都整个军团驻扎在吉夫特，而卡拉卡拉带来了来自巴尔米拉（Palmyra）的精英弓箭手。但即使是这样的势力也是不够的。后来3世纪时，布雷米斯人（Blemmyes）占据了吉夫特，其后也一直是政府的眼中钉。

几个世纪以来，吉夫特的自主与适应力使之发展得很好。大约在布雷米斯人入侵的同时，小镇还吸引了反抗戴克里先迫害的早期基督教信徒。虽然吉夫特被皇帝彻底摧毁，但仍然没有屈服。基督徒在不到一代人的时间里就得到了主教席位，神庙建筑旁边修建了一座大教堂和洗礼堂。吉夫特人在保留了他们的商业优势的同时，也包容了伊斯兰教的到来。在马木留克（Mamluk）统治下，吉夫特制造了海运船，经陆运到奎沙尔。吉夫特的制造业蓬勃发展，向埃及其他地方供应糖和肥皂。10世纪开始，附近基斯（Qus）的崛起取代了吉夫特的经济重要性。在中世纪基斯是仅次于开罗的第二大城市。流亡的苏丹人和哈里发们居住于此，有自己的伊斯兰宗教学校与铸币厂，无形中垄断了红海贸易。

15、16世纪，欧洲对好望角海域的控制大大减少了红海到印度的贸易（直到苏伊士运河修建后才得以反弹恢复）。基斯与吉夫特被迫依靠自己的手段。见惯时光荏苒的吉夫特人回到他们习惯的方式，好像什么也没有改变。皮特里在挖掘笔记中描述了一位当地富有地主的房子中的场景：仆人们来来回回做事，"年迈的抄写员坐着，一边算账，口中一边低声吟唱着古埃及的曲调。第十二王朝依然存在着"[17]。添加一个移动电话，今天的场面也一样的。第二本笔记完整地回忆了皮特里的吉夫特人如何快速理解饮水清洁的重要性，从而避免了每年夏天肆虐埃及的霍乱疫情。以传统为骄傲，又时刻准备好接受改变，吉夫特是上埃及农村精神强大的典型。

回到成立的初期，吉夫特的定居点就在河畔。像上埃及的所有村庄一样，它的存在依赖于尼罗河赋予生命的水域。然而几个世纪以来，河流已经向西移动，吉夫特也与东岸拉开了一些距离。这种地理变化也许反映在村子的性格变化中。对史前生育之神的崇拜适合尼罗河边的聚居地。这种崇拜没有被取代，而是向东延伸到沙漠与红海沿岸的方向。

尽管相对距离较远，也无法到达尼罗河谷，红海沿岸对埃及一直很重要。史前时代，罕见的海洋贝壳被作为珍贵的财宝带回到河边的聚居地。至少从中王国起，到传说中的庞特（Punt 可能是现代的沿海苏丹）远征就从梅莎·噶瓦西斯（Mersa Gawasis）港或后来的奎沙尔港出发。在托勒密初期，一个港口在南部（被伯伦尼克女王）兴建起来，以便于与印度的贸易往来。通往印度的红海航线确保埃及对罗马、拜占庭、伊斯兰及殖民统治者的战略重要性，并为在阿布科尔湾（Abukir Bay）、阿拉曼、苏伊士的英国军事行动提供动力。伊斯兰教到埃及以来，红海港口为尼罗河谷的朝圣者提供了

第六章 吉夫特和基纳：中央和地方行省　　163

最直接进入阿拉伯圣地的途径。而现代，红海沿岸的海滨度假胜地发展出了埃及自己的度假村——全年的阳光、海洋和沙滩。一旦小渔村被改造成全包式的大型度假胜地，也会有为俄罗斯游客开设的裸体海滩。结果，许多普通的埃及人不再像以前那样把家人带到海边，即使来自欧洲游客的收入有助于困厄缠身的埃及经济。

东部沙漠的重要性不仅仅在于从尼罗河谷到海洋的通路。沙漠本身拥有的大量财富在很早的时期就开始被探索和开采。瓦迪·哈马马特（Wadi Hammamat）的黑色山峰中可以清楚地看到。吉夫特以东，大致在尼罗河与红海中间，一系列的黑暗的山峰突然从干涸河床上隆起。沿着古代沙漠遗迹的路线穿过了山脉，穿过峡谷。约一英里之后，隘谷开阔起来，展现出一个惊人的景象——两边的巨大的采石面，无数块纹理精细的、绿黑色的粉砂岩在古代被开凿出来，供给埃及法老的皇家作坊。在路的北边悬崖的一半，有一块废弃的石棺。里面被仔细地凿开了，发现缺陷而被废弃时，它的外面没有完成。在路的南边，采石面的下半部分被数百个象形文字铭文覆盖着，是两千多年来工作于此的考察队留下的。从金字塔时代开始，到托勒密和罗马时期，一批批采石者被派往黑山峰去寻找古埃及知名的珍贵的石料——贝克汉岩。在炎热和危险的情况下，他们相信敏神（古典时代或称为潘神）是东部沙漠的守护者。许多铭文描绘了神从感恩的远征领导者那里收到献祭。更常见的是，把他们送来而自己安全地待在国内的国王进行献祭的场景。

黑山峰不再回应采石场的凿子或工头的喊声。但距离不远的地方，财富继续从东部沙漠中被挖掘出来。乌姆·费瓦希尔（Umm Fawakhir）井自史前后期一直是黄金的产地。从这些矿山中提取的黄金给了涅伽达古老的绰号及财富。世界上最古老的地图显示了拉美西斯四世（公元前1156—前1150年）的统治区域，已标出了乌姆·费瓦希尔井金矿。在英国占领埃及的时代,沿着道路仍然可以看到矿工的小屋及一座石制小教堂。而今天,一家埃及-澳大利亚公司又在遗迹中寻找黄金。

除了黑山峰的粉砂岩及来自乌姆·费瓦希尔井黄金之外,对东部沙漠矿产资源最为贪婪的矿工——罗马人,还从瓦迪·巴鲁(Wadi Barud)获取了石英闪长岩,从锡卡里特-祖巴拉(Sikait-Zubara)获取了翡翠。但两个最引人注目的采石场都为罗马帝国的建筑物提供了两种不同类型的石头。克劳迪安山得名于克劳迪斯(Claudianus)山,在尼罗河东75英里处。1—4世纪,采石场断断续续地提供了一种特别珍贵的石头——英云闪长岩片麻岩。它们被劈成柱子,放置于水池、基座与路面,装饰皇家首府。这种石头的使用似乎是皇帝的个人特权:万神殿的石柱就有从克劳迪安山的石材中提取的。类似的石柱仍然被丢弃在采石场。虽然它们本已近完成,但因发现石头中的问题而被放弃。你仍然可以穿过堡垒中的房间,与你的同伴一起下井想象采石面中的生活。克劳迪安山在全盛时期是非常繁忙之地。整个建筑群包括130多个独立的采石点,一个石制的粮仓、要塞、稳定的主楼、水池、浴室、神庙和公墓。在图拉真(Trajan,98—117年在位)与安东尼·庇护(Antoninus Pius,138—161年在位)全盛统治期间,克劳迪安山驻扎了920人,有士兵、官员、技术熟练或不熟练的工人及其家属,他们都住在平均年降水量只有0.25英寸的沙漠地区。在这样一个不适宜居住的地方维持如此多的人口生存,解决办法是安排自尼罗河谷运来的定期供应。负重穿过沙漠的驴子在抵达时被宰杀,提供肉源,一举两得。

克劳迪安山巧妙的处理方式在珀弗里(Porphyrites)山——又名斑岩山面前也逊色不少。它位于戈尔·多克(Geob Dokhan,即

"烟雾弥漫的山")锯齿状山峰之间，距海25英里。公元18年7月23日，提比略（Tiberius）统治的第四年，一位名为凯亚斯·科米涅斯·莱夫卡斯（Caius Cominius Leugas）的罗马人发现了古代最珍贵的石料来源，即皇家斑岩。斑岩有着皇家的色彩，深紫色，因为罕见而像金银一样被重复使用。一个即便很遥远斑岩原料来源也不可忽视。斑岩山有六个小采石场，周围有七个工人居住的小村庄。后来，在建筑群中心又设立了堡垒，有罗马百夫长指挥驻军，提供安保。在整个罗马时期，采石活动或多或少地持续进行着，为尼禄（Nero）金殿作地砖，也作石棺存放他的骨灰（拜占庭统治者也很喜爱斑岩，用于圣索菲亚大教堂及皇室宫殿建造。其神圣的文化内涵一直持续到中世纪，英国威斯敏斯特大教堂的亨利三世墓也用了来自埃及东部沙漠的斑岩）。事实上让采石同时成为一种挑战与成就的是斑岩在山顶被发现了。必须用杠杆撬松大石块，并让其沿着准备好的滑道从山坡上滚下来。在山底，给它们塑形，然后沿着山脉轮廓的通道拖走。珀弗里山的情况比较极端，夏天阴凉处的温度也有45摄氏度，植被非常稀疏。山洪穿过狭窄的河道时，可能会造成严重的破坏。难怪采石场为伊西斯和塞拉匹斯（Serapis）建造了神庙，以祈求免受永久存在的伤害与死亡的危险。

一个世纪以来，整个采石的进展是尼罗河流域的生命线。人们必须进口谷壳和木炭作为燃料，以补充当地木材的微薄供应。生活在尼罗河谷的工人家庭送来了食品包裹，比如新鲜出炉的面包。但是，当包裹经过东部沙漠时，必须包裹得像皮鞋一样坚韧。对于高级官员来说，他们需要的葡萄酒、橄榄油、松仁、杏仁以及罗马调味品、鱼酱等奢侈品精心装在陶瓷容器中从尼罗河谷进口而来。更为重要的是来自埃及水域充足地区的常规粮食运输，这些粮食作为主食与驴肉搭配形成了基础的膳食。纵使罗马人有再非凡的聪明才智，像克劳迪安山与珀弗里山中的沙漠社区依然要完全依赖尼罗河维持生计。

东部沙漠是埃及最不适宜居住和无法进入的地区之一。不同于撒哈拉沙漠的沙丘可延伸到地平线，尼罗河以东的土地则多为布满岩石的荒野、险峻的悬崖，陡峭的山谷纵横交错其间。这是个寂静而荒凉之处。贫瘠的沙漠远远背离了我们想象中典型的埃及河流景观。但即使在这种环境下尼罗河也会产生强大的影响力。东部沙漠突出的悬崖面、岩架、悬突、洞穴、隐蔽的沟谷等的上百处岩石覆盖着各种图案，是由古代艺术家的石制工具精心雕上的。北非和阿拉伯半岛的发现为岩画艺术提供了实证。从前埃及沙漠中发现的丰富宝藏相对鲜为人知，近年来，今人对这些历史记录的兴趣日益浓厚。很明显，岩画艺术的传统既古老又长寿。

最早的图画是由公元前4000年初的半游牧牧民创作的，当时埃及才刚刚开始建国。最新的影像为贝都因部落在中世纪时期所作。在此期间，采矿探险队、政府外交使节、商人、旅行者、士兵和探险家都留下了他们的印记。猎人与他们的猎犬，瞪羚，长颈鹿，被拴住的牛与吃草的山羊，皇家的旋涡花饰，敏神的祈祷者，淫荡的涂鸦，马背上的战士以及部落符号：所有都可以被蚀刻到红黑色砂岩表面上，等待后人的发现。除了这些沙漠图像，也有数量众多又逼真的尼罗河风景：鳄鱼、河马，最重要的则是船只。有各种形状和大小的船：方形外壳船和精巧的船头弯曲的船、划船队员和绳子牵拉的船。船上有族长、神灵、舞者和野生动物。有单船还有船队。图像中的一切都处于沙漠中央，看不到一滴水。

在没有任何附带文本的情况下，东部沙漠中的船只让人无法轻言判断。其存在表明了这里与尼罗河谷的世界有着密切的联系。它们极其特殊的形状与其中装载的货物使人想到某种宗教因素。（节日？朝圣？陪葬仪式？来世之旅？）但无法确定它们可能的含义。我们能确定的就是几世纪以来漫游在吉夫特东部沙漠的人们与尼罗河保持着密切的联系。尼罗河流域的生活图像，包括动物与人类，都在他们的想象中明亮地燃烧，并在他们的艺术中找到永久的表达。

也许东部沙漠中所有岩画艺术中最神奇、最有感召力而最令人印象深刻的是平淡无奇的、露出地面的岩层18号遗址。该遗址位于一条古老的小道上，位于两个天然井之间，加上堆积的巨石组成了一个天然洞穴。18号遗址在现代社会罕有人知，保留着古老而神秘的气息。在埃及漫长的历史中，这种相似的气息吸引了不定期的游客，像是附近雕刻在岩石上图像的列队点名，其中清楚地出现了：

  大象、长颈鹿、河马、羚羊、野山羊、大角野绵羊、牛、鳄鱼、鸟、狗、船。有些是由人力拖拉的船。还有使用弓箭、棍棒、套索的人或者是举起武器的人，古代牛形装饰物，早期荷鲁斯的名字（某种皇家密码），一些可能是非常早期的象形文字，用棍棒击打俘虏的男子（或为法老？），敏神，希腊文铭文，基督教的代号（比如鱼），布莱米亚（Blemyan）符号及与他们相关的骆驼、牛、狮子、帆船、骑骆驼者、阿拉伯铭文及星星、裸体女人、船。[18]

由于可以避免沙风的冲刷效应，18号遗址中的图像就像它们六千年前最初创建时一样新。敏神及其标准地站在其中一艘船上的形象，强调了沙漠和山谷之间、这个偏远地点与吉夫特河畔社区间的联系。令人印象深刻的是，1937年出版的插图中最有名的图像是用粉笔做记号画出来的。

　　站在 18 号遗址，脚踏当年用粉笔描绘图像者的足迹足以令人自卑。是他们重新发现了这些图像，引发了学术界的关注，并用上文所引的文字描述出这些图像。汉斯·温克勒（Hans Winkler, 1900—1945）作为埃及学最伟大的先驱之一，一生饱受迫害。他死后长期为人所忽视，他的名字在埃及学史上几乎无人提及。他 1900 年生于德国不来梅，他的出生及国籍有种不详的预示。17 岁时，他加入了国王的军队并参加了第一次世界大战。他从残酷的战场中幸存下来，1919 年作为一名学者到哥廷根大学学习，这使得他终于能真正发挥自己的潜力。但德国战后经济的崩溃与通货膨胀的不断加剧对温克勒和许多家庭来说都是灾难性的。他只得辍学，成了一名矿工，一度加入了德国共产党。这成了一个让他备受困扰的决定。他于 1923 年回到学界专攻宗教史和闪米特语言学，并继续在图宾根大学讲学。但当希特勒 1933 年上台时，对"不受欢迎者"的清洗开始了，温克勒是首批受害者之一。他由于年轻时与马克思主义短暂的邂逅而被解雇。毫无疑问，这被纳粹视为一种政治犯罪，更何况他与亚美尼亚人结了婚。1932 年温克勒曾去过埃及，此时便决定再去那里以逃避纳粹的迫害。在埃及开罗大学教授语文学的同时，他延续了对"民间文化"的兴趣（这些尚属科学人类学的早期阶段）。参观上埃及村庄让温克勒接触到了沙漠岩画。在接下来的几年里，他加入了罗伯特·蒙德（Robert Mond）的探险队，经常进入沙漠以复制并记录下这些迷人的图像。

　　温克勒浩大的旅程始于 1938 年的吉夫特。他离开尼罗河谷后沿沙漠公路向东前往红海沿岸，他为经过的岩画遗址编号记录。他第一个正式标记为"1 号遗址"的是位于吉夫特以东几英里的干涸的河道北侧突露出地面的岩石，当地人称之为"Qusur el-Banat"。从那里，他仍沿着主干道向东推进，接下来的一周内记下了2号到7号遗址。一周的休息后，或许是为了增加补给品，他再次沿着较窄的山谷向瓦迪·哈马马特北部出发。即便是骑着骆驼旅行，温克勒的步伐似乎也很缓慢。每一处他都必须仔细搜索岩石表面，注意看起来特别重要的雕刻图像。据说，他未发表的笔记本充满了草图——不是他所发现的那些奇妙的船只及狩猎场景，而是后来的贝都因人、科普特人和阿拉伯人的标志。这些都令温克勒着迷，不仅是因为他可以对埃及民间文化有更细致的了解。他最花力气描摹下来的标志是类似于"卐"的图案。这些图案本来自古印度的图案，却被纳粹选中作为"雅利安"血统的象征，用于支持种族至上的理论。他故乡盛行的意识形态已铭刻在温克勒的潜意识之中。

  经过又一周的休息，他开始探索哈马马特道路以南干燥的山谷。12月20日，他到达了他的"第18个新遗址"（也就是18号遗址），这是一个图画非常多的地方，因此值得他在1936年的节礼日（12月26日）再次到达这里。他在新年后又休息了一周，于1937年1月8日重新开始探索，这次更为高效。在仅仅两天的时间里，温克勒发现了不少于17个新遗址，其中大部分位于干涸的河床中，最终通向了一口可持续提供淡水的井。温克勒在1937年1月17日离开东部沙漠之前还有更多的发现。在尼罗河谷休息两周后，他再次出发进入西部沙漠，在那里停留了两个月。4月初当他离开骆驼结束探险时，他比在他之前其他任何欧洲人在埃及沙漠中的旅行都要深远。作为埃及古物学家和人类学家的辉煌事业在向他招手。但两年后德国入侵波兰，战争全面爆发又终止了温克勒的希望与梦想。他应征入伍。1945年1月20日，就在战争结束前的几个月，他死于波兰战场上的一枚子弹。埃及古物学家们都将注意力集中在尼罗河谷丰富的遗址上，温克勒的工作在接下来五十年内基本上被遗忘了。时至今日，我们才能重新认识温克勒的成就以及他的发现对埃及丰富复杂历史的重要性。

就像在温克勒之前的沙漠旅行者一样，他必须依靠当地的贝都因向导探路（今天即使利用现代 GPS，也很容易在广阔的沙漠荒野中失去方向）。温克勒所访问过的大多数遗址是数千年来被沙漠中的定居者多次选定，且其中许多遗址仍是温克勒时的骆驼牧人的居所。一些最好的岩画遗址他却完全没注意到，最有可能的解释是由于向导们根本找不到。

令人惊讶的是，自温克勒时以来，特别是在近几十年来埃及发生的巨大变化之下，古代艺术家的后代竟仍居住在东部沙漠。布雷米斯人（Blemmyes）要对抗罗马人及普林尼（Pliny, 23—79）所提到过"Gebadei"一直幸存至今，成了"阿巴达"（Ababda）部落。他们的领土——东部沙漠的延伸，正如古代作家所写的那样南到阿斯旺，北到基纳。受制于罗马人的他们只得隐藏到沙漠地形中，在那里投身于其传统的生活方式——放牧、做向导、经商。中世纪，他们将伊斯兰朝圣者从尼罗河谷运送到艾德哈布（Aidhab，又名 Aydhab）港，短途旅行穿越红海到达吉达（Jeddah），而后到达麦加（Mecca）。自远古以来，他们护送沙漠中的商队在埃及与苏丹之间南北往返。

我永远不会忘记我与这个古老民族在东部沙漠深处废墟的相遇。我们的汽车车队从黎明开始穿过空旷的河谷和岩石平原，沿着温克勒的脚步寻找岩画。当我们在 Bir Shallul 附近道路拐弯时，一个令人惊讶的景象出现在我们面前：在沙子和石头的巨大空距中只有一个小而黑暗的帐篷，粗糙地由木块堆成，有着厚厚的羊毛毯门帘。帐篷周围摆放着一些随身物品：几个铁锅、两个旧锡罐、一个小陶罐。在几英尺远处的尘土中，露出了旧塑料玩具车的上半部分，似乎暗示了这是一件从之前旅程中带回到尼罗河谷的礼物。在帐篷的入口处，有一名中年妇女坐在地上，被阳光暴晒着。我称之为"中年"，但实际上她可能更年轻，毕竟沙漠无情的暴晒下首当其冲的就是柔软的皮肤。她露出的脸和手是深棕色的，其余部分被厚厚的红布包裹起来防晒。她把一个小宝宝放在腿上，轻轻摇着。即使在这样一个毫无生气的环境中也有新生命。但孩子不是她的。

我们令人意外而不受欢迎的到来一定是在沙漠微风中走漏了消息。很快真正的母亲露面了。那是一位十几岁的女孩，带着她的山羊群。她一直在邻近的干涸河床上照料它们，那里地下深处的含水层支撑着一小片长满荆棘的牧场。女孩身着浅花连衣裙、白色外套，戴着黑头巾。她穿着塑料凉鞋，保护她免受石质地面的伤害。她觉得我们出现很可疑，于是很快从孩子的祖母手中抢回孩子，换成了她一直在哺乳婴儿。为了生存，人类家庭与羊群牢牢捆绑在一起。毫无疑问，父亲应该在尼罗河谷做生意或护送商队。女孩与孩子、母亲独自留守羊群几星期或几个月，在沙漠荒野中挣扎。他们的生活方式几千年来一直保持不变。他们整个家庭只占几平方英尺，四面皆有巨大的空白。就二氧化碳的排放量来说应该是地球上最低的了。然而，由于气候变化导致的持续荒漠化可能会结束这种古老的生活方式。

在当今沙漠游牧民族低调的生活方式与和平、沉默的风度掩盖下的是他们从前作为袭击者和掠夺者的不光彩的历史。自古以来，埃及当局就把这些沙漠邻居视为怀疑对象，抱有绝对的敌意。尼罗河谷中现存最早的铭文之一是刻在一双有四千八百年历史的象牙标签的凉鞋上的"第一次击败东方人"[19]，同时还有国王迎头痛击沙漠游牧民族的形象。约5世纪后，第五王朝金字塔堤道上的浮雕版上也描绘了饥饿的部落民族，以提醒人民生活在国家范围外会遇到些什么。之后的一代，一位深受信任的皇室官员温尼（Weni）多次被派遣到征兵军队以制服"沙漠居民"。第十二王朝初期，国王认为游牧民族威胁太大了，将其努比亚指挥中心命名为"抵御部落成员"。其后，铭文记录了沙漠部落的掠夺，上埃及村庄深受其害。设立在国王谷上方和古埃及城镇郊区的有利位置的警察检查站与哨所旨在防止"沙漠山丘中的居民"[20]的渗透。直到1884年，一位到埃及的英国游客描述了这个国家的南部地区是如何处于"无政府状态"[21]："沙漠郊区的贝都因人……侮辱和谋杀农夫们。"[22] 19世纪乘船旅行的游客很少在尼罗河东岸停泊过夜，因为"贝都因人大批出没在海岸线"[23]。

即使在今天，尼罗河谷沿岸的定居点仍然在防范不受欢迎的入侵者。埃及境内的旅行者习惯了每条主要高速公路、每个交叉路口，每个城市、省界间的交通路障与警察检查站。但是，当你开车进入像基纳这样的小镇时，敏锐的目光会注意到另外一道更为低调的国家安全防线。他们站在路边的主桥，穿着日常的埃及传统礼服（galabeyas），但拿着步枪。他们就是"乡村警察"，也是当地值得信赖的长者，详细了解他们的村庄以及进出的路线。他们受雇于令人畏惧的内政部，武装起来作为政府在当地的耳目，负责管理主要的出入口，观察任何不寻常之处，拦截潜入者与逃犯。所有村民都对外来者持怀疑态度。在埃及社会，尤其是上埃及的保守社区，这种对外来者的不信任深入人心。到目前为止，它总被历届政府巧妙地引导和利用。

这样的环境下，基纳镇充满了诞生埃及的间谍头子的土壤。奥马尔·苏莱曼（Omar Suleiman，1935—2012）是穆巴拉克时代最臭名昭著的官员之一，1935年出生于基纳，离开学校后不久参军。

此时正值埃及废除君主制政变，自由军官当权。在军队中，他的狡猾和无情找到了完美的出口。苏莱曼获得开罗大学政治学硕士学位，又经过苏联伏龙芝军事学院的高级培训。他恰好获得了一名间谍成长所需的完美背景，开始在军事情报队伍中迅速崛起。在1962年的也门冲突、1967年和1973年的阿拉伯-以色列战争中，他建立了个人在武装部队中的权力基础，成为穆巴拉克值得信赖的伙伴。苏莱曼于1991年被任命为军事情报局局长，两年后被任命为情报总局（埃及情报局）的局长。人们相信苏莱曼敏捷的思维挽救了穆巴拉克的生命，使之免于在1995年埃塞俄比亚的刺杀中被害。而苏莱曼作为以色列与巴勒斯坦人之间的调解人，其外交技巧受到美国人的高度重视。

作为一个身居高位者，苏莱曼在公开场合掩盖其任何政治上的野心，但事实总是比表象更为深入。2010年总统大选期间，支持他竞选的海报神秘地出现在开罗市中心，旋即迅速被拿下。总是作为幕后操作者的苏莱曼毫发无伤。在2011年反政府抗议活动四天后，穆巴拉克任命苏莱曼为他的第一位（也是唯一一位）副总统，表明对他指定的继任者的绝对信任。两周后苏莱曼出现在国家电视台宣布穆巴拉克任职三十多年后退位。浓密的胡须、隐藏在黑眼镜后冷漠锐利的眼神，苏莱曼怎么看都是间谍头子。他相信自己有能力恢复埃及的稳定，并曾试图在2012年竞选总统。其支持者有军队的朋友们，但年轻的活动家以及伊斯兰主义者都非常不喜欢他。他的候选资格最终被选举委员会取消了。2012年7月，在埃及第一位民主选举产生的总统穆罕默德·穆尔西就职典礼后几天，苏莱曼在一家美国医院化验时意外死亡。甚至没有人知道他身体不适。作为一个骄傲而狡猾的基纳人，他到死仍是守口如瓶。

尽管基纳对外人的态度总是保留的，其历史上的角色是前往麦加朝圣的商旅队的集结之地。或者也正因为如此，基纳人要这样对待外人。与吉夫特一样，基纳位于穿越东部沙漠主要路线上的尼罗河谷终点，这条路线在中世纪时期特别繁忙，至今仍然如此。来到基纳的朝圣者中，这座城市的主要清真寺就是献给他的——苏菲派圣人谢赫·阿布德·拉希姆·克纳维。1196 年克纳维在基纳去世后，其坟墓成了朝圣的参拜圣地。他每年的出生日都有大型活动，整个基纳省的官员都要参加。当地人的家中都有克纳维的照片，奉他为天使，向他祈祷。就像象岛的赫卡伯一样，他成名的原因已被遗忘。当地人只要记得他是一个圣人，属于他们自己的圣人就足够了。

当埃及人来到基纳在克纳维的神庙祈祷时，前往埃及的外国游客通过这里走向一种不同的朝圣之旅。对于多来自卢克索的他们来说，基纳是以通向丹德拉而著称的。埃及有保存更好的寺庙，有更引人注目的寺庙，还有更大的寺庙。但没有哪座能像丹德拉的那样有魅力，那是一座献给埃及女神的罗马神庙。1828 年，商博良第一次访问埃及。而此前六年，他出版了《致达西耶先生的信》，其中正确地提出了解读象形文字的关键。在所有参观过的纪念碑中，丹德拉神庙给他留下了最深刻的印象。在一个月光下的夜晚，船在尼罗河靠岸停泊。商博良和伙伴兴奋于所见的丹德拉风景，以至于无法等到天明。他们冲上岸，穿过田野，找不到正确的方向。他们身着白色连帽衣，携带着枪与军刀，必定会让别人惊慌失措。正如商博良自己回忆的那样，"埃及人应该会把我们当成贝都因人"[24]。到达圣殿后，他们狂喜着在废墟中徘徊了两个小时。丹德拉令人惊叹的建筑让他们感到："迷醉……神庙的入口涌现神圣的光芒，太震撼了！完美的和平和神秘的魔法充斥着在下面布满了巨大廊柱的门廊——外面月光夺目！陌生而绝佳的对比！"[25] 可悲的是，仅仅七年后，丹德拉神庙四分之一被开采出来，为一家硝石厂提供原料。

商博良在看到丹德拉时异常兴奋，究其原因，与神庙的外部设计或在埃及历史上的特殊地位无关，却是与一块独特的浮雕雕刻有关。我们所谈及的石块已被运到了巴黎。而且在19世纪早期的法国，它是最著名的埃及工艺品，甚至比罗塞塔石碑得到的研究与评论还要多。当拿破仑的学者们于1798年访问丹德拉时，神庙屋顶上一座小礼拜堂的天花板引起了人们的注意。在这个可能用于夜间仪式的房间里，天花板装饰包括一个巨大的黄道十二宫图，星星被涂成亮白色，周围的圆圈内则是午夜蓝色，四周都是神和女神。这块浮雕如此令人印象深刻，在《埃及记述》这本大书中它以全彩页插图呈现。1821年，一位被其非凡的艺术性迷住的、富有进取心的法国工程师前往埃及，从天花板上锯下了黄道十二宫，并将其运回巴黎，在那里公开展出。

这次展出引起了轰动。黄道十二宫成了整个城市的话题，以至于引发了一场名为"巴黎的黄道十二宫"（Le Zodiaque de Paris）的讽刺表演，其中演员扮演了不同的星座，合唱队扮成了哀号的木乃伊。引发所有这些兴趣和炒作的不是天花板本身的设计，而是围绕其日期的争议。当然，它的美丽是毫无疑问的。一位法国著名天文学家、数学家研究《埃及记述》中的黄道十二宫，计算出这些星座的位置后，认为其日期是公元前15000年。比我们已经知道的古埃及文明要古老得多，并且远早于世界的正统创造日期[①]（公元前4004年）。其他被教会怂恿的人强烈反对，并提出一个更近的日期——公元前747年。因此，对丹德拉黄道十二宫图的解读引发了无神论者与虔诚的天主教徒、科学与宗教的对战。1822年夏，商博良通过语文学而非天文学

---

① 译者注：据说上帝造人在公元前4004年。

解开了这个谜。他正确地推测了附近象形文字铭文为黄道十二宫的日期提供了最好的线索，当他在其中一个涡形装饰品中读到罗马头衔"独裁者"时，它真实的日期得到了确认。革命的、反体制的商博良发现自己立刻被天主教会称赞为基督教信仰的捍卫者。感恩的教皇利奥十二世甚至提出让商博良成为红衣主教，商博良礼貌地拒绝了。

今天，原始的黄道十二宫仍然留在卢浮宫，这是该博物馆埃及藏品的亮点之一。在它原来的位置，丹德拉神庙礼拜堂的天花板上，是一个相当可怜的副本，没有色彩，也不可爱，基本上没人注意。神庙的屋顶露台仍然更高，可以望见沙漠平原至尼罗河的壮丽景色。在这里，丹德拉女神哈索尔的崇拜雕像将在特殊日子的黎明时分被带到这里，以捕获初升旭日的第一缕曙光。然而我上次访问时，露台已被关闭了。一位德国游客最近在这里坠落而亡。或许是被这个地方的美丽所震撼，被这种热烈所征服，或者被推下去了，没有人能说清楚为什么。埃及人也不得不对健康及安全问题做出回应。

丹德拉对母亲女神哈索尔的忠诚凸显了埃及文明的漫长及连续性。在埃及刚刚建国时——公元前3000年，哈索尔被崇拜为国王的神圣母亲。这位牛形保护神哺育了埃及大地与其统治者。三千年后，她仍受崇拜，仍被称为埃及的保护神。但即使是丹德拉宏伟的哈索尔神庙也不能将埃及从罗马的魔掌中拯救出来。神庙中每个地方都是克里奥帕特拉（Cleopatra）的形象和名字，埃及托勒密王朝最后一位女王。作为埃及女王，她可能与母亲女神哈索尔有着特殊的关系。事实上，哈索尔要护着她的幼儿荷鲁斯，克里奥帕特拉为她的小儿子恺撒里昂（Caesarion）的继承权铺路，二者之间的相似之处是明显而深思熟虑的。在丹德拉的后墙，克里奥帕特拉与恺撒里昂以巨大的形制出现，以法老古老的方式向众神献祭，成功地宣示着已统治埃及三千年的王朝体制。

事实并未能如她所愿。当屋大维的部队在公元前 30 年征服埃及时，甚至于计划逃离东部沙漠到红海沿岸和印度也没能让恺撒里昂逃脱命运的安排。克里奥帕特拉死于自杀，而恺撒里昂是被谋杀的。丹德拉神庙由屋大维完成，他登上王位，成为第一位罗马皇帝奥古斯都。

虽然罗马人保护着埃及异教徒的神庙，他们热衷于沉浸在如此古老而庄严的文明的辉煌中，但追随他们的基督徒不那么尊重历史。丹德拉深受其害，廊柱上哈索尔的面孔被偶像破坏者凿下来了。然而神圣的气息和神圣母亲的存在以某种方式存活下来。正如阿米莉亚·爱德华兹所说："外面，一切都是阳光和灿烂；内心，一切都是沉默和神秘。"[26] 在苏伊士运河修建前，埃及处于另一个帝国的控制之下时[①]，从加尔各答前往朴茨茅斯的印度部队需要途径红海到亚历山大，必须从丹德拉经过。当印度兵在神庙中跪拜做礼拜时，英国军官们感到惊讶，认为哈索尔是印度教神灵之一。

在 21 世纪，尽管大量资金投入用于清理内部浮雕上的煤灰和泥土，新的游客设施和解释性标志闪闪发光，但丹德拉常常是空寂无人的。它距离卢克索的酒店太远，所以大多数包价旅行团都不来，大多数尼罗河观光游艇都不便抵达。但它有特殊的吸引力。在广阔、空旷、黑暗的内部，过去和现在容易交织在一起，人们几乎可以听到托勒密女祭司的吟唱、商博良喜悦的大叫、印度士兵在这个永恒的神殿中向埃及的母亲祈祷。

---

① 译者注：这里指英国。

第七章

阿比多斯：神秘之地

对阿比多斯的崇拜者而言，这里依然有着它神秘的一面。

——多萝西·伊迪

（Dorothy Eady，又名 Umm Sety，即塞提之母）[1]

尼罗河河谷在基纳下游继续加宽，水流也变得更加平缓。虽然尼罗河东岸的峭壁依旧耸立在离河岸不远的地方，尼罗河西岸宽广的泛滥平原为农业的发展提供了极好的先天条件。这也使得阿比多斯地区成为上埃及最为重要的农业区之一。与此同时，这里也是连接尼罗河谷以及西部沙漠中众多绿洲的重要商路的终点和交通要冲。

但相比于其自然物产与战略位置，阿比多斯最引人注目的还是它长期以来在埃及宗教史上的特殊地位。自古以来，这里一直是埃及的重要宗教中心和朝圣目的地之一。或许正是这里远离尼罗河的地理位置赋予了其独有的宗教神秘色彩。

由于开罗到卢克索之间的广大地区目前处在恐怖袭击的威胁之下，如今阿比多斯地区游客稀少。现在很少有尼罗河上的游船会航行到卢克索以北，而大多数旅游车辆更不会冒险远离安保严密的卢克索旅游区前往这一带。而那些冒险来此的游客也很难在这里找到其他地区常见的导游和商贩，他们看到的更多的是不友好的政府官僚、怠工的客车司机和满脸疑惑的围观村民。但是，这里的神祇会让造访此地所有的风险与不便都变成值得的。

在距离阿比多斯附近的科普特村落德尔·希特·达米阿那（Deir Sitt Damiana）大约1英里的沙漠中，矗立着一座长406英尺、宽213英尺、最高可达36英尺的泥砖制的巨大方形城池。但其内部除了堆积的流沙之外一无所有。在其东侧的外墙底部，白色石膏涂料的残迹依然可见，并在埃及的烈日下显现出醒目的明暗对比。但在这整座建筑中，考古学家始终没有发现任何铭文、浮雕等可以说明其建造年代及用途的记载。当地人将这里称为"葡萄干仓库"（Shunet ez-Zebib），但实际上，这处遗址是埃及现存最古老的泥砖建筑之一（另一处是尼肯的"堡垒"遗址）。考古学家认为这两处遗址都建于约公元前2700年法老卡塞凯姆威（Khasekhemwy）统治时期。根据目前掌握的历史资料，我们只能猜测这座建筑也是为了彰显法老死后哀荣而建造的。通过这座建筑，我们或许可以一窥阿比多斯地区的神秘。

自从法老时代起，这一地区的统治者多会选择把陵墓建在阿比多斯。在这片位于尼罗河西岸的低海拔沙漠的后面，是一片耸立的峭壁。其中一道岩壁的缺口朝向正西，被古代埃及人认为是通往地下世界的入口。这一独特的自然景观赋予这片沙漠古埃及文化中特殊的宗教意涵。近期的考古发掘在这一地区发现了一系列泥砖结构的史前贵族墓葬群。其年代可以追溯到埃及城邦文明最初开始形成的公元前4千纪中后期。由于年代过于久远，这些墓葬的墓主姓名现已无从考证。其中一座规模明显大于其同时期的其他坟墓，并仿照宫室结构建成。其中建有廊道、宝库（里面有象牙权杖）甚至酒窖。虽然我们不知道其墓主的姓名，但墓中发现的蝎子形状的标记很可能是其权威的象征。而更为重要的，该墓葬中的所有陪葬品均附有标牌，上面用圣书体[①]记录了随葬品的产地与数目。墓葬（名为阿比多斯编号 U-j 墓）中的这些记录成为现存最早的古埃及文字记载，为埃及文明形成阶段的历史提供了关键证据。

在这座蝎子王的陵墓落成之后，埃及又用了几代人的时间完成了从第一瀑布到尼罗河三角洲的整个河谷地区的统一。统一之后的埃及第一王朝的法老们依旧选择阿比多斯作为自己的安息之所。这或许是由于他们本身与这一地区的渊源，又或许是基于这一地区的悠久历史和特殊政治地位。但这一时期的统治者除了为自己修建陵墓之外，还会于同时修筑一座面朝阿比多斯城的葬礼用城池以作为举行丧葬仪式的场所。这样的建筑如今现存的只有之前提到的那座"葡萄干仓库"。对此一个可能的解释是其他更早期的这类临时城池很可能都会在葬礼结束之后被拆除，所以只有这座建成年代最晚的城池得以保存至今。而在其建成之后不久，古埃及法老们即将其主要陵区迁往北方，这也标志着金字塔时代的开端。

地理和自然环境往往决定着相应地区人民的信仰，这一点在古埃及表现得尤其明显。基于尼罗河对埃及文明的影响，从东部沙漠的岩画到帝王谷的陵寝，从盖博拉（Gebelein）的史前织物到卢克索的哈加格清真寺，船只在埃及的各种宗教仪式中始终占据着举足轻重的地位。事实上，古埃及神像即便是在陆地上也同样被供奉在船型的祭坛上，因为当时人们相信船舶理所应当是神明的交通工

---

① 译者注：古埃及象形文字。

具。同样地，当古埃及人想象其前往来世之旅时，他们从一开始就很自然地认为船舶将载他们驶往死后的世界。在阿比多斯的"葡萄干仓库"近旁出土的古代随葬船队就是这一点的明证。迄今为止出土的14艘木船都被小心地放置在船型的陪葬坑中，其上还建有泥砖制的顶棚并涂以石膏。在当时远远望去，这些建筑就好像停泊在沙漠中的船队一样。这些用进口针叶树木材精心制作的船舶是当时造船工艺的杰作，也是现存最古老的船只，距今已有五千年的历史。

和用以公开彰显法老权威的葬礼用城池和陪葬船队相比，阿比多斯地区古代王陵的实际位置就显得更为隐蔽。这些陵寝中堆满了死去的君王来世可能需要的各种东西，而在其周围则建有法老嫔妃的随葬墓。阿比多斯王陵区的山河形胜，堪与后世底比斯的帝王谷相媲美。正如一百多年前的记载中所写：

> 阿比多斯王陵位于一片寂静的荒野。这里两山环合、沟壑连绵。远处尼罗河河谷在我们脚下延伸，而更远处尼罗河东岸的群山亦若隐若现。[2]

正是在这一片群山脚下的沙海之中，埃及统一后最早的统治者们开始大兴土木，以期使自己的威名传于千秋万世。

阿比多斯地区古代王陵的发现过程本身也是一个富有戏剧性的故事。在19世纪后期，阿比多斯地区以其宗教中心的历史地位和源源不断的文物出土而开始受到埃及古玩商人越来越多的关注。在对埃及古代遗址考古发掘权的争夺中，阿比多斯古代王陵的发掘许可被法国古文献学家和东方学研究者埃米尔·阿美利诺（Emile Amélineau，1850—1915）获得。这位阿美利诺先生虽然是当时基督教历史和科普特文献研究的领军人物之一，但他对于田野考古，尤其是对于发掘阿比多斯这种已经被常年盗墓侵扰破坏严重的古代遗址非常缺乏经验。但令人不解的，阿美利诺依然在他学术生涯的高峰期中断了自己在巴黎负有盛名的法国社会科学高等研究院的工作，前往阿比多斯主持了四年考古发掘工作。但其结果则堪称"考古学史上的灾难"：

> 整个考古发掘进行得毫无计划（除了后期的一些错误的计划之外），既没有对于文物的出土地点的记录，也没有任何有价值的学术论文发表。除此之外，他（阿美利诺）还破坏了大量历史文物：阿美利诺甚至吹嘘自己随意地把古代石制花瓶打成碎片，并将第一王朝时代的木器当作厨房里的柴火。而那些被运回巴黎的文物或者被送往拍卖行出售，或者被阿美利诺一伙人瓜分。虽然这样的行径在法国不足为奇，但是如此重要的文物也遭到这样的对待还真是出人意料。[3]

写下这些谴责性记录的正是接手保护了阿比多斯早期遗址的考古学家弗林德斯·皮特里。在得知了这一"关于阿美利诺的重大学术丑闻"[4]之后，他立即赶往阿比多斯接手了考古发掘工作。虽然当时发掘权名义上还在法国人手中，但由于此刻阿美利诺已然名声扫地，皮特里可以毫无顾忌地展开工作。皮特里并不在乎个人感受，埃及文物管理局的负责人称之为"臭臭的野兽"[5]，他全部的目标就是"在阿美利诺的破坏之后尽可能地查明这些早期王陵的原貌，并尽可能地保护所有剩余的残损文物"[6]。皮特里遗憾地写道："如果当局早些年就同意我接手这项工作的话，这里的古迹无疑会得到更好的保护，而我们对早王朝时代也会有更多的了解。"[7] 事实上，在他主持发掘工作的两个季度中取得的成果也证明他所说绝非虚言。通过对考古现场（甚至是阿美利诺留下的垃圾堆）事无巨细的系统发掘，皮特里最终得以保存了这段古埃及早期历史，使之免于湮灭。

而除了需要收拾前一次考古发掘留下的烂摊子之外，皮特里在这里同样要遭受他此前已在吉夫特经受过的磨难与考验：

> 在一个暴风骤雨的夜晚，一个小偷从我们的庭院里偷走了一尊重达100多磅的塑像。我追踪了他留下的脚印并绘制了草图。他脚趾的形状十分奇怪。在当地人的帮助下，小偷很快被抓获了。在法庭上我出示的草图和他脚掌的形状完全吻合。……
>
> 另一次，一名持枪歹徒趁夜闯到了我们居住的小屋附近，并向他所最先看到的人（我妻子）开枪，但她幸免于难。[8]

皮特里的妻子希尔达·皮特里（Hilda Petrie）同她的丈夫一样不畏艰险。为了开辟以科学方法研究历史的新途径，他们一起在阿比多斯的烈日下辛勤地工作。而在一天的劳作之后，科考队营地的生活条件同样简陋。皮特里标志性的简朴甚至让一位来访的神职人员卡农·罗恩斯利（Canon Rawnsley）感到震惊。他这样写道：

> （皮特里的考古营地）其实不过是一排用泥砖和粗茅草建成的简陋小屋。在地势稍高的一块平台上，还建有一间有着狭窄窗户的公共休息室。公共休息室有两扇木门，门口还有一段木质台阶；这使得它和其他的房屋看起来迥然不同。我们坐在几个空箱子上讨论着食物；我们的餐厅是一间直接建在沙地上

的长方形房间，中间摆放着一张扭曲肮脏的桌子。桌子上打开的碗罐都用盘子扣住以防落入灰尘。[9]

与当时的简陋相比，如今阿比多斯考古发掘现场的条件可谓天差地别。从20世纪70年代起，德国考古学会就一直在这里主持发掘工作。而直到两德统一乃至欧债危机，这一项目一直可以获得来自德国外交部充足的资金支持。当我访问这一发掘现场时，首先引人注意的就是考古学家们用以来往于各个挖掘点的奔驰四驱越野车。而在当时，皮特里恐怕就只能徒步或者骑驴穿梭其间。而在挖掘工地现场，尽管已经过去一个多世纪，现在的考古工作模式依然与皮特里的时代大同小异：在西方考古学家的监督和本地工头的管理下，一长串头顶箩筐的埃及工人往返于工地间运送沙土。但当午休的人们返回营地时，他们就立刻进入了一个与皮特里时代的考古营地（甚至当代多数英国考古营地）迥然不同的世界。德国考古队的营地围绕一片绿树成荫的庭院建成；他们的房屋窗明几净并配备有最新的电脑设备。而更令人称道的是他们的餐厅：这是一座里里外外都被粉刷成白色的圆顶建筑；宽敞的餐厅中央是一张同样宽敞的餐桌。午饭（每人三道菜，我记得还有煎西葫芦作为配菜）有专门的服务员传菜，餐具虽然不是银制的，但依然十分精美。午饭后，考古队还会请客人去屋顶露台参观最新出土的文物（我去时看到的是从编号U-j的古墓中出土的酒壶）；而从屋顶人们还可以一览这一带低地沙漠、农田到"葡萄干仓库"的全貌。如今，已不是所有的埃及考古学家都必须与破毛毯和腌牛肉为伴了。

虽然考古学家已经在阿比多斯发现了众多古墓、围城和陪葬船只；但在这些令人瞩目的发现背后，我们对它们在埃及早期文化与信仰中的象征意义依然不甚清楚。我们无从得知此类葬制是基于古人事死如事生的观念而为死去的君王准备其生前所需要的排场，还是因为古人认为这些安排可以在死者升入天堂的旅程发挥作用。又或者与此相反，古人其实认为死者需要经历一段前往地下世界的旅程，而这些陪葬品正是完成这段旅程所需要的。即便到了金字塔时代，虽然我们已经有了关于当时丧葬文化的一些文字记载，我们依然无法清晰地了解当时埃及人心目中的死后世界。直到金字塔时代（古王国）晚期，随着社会阶级的日益分化，古埃及文化中有关死后世界的概念才逐渐成熟。位于这一全新信仰体系中心的是被尊为冥界之主的传说中的古代君王奥西里斯。他同时也是埃及神话体系中的九大神明之一。在埃及神话中，奥西里斯自己就曾经起死回生①，而人们也相信他能使其信徒获得荣耀的重生。在古代传说中，人们不仅将奥西里斯的故事与代表重生的尼罗河洪水联系起来，更把他的形象和代表丰饶的禾苗联系在一起。②而阿比多斯正是奥西里斯故事的中心——几千年来对奥西里斯的崇拜塑造了这一地区的历史。

事实上，那位在阿比多斯败事有余的阿美利诺最重要的考古发现——其实也是他在阿比多斯唯一真正的正面贡献——就是发现了一座被后世古埃及祭司认为是奥西里斯本人陵寝的古墓。当然，事实显然不是那么一回事；这里其实是于公元前2900年前后在位的第一王朝的第三位君主哲尔（Djer）的陵寝。但到了一千年后的中王国时期，古王国的历史已经几乎被人们认为是蒙昧初开的远古传说时代。于是哲尔的陵寝以奥西里斯的名义被修葺重建，并重新安

---

① 译者注：奥西里斯被其兄弟赛特（Set）暗害，后被其妻伊西斯复活。
② 译者注：根据埃及神话，奥西里斯在干旱时死亡，在丰水时复生；奥西里斯在古埃及壁画的肤色多为绿色，象征植物与农业；据传说，奥西里斯在担任法老时教会了民众农耕。

置了一具石制的棺椁以供信徒朝拜。从此之后，这里就成了一代又一代朝拜者奉献贡品的圣地。而他们留下的陶器碎片也使这里在后来获得了一个形象的阿拉伯文地名：乌姆·卡伯（Umm el-Qaab），即"陶罐之乡"。

阿比多斯自中王朝以来崇高的宗教地位并不是历史的巧合——这一结果事实上是政治算计和古老传统结合的产物。在古王国崩溃后的埃及内战中，这里曾经成了底比斯方面和北方军阀争夺的战场。而因提夫二世正是通过夺取阿比多斯才获得了至关重要的战略主动权。但另一方面，战争对当地神庙的破坏则被完全归罪于因提夫二世的敌人们。在后来由胜利者（因提夫二世方面）书写的史书中，敌人的失败甚至被描述为他们破坏阿比多斯神庙所受到的天谴。为了强化政权合法性与君权神授意识，统一后的法老们出手阔绰地整修扩建了阿比多斯的奥西里斯神庙，使之一跃成为全国性的宗教中心之一。

在这样的时代背景下，一项围绕着对奥西里斯死亡与重生传说展开的盛大年度庆典的习俗开始在乌姆·卡伯一带形成。这场庆典的内容包括盛大的游行与表演，并吸引了无数狂热信徒的参与（其场景可以与现代伊朗的什叶派宗教节日相比）。一年一度的奥西里斯庆典从公元前2千纪初一直延续到罗马帝国时代，持续时间长达两千年之久。但由于宗教禁忌的原因，有关这一庆典的文字记录只有很少一部分流传至今。现存最为完整的资料出自一位在法老辛努塞尔特三世（Senusret Ⅲ）在位期间（约公元前1820年）负责庆典组织工作官员的私下记录。这位名叫艾克诺夫利特（Ikhernofret）的官员出于对他"圆满完成了法老要求"[10]的组织功绩无比自豪，将庆典中的部分亮点记录在了他自传体的铭文当中。

从这些记载可以看出，奥西里斯庆典主要由三个环节组成，每一个环节分别象征了奥西里斯的统治、死亡与重生。在第一个环节中，奥西里斯的神像会在游行中公开展示以显示其曾经作为现世统治者的地位。在这一环节，会有一名神庙祭司或者像艾克诺夫利特的钦差大臣扮演胡狼之神乌普奥特（Wepwawet）（有时还会佩戴胡狼面具）走在游行队伍的最前面，为王前驱。而第二个环节则象征着奥西里斯的死亡，游行队伍会簇拥着装有奥西里斯神像的船型神龛从神庙出发前往乌姆·卡伯，即所谓"奥西里斯陵"。在队伍行进的中途还会安排对神龛仪式性的"攻击"以象征正邪之间的斗争。当然最终"攻击者"会被扮演奥西里斯卫士的一方击败。但在这一环节，现场秩序很容易失去控制甚至造成伤亡。在宗教狂热的驱使下，群众演员们往往会入戏太深而真的大打出手。毫无疑问，庆典的最后一幕自然是"重生"的奥西里斯神像从陵寝凯旋返回神庙。再返回之后，神像还会被重新清洗与装饰。此后阿比多斯一带就会恢复正常的生活秩序，次年庆典再次举行。

在阿比多斯，将古王国陵区一分为二的中央峡谷很自然地成为奥西里斯庆典游行的天然走廊。但在当时的宗教狂热下，这也带来了意想不到的问题。随着奥西里斯信仰在埃及的传播，越来越多的埃及人开始将直接或间接参与这一庆典作为他们毕生的目标。对于大多数不能身临其境的人而言，最简单的解决方案就是用树立在游行道路两旁刻有他们名字的石板"代替"他们参加庆典。日积月累，这条被称为"尊神的露台"的神道的两侧就被密密麻麻地插满了多达五六排各种大小的石碑。最后，古埃及王室只得颁布法令禁止石碑侵占游行道路，并对违反者处以重罚。刻有这条法令的花岗岩石板在这一带随处可见——即便在古埃及，宗教狂热有时也会带来社会问题。

在罗马帝国于 392 年取缔了埃及所有的非基督教神庙之后，虽然阿比多斯地区对家庭的保护神贝斯（Bes）的小规模崇拜一直持续到 5 世纪，但总体而言，这里那些曾经神圣的古埃及庙宇正随着基督教在埃及的传播而逐渐被人遗弃。多数古埃及神庙被人们简单地废弃在了沙漠之中，但有一些，比如那座"奥西里斯陵"则成为宗教冲突的靶子。讽刺的是，当时在这一带大肆破坏的宗教极端分子似乎没有意识到他们是在打着一位死而复生的神明的旗号破坏另一位同样死而复生的神明的圣地。在这一段历史时期，虽然具体的宗教信仰发生了剧烈的变化与冲突，但阿比多斯作为宗教中心的地位似乎并没有太大的改变，曾经作为奥西里斯崇拜圣地的阿比多斯在 1—2 世纪竟摇身一变，成了当时基督教的主要朝拜中心之一。

今天，从卢克索或基纳出发取道尼罗河西岸陆路前往阿比多斯的旅客会在中途经过一个名为拿哈玛地（Nag Hammadi）的小镇。这座本身平平无奇的小镇周围遍布着科普特教会的修道院。这里在古代曾经是被沙漠包围的苦修之所，但如今得益于尼罗河上拿哈玛地水坝的修建，这一带的沙漠已被改造为良田。拿哈玛地水坝由英国承包商在 20 世纪 20 年代修建，建有一座可以让船只在其中掉头的大型船闸、足够为 650000 亩土地提供灌溉用水的 100 个水闸。持续的灌溉水源促进了拿哈玛地地区的繁荣，但也带来了地下水位上升与盐碱化问题，威胁这一带古建筑的安全。

这一地区迄今为止最为重要的考古发现是在沙漠绿化工程开始之前，1945 年 12 月。当时世界上大多数国家都在致力于"二战"结束后的重建工作而未对这一发现报以更多的关注。而之后的政治干预、学术纠纷，乃至法律官司更使得这一发现的完整考古报告拖延到 1977 年才正式出版。如今，我们终于可以完整地讲述这次六十多年前惊人发现的全貌。

事情要从一位叫穆罕默德·阿里·萨曼（Muhammad Ali al-Samman）的本地人讲起。那天他和几位兄弟骑骆驼前往小镇后山的格贝尔·塔里夫（Gebel el-Tarif）悬崖挖掘一种古代泥砖分解后形成的肥料。在挖掘中，穆罕默德意外碰到了一只高达三英尺的陶罐，这立刻让他感到战战兢兢——在当时的埃及，诸如阿拉丁神灯之类的恶灵传说依然广泛流传，而像这样的大陶罐则正是这些恶灵喜爱的藏身之所。但像古代所有的盗墓贼一样，贪欲很快就压倒了恐惧；穆罕默德随即砸开了罐子寻找金银财宝。但令他失望的是，罐子里并没有金银财宝，只有13本用皮绳捆扎的莎草纸古书。穆罕默德把这些奇怪的发现连同肥料一起带回了家，并把这些书籍以及一些莎草纸散页随意堆放在了他家面包炉的旁边。在此之后，他妈妈就很自然地拿这些莎草纸做起了引火物。

如果不是穆罕默德一家卷入了一场家族仇杀（此类仇杀至今在阿比多斯周围的一些村庄依然十分普遍），这些古代文献可能就难逃付之一炬的命运。在穆罕默德的父亲遭人暗杀之后，他联合几位兄弟为父报仇。因为担心随之赶来的警察发现引发更大的麻烦，穆罕默德将这些古书托付给了当地一位阿訇保管。一位当地教师看到了这些文献并怀疑其可能具有一定的价值，随即将其送往开罗供专家鉴定。鉴定结果显示：这些确实是罕见而珍贵的古代手抄本。但不幸的是，这些文献很快就在开罗的文物黑市被盗卖，其中很大一部分流往美国。当局很快做出了应对，回购和没收了尚未流失出境的手稿。这些幸免于难的文物现在保存在开罗的科普特博物馆。

得益于埃及政府的保护，学者们得以分析整理这些手稿，并从中整理出多达52篇早期基督教文献。这些科普特语文献的成书年代大约在4世纪，但他们同时又是基于2世纪希腊文底稿翻译而来的。但更重要的是，这些包含了诗歌、神话以及宗教仪轨的文献与现存的《圣经》故事显著不同，并包含了一些存在高度争议的非正典福音书（主要指正统基督教所认定的次经与伪经），其中包括《真理的福音》（*Gospel of Truth*）、《埃及福音》（*Gospel to the Egyptians*）以及《雅各密传》（*Secret Book of James*）等。其中的《多马福音》（*Gospel of Thomas*）成书年代约在正典四福音书成书之后三十年至八十年，但其中包含的内容或许可以追溯到新约全书成书之前。其开篇写道："本书记录了耶稣基督的秘密教诲，由其双胞胎兄弟犹大·多马（Judas Thomas）写成。"[11] 而《约翰密传》更宣称该书揭示了"秘密"以及"被沉默掩盖的真相"[12]。

在这些文献中，人们可以看到与正统基督教教义与叙事迥然不同的记载。例如其中的《腓力福音》记载："【救世主的】朋友【是】抹大拉的玛利亚（Mary Magdalene）。【但耶稣基督爱】她超过【所有】使徒，并习惯于【经常】吻她【的嘴】。"[13] 而其他诗作则将耶稣的诞生与复活描述为"幼稚的误解"。另一篇名为《真理的证明》的文献则以蛇的口吻讲述了另一个版本的伊甸园故事。在这个故事里，蛇不再是邪恶的化身，而成了启迪智慧的导师。这个故事宣称蛇教导亚当和夏娃反抗"残暴嫉妒的上帝"并发现自我的价值。

如果说上面的这些记载已经足以令今人大跌眼镜，下面这篇诗作更是震惊了学界和那些谙熟正统基督教教义的宗教权威。在这首名为"雷霆与完美意志"（名字就已晦涩难懂）、以上帝的口吻写就的诗作中，人们可以看到这样的惊人之语：

  阙初兮若有，长无绝兮我闻
  及有声兮先路，或不比兮今人

> 登九天兮抚彗星，阳台之下兮有行云
> 九疑缤兮相迎
> 夫满堂兮美子，唯在予兮一人
> 入不言兮出不辞
> 众莫知兮予不群[14]

这种认为上帝同时具有父性与母性特征的观点不仅与古埃及神学传统（男神与女神的对应）暗合，其实也在早期基督教的某些分支（尤其是上埃及地区的分支）中十分普遍。之前提到的阿美利诺在他的博士学位论文中提出埃及早期基督教信仰受到了埃及本土宗教的显著影响。终其一生，阿美利诺都在为这一观点寻找证据，并研究了大量收藏于欧洲图书馆和埃及修道院的科普特手抄本。虽然今人已无法准确考证阿美利诺是否到访过拿哈玛地的修道院，但考虑到他就在附近进行过考古发掘，其中假设似乎颇为合理。只是他一定不会知道，记录这段历史的关键材料其实就埋藏在距离小镇几百米外的地方。

拿哈玛地手稿的作者在今天被称为灵智派［诺斯替教派（Gnostics）］——也就是那些自称可以获得独特宗教洞见的人。他们声称自己了解神明和人类的本质，同时鼓吹通过自省达到开悟。与此同时，他们将耶稣视为精神导师而非复活升天的神明。总而言之，这些与佛教相似的特征表明这里的早期基督教信仰同样受到了来自古印度思想的影响。而拿哈玛地手稿的出土也向人们展示了古代宗教另一种可能的发展路径。

但这种信仰的多样性却对尚处于发展早期的基督教构成了威胁。为避免正统基督教信仰被当时同时存在的众多其他信仰所稀释湮没，早期教会的神父们（多数是男性）不惜痛下猛药，而作为基督教基本组织结构的教会体系也应运而生。在这个体系下，教堂的设立不仅可以将礼拜活动组织化，也随之实现了宣教口径的统一。在这种情况下，崇尚个人苦修和自我认知的上埃及地区就变成了一个棘手的刺头。通过打压诺斯替教派信仰及其集中于个人修行的宗教活动，正统基督教教会终于得以在上埃及地区建立了教会体系与宗教权威。而这里独特的宗教传统则成了整个基督教生存与发展的牺牲品。

自2世纪中叶开始，诺斯替教派的福音书开始被正统基督教会宣布为异端，并在整个埃及被没收焚毁。而在今天的拿哈玛地，一位诺斯替教派的信徒（很可能是周围修道院的修士）将这些被查禁的手稿装入罐子秘密埋藏在了悬崖下的沙漠中。这些手稿由此躲过了当时的焚书以及后来的阿拉伯征服与伊斯兰化运动，直到近一千六百年之后经由穆罕默德·阿里·萨曼之手才得以重见天日。

埃及众多的修道院通过改变组织形式（主要是指修道院的全体人员需要遵守同样的戒律）并纳入教会体系在这场整肃中幸存了下来。但到了451年，也就是底比斯的圣帕科缪（St Pachomius）在埃及建立第一所团体修道院刚刚过去一百年之后，埃及的教会因为天主教和东正教之间关于基督本质的一些复杂教义纠纷而再一次陷入了分裂。在当时，正统基督教信仰主张三位一体（圣父、圣子和圣灵），而埃及的科普特教派则主张耶稣基督同时具有人性和神性的一性论观点。从这一点我们可以看出，虽然科普特教派也曾不遗余力地破坏古埃及的神像与神庙，其信仰的核心部分依然继承了古埃及君权神授的传统，在这一传统里，法老正是被看作集人性和神性于一身的存在。从这种意义上说，科普特教会的礼拜同古埃及的神庙庆典依然有着某些藕断丝连的联系——而科普特文中的上帝

（pnoute）一词，其词源同样可以追溯到古埃及时代。

正如4世纪时一样，宗教纷争如今在拿哈玛地地区依旧十分严重。与上埃及多数地区不同的是，这里的基督教人口占据多数。但这也使此地在近十多年间成为基督教与伊斯兰教冲突的前沿，令拿哈玛地镇蒙上了暴力内斗的恶名。在1998年，一场血腥的家族仇杀导致一座名为考奢（el-Kosheh）的基督教村落（位于阿比多斯遗址附近，总人口约35000人）两名村民死亡。埃及政府随机逮捕了超过1000名科普特教徒，其中一些人据报道还被警方模拟性地"钉上了十字架"。当地教区主教对此表示抗议之后，埃及政府进而逮捕了该主教并指控他破坏宗教团结。虽然这名主教在国际压力下获得了释放，但这一带的紧张局势并没有真正得到缓解。仅仅一年多之后，1999年除夕，一场基督徒店员和穆斯林顾客之间的口角竟发展成了大规模打砸抢基督徒住宅和商铺的暴动。而到了2000年1月2日，当全世界都在庆祝新千年的到来时，在考奢村又有21名基督徒丧生、40人受伤。死者随即被科普特教派领袖谢努达三世（Shenouda Ⅲ）封为殉道者。

而在差不多整整十年之后，拿哈玛地地区再次成为宗教极端主义暴行的受害者。就在完成平安夜（科普特教会的圣诞节为1月6日）午夜弥撒的人群走出教堂的时候，一名藏身汽车内的杀手突然向人群开枪。这次袭击造成了包括6名基督徒和1名包围教堂的穆斯林警察在内的7人死亡以及11人受伤。而随着动乱与暴力的扩散，当地的科普特商铺就又成了被打砸的对象。这一次，在全世界的瞩目下，埃及政府采取了更为坚定的行动，逮捕了3名穆斯林男子并指控他们犯有谋杀罪。其中一名被告在2011年1月16日被基纳地方法庭判处死刑。法庭原定于次月对另外两名被告进行宣判，但9天后埃及爆发了阿拉伯之春，推翻了穆巴拉克总统。

在埃及的解放广场，人们似乎可以看到埃及的基督徒与穆斯林在抗议中罕见地团结一致。但无论埃及的宗教关系以及科普特教派的命运在未来如何发展，拿哈玛地地区始终都会处在这一变迁的舞台中心。

从拿哈玛地出发的游客，如果不沿尼罗河西岸主路前往阿比多斯，而是沿岔路在农田间行驶 6 英里，就可以到达阿比多斯地区最著名的景点：塞提一世神庙。该景点设有停车场以及露天咖啡馆，但均基本闲置。景区小摊出售明信片以及常温可乐。虽然以奥西里斯神庙、"葡萄干仓库"以及"奥西里斯陵寝"为代表的古阿比多斯核心区域还在更远的北方，但那些漫漶不清的远古遗迹到了今天对现代游客已经没有多少吸引力了。而这座令人叹为观止的石灰岩神庙则恰恰相反——毫不夸张地说，即使在古迹众多的埃及，这里也可以称得上是最为美丽、最令人赞叹的神庙。而与此同时，这座神庙（对从卢克索出发的游客而言）相对偏远的地理位置也使此地显得与众不同。更为重要的是，由于这座神庙后殿的屋顶至今保存完好，昏暗的室内环境更增添了壁画和铭文的神秘色彩。

古埃及的刻画艺术在塞提一世在位时期（公元前 1290—前 1279 年）达到了其发展的巅峰。时至今日，这些异常精细繁复且色彩保存完好的雕刻壁画依然有着摄人心魄的力量。在神庙最深处的房间的墙壁装饰是用浮雕工艺完成的——雕刻者将处于背景的岩石凿下，从而使需要表现的图画和象形文字凸显出来。而在塞提一世之子拉美西斯二世时代完工的神庙前半部分，壁画的雕刻技巧则突兀地变成了更为简易省时的沉雕手法。可以想象，一贯喜欢为自己大兴土木的拉美西斯二世一定是草草结束了其父的神庙工程，以便让艺术家和工匠们能尽快投入他自己的神庙建设中去。

与上埃及的多数神庙不同，这座塞提一世的神庙并没有采用格贝尔山出产的纹理较为粗糙的砂岩石料，而是选用了更为细密的石灰岩石材。虽然这种材料更适合精细的浮雕与装饰，但它也在后世给这座神庙带来了意想不到的无妄之灾。在罗马帝国时期，这里包括门柱、前厅、廊柱和中庭在内的整个前半部分都被附近的石灰窑拆除殆尽；只有被流沙掩埋的后殿得以幸免。大量古埃及石雕艺术的精品就这样成了罗马帝国的水泥。但通过幸存的部分，今人依然可以有幸一窥当时匠人们的艺术成就，并从中感受阿比多斯的庄严与神秘。

　　虽然从表面看，奥西里斯仍然占据着这座神庙中舞台的中央；但从这座神庙的命名（"阿比多斯长眠的塞提一世"）以及它独具特色的建筑风格，人们不难看出，这里真正的主角其实是塞提一世本人。这在讲究君权神授的古埃及是十分常见的现象。与埃及多数神庙不同，这座神庙竟有多达七间圣殿，分别祭祀荷鲁斯、伊西斯、奥西里斯（这三位神明是一家）；阿蒙拉、拉－哈拉胡提（Ra-Horakhty）（这两位在古埃及都被认为是太阳神）；布塔（Ptah，孟菲斯主神与工匠的保护神）；以及塞提一世本人。而在神庙的偏殿里还供奉有纳斐特姆（Nefertem）和布塔－索卡尔（Ptah-Sokar）。塞提一世让埃及的主要神明在他的神庙里齐聚一堂，主要目的是彰显其统治的正统性，尤其是塞提一世所在的第十九王朝的建立并非通过世袭继承，而是基于将领们的私相授受，这种正统性的宣示就显得尤为重要。在神庙的七座圣殿以南的甬道中，有一幅壁画描绘了塞提一世的长子拉美西斯正在阅读一份记录在莎草纸上的 67 名历代先王的名单。这份名单上的名字可以一直追溯到古埃及传说时代的君王。而这幅壁画所明确传达的信息正是这种从第一王朝直到塞提一世和拉美西斯二世的有序传承，一种包含了政治算计的祖先崇拜。

在塞提一世所建的这一片宗教建筑中，有一座与主体神庙并不连在一起的建筑显得独具特色。如今这两片遗址已经被沙漠所分隔。这座位于主体神庙中轴延长线上的建筑由一座巨坑以及坑中用巨大石灰岩和砂岩筑成的大殿组成。在落成时，这座建筑还有用立柱支撑的花岗岩制屋顶。大殿的中央是一块由护城河环绕的平台，并有地下管道为护城河提供水源；而大殿之后还建有装饰了精美浮雕的后殿。在落成时，整座建筑的周围都种植了人造林，并由地下甬道与前方的塞提一世神庙相连。当地理学家斯特拉波（Strabo）在1世纪造访这里时，虽然地下甬道已破损，人们只能通过大殿屋顶的缺口进出，但这座建筑整体上依然保存完好：

> 在规模宏大的屋顶上有一处供人出入的缺口。另有一条沟渠将尼罗河水引至此地。沟渠边生满了苔藓，这在当时被认为是阿波罗的象征。[15]

今人一般将这座于1901—1902年经由皮特里的发掘而重见天日的建筑称为奥西里斯庙，其本名则是"塞提一世向奥西里斯的献礼"。当然，这座建筑的设计其实是为了借助奥西里斯的神力使法老的灵魂得以复生。所以从这个意义上说，塞提一世其实才是真正的受益者。这座建筑的设计理念结合了第十九王朝王陵的风格，并有意识地融合了埃及创世神话中陆地从混沌之水中升起的意象。而这片树丛环绕与流水环绕下的地下世界同样充满了奥西里斯崇拜的元素。甚至于到了罗马时代，这里反而被人们（又一次）误以为是奥西里斯的陵寝（虽然之前阿比多斯的那座也不是）；一年一度的奥西里斯庆典也被移至此地举行。今天，地下水位的上升已经使这座建筑的地面被水淹没，而其中的护城河里如今也长满了芦苇。

在20世纪60—70年代，前往阿比多斯的游客和考古学家都会听说甚至亲眼见证一段这一带自法老时代以来最为神秘的奇谈。这段故事同奥西里斯庙和诺斯替教福音书一样神秘莫测，更与古代奥西里斯庆典一样传奇夸张。它的主人公是一位叫乌姆·塞提（Umm Sety，1904—1981）的妇女。当地人认为她掌握巫术，从而对她又敬又畏。许多考古学家同样对她颇为着迷——他们不仅能够从她那里了解到许多埃及当代的风土人情，有些人还会试图从她对古代埃及令人惊奇的描述中寻找可能有意义的线索。虽然在很多游客看来，她本身就是一处古怪而无害的景点，但她自认为肩负着守卫塞提一世神庙的严肃使命。这种使命感并非来自科学——乌姆·塞提相信她其实是一位古埃及女祭司兼塞提一世爱人的转世。

乌姆·塞提与众不同的一生开始（或者如她所说，重生）于1904年1月16日，在伦敦南部的一个裁缝家庭。她在出生时被取名为多萝西·伊迪。她在三岁时意外地从楼上摔下并一度被医生错误地宣布死亡。虽然幸免于难，但这次事故还是改变了她的一生。在此之后不久，多萝西就开始反复梦到一座廊柱支撑的大殿以及大殿后生满花果的园林。而与此同时，她也开始常常向父母哭闹着要"回家"，但却无法说清"家"在哪里。而后来的一次前往大英博物馆的参观更加剧了伊迪一家对多萝西精神状况的担心。在那次参观中，多萝西径直走到了一尊装有古埃及木乃伊的石棺前并拒绝离开。她声称，石棺中的木乃伊仿佛是她的亲人。最后她是大哭大闹着被家长带离展览的。而在此后不久，当多萝西在杂志上看到了阿比多斯塞提一世神庙的照片后，她更直接声称自己曾生活在那里。并在没有任何提示的情况下指出这座神庙的边上其实还有一座花园。

除去对古埃及的着迷之外，多萝西其实是一位聪明而任性的小姑娘。但她在校期间没有多少朋友，同学们多对她敬而远之。有一次，她拒绝唱写有"诅咒黑皮肤埃及人"字样的"赞美诗"，用课本砸了老师然后冲出了教室。多萝西随即被学校开除。在"一战"爆发的前夕，多萝西的父母将她送往在萨塞克斯（Sussex）的奶奶家。她父母一方面希望乡村生活可以改善她的心理健康，另一方面也想拜托奶奶暂时照看他们任性的女儿。但事与愿违，多萝西很快就和奶奶家养的马建立了友谊，并将其以拉美西斯二世赛马的名字命名为穆特·霍特普（Mut-hotep）。更糟糕的来了。

在她 14 岁进入青春期后，多萝西的埃及幻觉呈现出更多的性本能。其中一个是，她看到木乃伊塞提在床上弯下腰，撕开她的睡衣。但是，多萝西远没有被吓到，而是沉迷于与她已故的皇室情人进行接触。人们也许可以理解为何一个对古埃及感兴趣的孤独的青春期女孩会被塞提一世所吸引。他保存完好，19 世纪 80 年代被发现并部分解开，引发了公众的极大狂热，他看起来高大、身份尊贵、面目威严。他的鹰钩鼻和高颧骨让他看起来像一个 20 世纪 20 年代的剧场明星，虽然他被制成木乃伊已超过两千年。但多萝西的父母为她与辞世已久的古埃及人所产生的感情而困惑。他们将她送到精神病院，但毫无效果，似乎没有什么能阻止她从她的幻想中醒来。

伊迪一家在 1919 年搬到了普利茅斯。随后她父亲放弃了裁缝的生涯而改开电影院，而多萝西则遍访通灵者，并探讨她前世的记忆。在公共场合，她是父亲电影院里的一位流行歌手，而在私下里，她声称自己是一位名叫本特莉施提（Bentreshyt）的古埃及女子的转世——据她所说，她前世三岁时被父母（一名士兵和一名农妇）遗弃，并被阿比多斯的塞提一世神庙收养。她还声称在14岁时成了一名伊西斯的女祭司，并在后来与塞提一世国王在神庙的花园中相遇。忽视她的这段故事中的史实错误[①]，多萝西从此就不自觉地把重返阿比多斯作为了她一生的追求。

在她27岁时，多萝西离开了父母前往伦敦。在一家宣传埃及独立的杂志担任作者和插图画家。这段经历使得她认识了一位在伦敦留学的埃及学生伊玛目·阿卜杜勒·梅吉德（Imam Abdel Meguid）。两人情投意合，在两年后结婚，多萝西随即从南汉普顿登船前往塞得港（Port Said）开始了她在埃及的新生活。在开罗，当地人称她为"夜莺"，以赞美她优美的歌声，但她的政治观点使得当地英国侨民们普遍将她排斥在外。到后来，多萝西的丈夫也对她的固执（以及不会做饭）感到厌倦，而连她的母亲也没有偏袒她。在多萝西生下一名男婴后，她坚持用她"前世爱人"塞提一世的名字命名他为塞提。从此之后，按照埃及的风俗她就被称为乌姆·塞提（塞提之母）。

但成为母亲也没有能够改善乌姆·塞提的症状。塞提一世又一次开始在她的幻想中出现，这一次是以有血有肉的男子的形象出现。对她的幻想既厌倦又害怕的丈夫终于无法忍受，他们在结婚三年后宣布离婚。离婚后，乌姆·塞提携子在金字塔附近的帐篷中住了一段时间。她后来在埃及文物局找到了一份制图员的工作，并在狮身人面像附近的纳兹勒·桑曼（Nazlet es-Samman）村居住了下来。而令她的邻居惊讶的是，这位古怪的英国妇女常常深夜出门到狮身人面像下祈祷或者睡在大金字塔内部。在失去了对孩子的抚养权之

[①] 译者注：从上文看，这里作者似乎是指塞提一世神庙在他去世之前一直没有能够完工落成。

后，乌姆·塞提很快在家里养了一大群猫、狗、鹅，甚至还有蛇。

虽然在埃及的古迹间过上了新的生活，乌姆·塞提依然梦想着"前往、居住并最终埋骨于阿比多斯"[16]。1952 年，当自由军官组织推翻埃及末代国王时，乌姆·塞提第一次造访了她与塞提一世的"前世相遇之所"。在这次为期两天的阿比多斯之行两年之后，乌姆·塞提再次到阿比多斯待了两周。而到了 1956 年，她终于下定决心购买了一张从开罗前往巴利亚纳（Balyana，距离阿比多斯最近的火车站）的单程车票。（她在出发前的夜晚登上大金字塔向神明整夜祈祷。）埃及文物局继续雇用她担任制图员，并给她每天 2 美元的微薄薪水。但金钱对她而言已经不再重要，她已可以每天自由地进出塞提一世神庙，并像古埃及祭司们一样刻苦观摩宗教仪轨。

最终，乌姆·塞提攒钱在神庙旁边的阿拉巴·马德富纳（el-Araba el-Madfuna）村买下了一间小屋。她的毛驴住在楼下而她自己则睡在屋顶上。而她的装束同样显得古怪：一对人造珍珠耳环和一条头巾（有时还会佩戴各种埃及护身符）是她的固定装扮。除此之外，乌姆·塞提有时还会到当地的露天咖啡馆喂她的大白猫。她只粗通阿拉伯语，英语也说得颇为古怪。

1969 年，65 岁的乌姆·塞提被迫从埃及文物局退休。两年之后，她早已关系疏远的儿子前往阿比多斯，劝说她一起搬去科威特。但乌姆·塞提明确地告诉儿子她宁愿住在阿比多斯简陋的小屋里也不愿意搬到别处。从此以后，她再也没有见过儿子。而塞提一世却仍然会"周期性地"与她"相会"。乌姆·塞提用夸张的笔调将每一次相会都记录在了她的私人日记中。

因为退休金过于微薄，乌姆·塞提开始在塞提一世神庙担任导游以贴补家用。她会向游客们生动地介绍古埃及的各种仪式，更会

第七章　阿比多斯：神秘之地　　201

以谈论家人的口吻讲述塞提一世和拉美西斯二世的故事（她或许真的认为塞提一世和拉美西斯二世比她的前夫和儿子更为亲近）。此时的乌姆·塞提几乎一贫如洗，她的个人物品只有一盏本生灯、一只旧茶壶和一台收音机。她每天晚上会用收音机收听BBC国际频道——这也是她同英国的最后联系。虽然如此，乌姆·塞提依然显得安贫乐道。在她于阿比多斯度过的25年中，乌姆·塞提只去开罗待过一天——阿比多斯才是她真正想要居住的地方。

当预感到自己的生命接近尾声时，乌姆·塞提在自家后院为自己准备了坟墓。这座古今结合的坟墓有着砖砌的墓室、水泥内衬和混凝土预制板顶盖。但当她于1981年4月去世之后，在地方卫生部门的坚持下，乌姆·塞提还是被埋葬在了本地科普特公墓边缘（正对古代奥西里斯庆典神道）一座没有碑记的坟墓中。

作为故事的尾声，在乌姆·塞提去世三十年后，她的执念于信仰却可谓后继有人。当我在2012年12月12日（这一天对很多当代神秘主义崇拜者而言都意义重大）造访塞提一世神庙时，我很快发现我不是当天唯一的访客。原本空空荡荡的停车场里还有另外一辆小巴，而它的乘客更在神庙中显得十分扎眼。这些与众不同的访客不分男女都留着长发、身穿扎染的衣服，脸上流露出被神明眷顾的满足。他们中的几组人直奔神庙中塞提一世的圣殿，并在其浮雕前闭目诵经。另一些人则去往了后面的奥西里斯庙，但当他们随即发现那里的宗教气息不够浓厚之后，这些人又返回了塞提一世神庙。

到了接近正午时分，神庙中的气氛突然变得更为紧张——当然这种变化（据作者所知）不是出自任何神灵的干预，而是源于神庙警卫安全警戒的提升。警方的担心不是多余的：此时此刻，大批朝拜者正聚集在奥西里斯圣殿内举行一场古怪的仪式。在一位美国领队的指挥下，所有朝拜者围成一圈依次接受从神庙屋顶漏下的一缕阳光的照射。对于这些高举手臂闭目凝神的朝拜者而言，他们每人接受阳光照射的时间只有短短几秒钟。仪式很快结束了，但这已经足以让他们感到不虚此行。正如乌姆·塞提所言："对阿比多斯的崇拜者而言，这里依然有着它神秘的一面。"[17]

第八章
中埃及：宗教的摇篮

> 至此，我踏入了埃及的异常与冲突，不断萦绕在我的书中。[1]

——伊桑巴德·金德姆·布鲁内尔
（Isambard Kingdom Brunel）

阿比多斯北边的尼罗河谷今天已似一潭死水，偏远、贫穷、旅游者罕至。所谓"中埃及"之称，代表的是其相对于南方卢克索、北方开罗的政治及文化重要性。

这里的沿河风光很不一样，柔和的、辽阔的，有一种"开阔、平和之美"[2]。尼罗河缓缓流过泛滥平原，它宽阔的河道中布满小岛。在阿斯尤特（Asyut），尼罗河两岸的悬崖此处收缩成峡谷。自远古时代开始，阿斯尤特一直是控制尼罗河流域的战略制高点，故而小镇之名意为"守护者"。从阿斯尤特延伸出来，东部和西部悬崖的山丘再次向远处退去，并呈现出饱经风霜、更为古老的外观。中埃及的小镇也更为沉寂，居民更单一，比这里其他地区更为老派，像是阿斯尤特及其骆驼市场、马拉维（Mallawi）及其后街的艺术家。

即使在阿斯尤特的大学城明亚，埃及的金字塔与全包的旅游团、摩肩接踵的旅游者与匆忙的现代化似乎都是另一个遥远的世界。

然而，呈现在眼前的不仅是这片宁静而肥沃的泛滥平原。几千年来，中埃及一直是心理和社会深刻发展之地，这些发展塑造了埃及人的历史——有时甚至是人类的历史。人类文明降临前，尼罗河谷的这个不起眼的部分一直是宗教思想的熔炉。

我想去的地方没有公共汽车，甚至没有出租车（在埃及，多种多样的交通方式填补了国营公共汽车和私人租赁出租车之间的空白。通常是摇摇晃晃的小巴，它们在公交车站和城镇广场等待满载的乘客和行李，然后前往他们预先商定好的目的地。根据目的地的受欢迎程度和出发的时间，等待时间从几分钟到一小时或更久）。我刚刚在阿斯尤特中心的 Zimzam 酒店度过了一个美妙的夜晚。这是一个无与伦比的建筑，无论从哪个标准来看均为绝佳之处。当我权衡如何上路，很明显，我不得不咬紧牙关选了一辆私人出租车，因为走路实在太远了。我是个到古埃及遗址朝圣的穷学生，已经走到如此偏远之处（阿斯尤特永远不会出现在任何人的"必去的 n 个地方"名单上），我决心坚持到底。所以我叫了一辆出租车，用我破碎的阿拉伯语解释了我并不确定的目的地。

大约一小时后，我越过尼罗河到东岸，导航指向了一堆越来越多的乡村小道，这位不可思议的出租车司机把我扔在了一个尘土飞扬的小村庄的边缘。他或许觉得这里的热度影响了我的判断，我也脑子发热了。但其实我非常兴奋。没人了解我要去的目的地，少数居民要么在田里，要么待在他们的家里。我直接穿过村里走到无人区，艰难跋涉到沙漠高原的边缘。我以为我认出了 20 世纪 30 年代在这里工作的考古学家所拍摄的一些旧黑白照片中的场景。几分钟内，当我的眼睛扫视过沙漠表面时，我的兴奋变成了狂喜，我看到一个小小的不规则的陶器碎片正在地上。我把它捡起来，就在那里：在它变黑的表面上，有一个模糊的波纹图案，凹凸不平，反射着阳光。这就是我为何而来——一块"波纹抛光陶器"，是尼罗河谷的第一批农民所制作的陶器。我手中的碎片已有近七千年的历史。我曾经去过莫斯塔戈达（Mostagedda）遗址，这是拜达里（Badarian）文化的中心地带。

当20世纪30年代的考古学家来到中埃及这一地区时，埃及史前历史只能追溯到公元前4000年，是皮特里对涅伽达（Nagada）墓地的发现才让我们重新认识了埃及历史。而近期的发现又成功地将埃及文化的起源又逆推了五个多世纪。在低洼沙漠中，他们发现了一系列定居点和墓地，这些定居点和墓地所见证的文明比涅伽达文明更早。他们就以拜达里（el-Badari）村命名拜达里文明，离莫斯塔戈达遗址南部只有几英里。莫斯塔戈达遗址还留有同时代的废墟，其他附近一堆遗址也是（在阿斯尤特以南20英里长的尼罗河谷总共发现了约四十个定居点）。拜达里文明现在可以追溯到公元前5000年的下半段，其典型的圆形房屋群代表了埃及尼罗河沿岸的第一个定居社区。由此可知为何他们选择了莫斯塔戈达作为聚居地——地势在洪泛区以上足够高，以逃避洪水泛滥；足够接近农场的地理位置；足够接近东部高原——今天是沙漠，但当时是野生动物成群的大草原；经由向东穿过悬崖的小路，可以获得东部沙漠的矿产与红海沿岸的海洋资源。

定居在自己的农庄（至少每年的一段时间内），居民可以将这些时间用于艺术和手工艺，完善他们独特的蛋壳薄手工陶器及其波纹抛光装饰品。这不仅仅是实用的器皿，而且看起来也很美观（一个特别有延续性的例子就是，公元前5000年拜达里人所开创的红色和黑色陶器，到 19 世纪晚期，阿斯尤特地区仍然在制作）。拜达里人的审美感也体现在珠宝、小件金属制品（他们是第一批使用铜的埃及人，从西奈山远处带来）、花瓶上，其中一些是用河马牙雕刻而成。

然而，比拜达里人的定居点和日常用品更为引人注目的是他们的墓地和殉葬品。令考古学家惊讶的是，他们发现几乎所有的拜达里人墓葬都以同样的方式布置——身体蜷缩成胎儿姿势，头朝向南方，面向西方。这种观照和整齐划一似乎体现了一组潜在的共同信仰。其中一些坟墓中随葬的殉葬品不仅包含日常用品，还包含神奇的、神秘的工艺品：陶制的或者由河马牙雕的女性小雕像。这些罕见的工艺品总是强调乳房和阴部，因此称它们为"生育雕像"也不是不合理的。这一类物品在整个古埃及历史中始终是私人崇拜的代表。而这些雕像是其中最早的例证。它们反映了普通农民在前现代社会中最主要的关注点——生育，下一代的生存。所有这些精心布置的墓葬和生育小雕像正如一位埃及古物学家所说的那样，随着拜达里文化出现而出现，"我们意外地直接陷入了一个令人难以置信的丰富的象征性世界"[3]。更简单地说，拜达里人发明了宗教。

像莫斯塔戈达出土的这种墓葬品第一次提供了对来世信仰的证据。坟墓本身似乎被视为象征性的子宫，一个重生之处。生育小雕像为追求复活提供了额外的魔法辅助。死者带走的物品是为了在下一世使用或提供魔力。这些物体中有为帮助死者导航抵达来世的模型黏土船。我们在拜达里人的坟墓中找到了第一个河流与来世之间的明确联系。拜达里人的信仰首次以物质的形式表达出来，它是所有古埃及宗教萌发的种子，是一个非凡的五千年传统之源。

由此产生了信仰与仪式的结构、无数的神和女神。宗教在几个世纪以来逐渐发展，吸收新的影响，有了细微的差别，但基本上仍保持着高度保守性。在公元前3000年埃及历史的黎明期，许多同样的神仍然受到埃及艳后的尊奉。在石器时代末期的社会变革的熔炉中铸造的古埃及宗教，至基督教早期仍然很强大。

特别值得注意的是，这种延续性没有一个单一的指导性经典文本。人们可能会期望所谓的"书中的宗教"（犹太教、基督教和伊斯兰教）被证明是相对不变的，因为它们有一个不变也不可改变的文本。另一方面，埃及宗教是社会的创造，反映了埃及人民尤其是其统治者的价值观、希望与恐惧。它说明了尼罗河流域不变的生活节奏是由河流本身每年的自然规则决定的，由此产生的信仰体系才能长期保持如此稳定。事实上，即使在今天，中埃及像拜达里和莫斯塔戈达这样的村庄里，生活自近七千年前的第一批农民以来就一直保持着不变的状态。农民家庭所担忧的仍然围绕生育、分娩问题，确保丰收和下一代的生存。

然而，这个不变的、永恒的信仰系统却有一个显著的间断。这个间断如此具有破坏性，令人震惊，以至于此后几代埃及人试图将它从集体记忆中清除。几乎在一夜之间，他们不仅创造了一个新的宗教，而且创造了新的首都与埃及艺术的新美学。这场革命的震中位于拜达里墓地以北30英里处，中埃及尼罗河东岸同样偏远的地方。人们常说古埃及宗教的整个历史中只有一个真正的个别人。我们所说的是法老阿肯那顿（Akhenaten，公元前1353—前1336年），也被称为"异教之王"，与其社会及宗教改革相关之处为阿马尔那（Amarna）遗址。

今天，沿尼罗河东岸的沙漠公路或多或少承担着从开罗到阿马尔那的交通。但是也有更有回报的，肯定也是更浪漫的通往古埃及历史上最声名狼藉之处的方式，那就是自尼罗河而来。小船停泊在埃提尔（et-Till）村，距离考古遗址仅有很短的步行路程。不难看出为什么这个特定的位置会吸引宗教革命者，他们也要寻找空白画布作为新的开始。首先，这里的风景特别壮观。东部石灰岩悬崖从河岸退去，形成一个 7 英里长、3 英里宽的天然低地沙漠圆形露天竞技场。这里周围的山丘为之提供某种保护，无论是物理的还是象征性的，并且形成了一种隐居的氛围，适于神学所驱动的政权（古埃及语中的"神圣"这个词的词根意味着"分开"，或许并非巧合）。更实际的原因是，阿马尔那大概位于底比斯和孟菲斯（卢克索和开罗）古城之间，因此是管理埃及的便利之处。该遗址位于西岸广阔、肥沃的洪泛区对面，具有足够的农业潜力，可以养活大量的城市人口。从宗教的角度来看，阿马尔那也很理想。它是无人居住、无人认领的处女地，因而没有被其他任何神灵所浸染。该遗址的地形似乎提高了其特殊地位，东部悬崖的形状类似于"地平线"的象形文字标志——每天太阳升起为世界带来新生命的地方。

在为纪念阿肯那顿"发现"阿马尔那而创作的赞歌中，国王声称自己被神圣的灵感带到那里。是神而非国王选择了阿马尔那。从各方面来说，这里都是阿肯那顿的不二选择。登上王位伊始，国王（当时称阿蒙霍特普四世）已经决定将埃及众神之一提升到其他所有神灵之上，并将可见的太阳光轮称为阿顿（Aten）。这是他个人宗教改革计划的关键。在卡纳克神庙的东墙外（即面向太阳升起），在神圣的底比斯城，他曾为阿顿修建了至少八座新的纪念碑。最大的一个非凡的露天柱状庭院建筑则预言性地名为"Gem-pa-Aten"，意为"阿顿降临"。虽然这种新的宗教在父亲统治期间已有萌蘖，但他即位后才彻底背离旧的宗教。阿顿迅速成为皇室崇拜的唯一对象。

在位的第五年，国王决定改名以示虔诚。原本的阿蒙霍特普意为"阿蒙的仆人"，致敬的是卡纳克之神。取而代之的阿肯那顿意为"阿顿有灵"。与此同时，国王认为其大胆的愿景无法在旧宗教阴影下的底比斯充分实现。他需要的是一个新的、完全属于阿顿的地点，阿马尔那当之无愧。

公元前1349年春末，阿肯那顿首次正式访问此地。他驾着一辆在阳光下闪闪发光的镀金战车，以一种戏剧性的场景出现在聚集一堂的朝臣面前。他作为地球上太阳神的化身发布了一项皇家法令——为天堂的共同摄政者阿顿建立新家园，大兴祭祀，尊奉阿顿的神位。阿肯那顿宣称整个遗址将成为神的不朽之处，并命名为"阿克塔顿"（Akhetaten），"阿顿升起之处"。在大祭祀的整整一年后，周年庆典之际国王又回来巡视进展。他又一次驾着金色战车在日出时出发，再次向阿顿献祭，并发誓阿克塔顿及其中的一切都属于"阿顿而非他人，永远"[4]。

皇家规划师与建筑师的工作是设计出一种神圣的景观，以完美地激发宗教情感。精心设计后所呈现的是太阳圆球通过天空轨迹的镜像。这是尘世间的反映，所隐含的是阿肯那顿世界的周期性变化。为此，沿着一条"皇家公路"还修建了一系列宏伟的仪式性建筑。这条宽阔的林荫大道与河流平行，从平原北部边缘的国王私人府邸一直到国王的办公之处。国王的战车在每天开始和结束时在皇家公路来回巡游，这不仅象征着他与太阳光轮的紧密联系，还为阿克塔顿的人们提供了一个常规的仪式以取代昔日的宗教节日。通过提升阿顿作为官方宗教的唯一中心，阿肯那顿的目的似乎是切掉此前几世纪神学积累的裹脚布，来净化埃及的宗教信仰，并将其带回到其创建之初所享有的神秘而原始的状态。具有讽刺意味的是，为重建埃及宗教，阿肯那顿却不得不摧毁之。

最明显的突破传统之一是颁布了一个规范性文本，即"教义"，其中规定了阿肯那顿新信仰的特点。教义中最著名的内容是所谓的

伟大的《阿顿颂歌》。或者正是国王本人所作,在问世三千多年后仍然是宗教诗歌的杰作之一:

> 在天涯出现了您美丽的形象,
> 您这活的阿顿神,生命的开始呀,
> 当您从东方的天边升起时,
> 您将您的美丽普施于大地。
> 您是这样地仁慈,这样地闪耀,
> 您高高地在大地之上,
> 您的光芒环绕大地行走,
> 走到您所创造的一切的尽头……
>
> 黎明时,您从天边升起,
> 您,阿顿神,在白天照耀着,
> 您赶跑了黑暗,放出光芒,
> 上下埃及每天都在欢乐……
> 野兽吃饱了,
> 树木花草盛开了,
> 鸟从巢里飞了出来,
> 河面的鱼在您的面前跳跃,
> 您的光芒照在巨大的碧海之中……
>
> 您所创造的东西多么丰富呀!
> 人们是不能全知道的。
> 哦,唯一的神啊,没有任何东西能和您相比!
> 您确是按照您的意愿创造了世界,

当您孤独的时候：
一切人，一切牲畜，一切野兽，
一切地上的东西行走着，
一切天上的东西飞翔着……

当您升起时，草坪生活着，为了您而生长，
为了养育你们创造的一切，
您创造了四季，
冬季使他们阴凉，
热是使他们感觉到您的存在。[5]①

但这种狂喜、欢欣的语调掩盖了阿肯那顿神学中更黑暗、更压抑的一面。经过十年的统治，他下令从官方文件中删除所有提到传统神灵之处，甚至清除、净化阿顿本身的各种头衔。在国王的煽动下，埃及各地系统的国家赞助的破坏偶像崇拜行动如火如荼。国王的仆从的军队破坏了露天的墓葬小教堂，闯入神庙破坏神圣的文本及图像。他们带着使用的凿子和提示牌，爬到方尖碑上劈下传统神灵的塑像与名字，尤其是阿顿所取代的主神阿蒙拉。人名中含有"阿蒙"的也是清理对象，即使其中包括阿肯那顿父亲阿蒙霍特普三世的名字。人们为了自保，对珍贵的个人财产进行自查，甚至不惜改名以逃避阿肯那顿愤怒的文化革命。

不仅所有从前确定的事都被推倒了，人们生活的建筑背景也从根本上改变了。对于阿顿而言，其力量是在阳光下展示的。而传统式埃及神庙多为带屋顶的庭院和黑暗隐蔽的神殿，此时完全不合

---

① 译者注：译文来自《埃及古代史》，费克里著，高望之译，1952年科学出版社，第66页。

适。阿肯那顿下令建造露天神庙。在其广阔的庭院中，桌子和祭坛上堆满了面包、肉、蔬菜及其他食物，以便在阿顿从上方经过时获得营养。这些神庙中最大的"阿顿之家"沿着皇家大道临街延续了750英尺，向街道后延伸了近半英里。它甚至有自己的屠宰场，以保证祭坛上的肉类为上等精选。

从某种意义上说，阿肯那顿整个遗址都是阿顿的一座神庙，因为在一天中的任何时候都可以从头顶上观察并朝拜太阳的轨迹。然而，阿肯那顿的教义试图从世俗领域中消除对阿顿的崇拜，声称唯一获得拯救之路在于国王本身，即神的中间人：

> 没有另一个人知道您，
> 除了您的儿子……
> 您确是创作了大地，
> 并为了您的儿子使它成长，
> 这是从您身上来的儿子……
> 上下埃及的国王——
> 阿肯那顿，永远活着，永远年轻。[6]

正如独裁者在几个世纪以来所发现的那样，用一种纯粹的信仰形式来作为提升统治者及其家庭地位的工具是非常有效的。在阿肯那顿治下，王室取代了传统的万神，成了神圣的家族。皇家战车的驾驶取代了众神的游行，而阿肯那顿与妻子娜芙提提（Nefertiti）的雕像取代了神像。在受到青睐的官员的坟墓中，旨在确保为死者永久供应祭品的古老的规则不再是献祭给死者之神奥西里斯，而是给国王，偶尔给娜芙提提。

阿克塔顿富裕居民将王室的雕像和图像存于其家庭神龛中，神龛大小则是考验个人对政权忠诚程度的共同标准。在阿克塔顿郊区有五个大型仪式建筑群，每个都献给一位著名的皇室成员，确保了居民无论走哪个方向都能永远看到皇室的存在。在主要住宅区还有一个国王雕像的礼拜堂供普通公民参拜。

但公共信仰与私人信仰同时存在。正如在每一次宗教革命中一样，在阿肯那顿自己的城中仍有人拒绝放弃旧的信仰。虽然表面上他们可能已经赞同了新学说，但在他们自己的家中仍然信仰传统的神灵。家庭神贝斯（Bes）、母亲女神哈索尔甚至从前的国家之神阿蒙的护身符都曾在阿克塔顿的贫民窟中出现。总之，阿肯那顿的宗教革命是个人的，却未能俘获大多数埃及人的心灵与思想，并且在他死后无以为继。

甚至在国王新死、身体未凉之时，传统神庙就又重新开放，祭司职位被恢复，还修建了新的崇拜雕像（皇家财政付款）。反革命是迅速和全面的。阿顿之家被遗弃，国王与王后的雕像被拆毁并被砸碎。皇庭撤离了阿克塔顿，再也没有回来。今天来看，阿克塔顿，今名为阿马尔那，快速被建设、短暂被占领、迅速被放弃以及其中被诅咒的记忆形成了一个时间胶囊。其大小建筑、粮仓、坟墓，甚至垃圾堆的存在都证明了尼罗河谷历史上最不寻常的事件之一——一场失败的宗教革命。试想如果宗教革命成功的话，不仅会改变埃及文化，更会改变整个人类文明的轨迹。

阿肯那顿的大胆实验最终失败，如流星般闪过，却告诉了我们关于埃及人、关于人类精神的信息。另外，《阿顿颂歌》狂热的基调与描写性的意象对后来的宗教作家产生了深远的影响，尤其是犹太赞美诗人（可以比较下最值得注意的《诗篇》第104[①]）。植根于

[①] 译者注：《旧约》中的《诗篇》。

阿肯那顿宗教中的一神论在中东的其他地方找到了肥沃的土壤，不久之后，也落户于埃及本土。

在尼罗河西岸，阿马尔那对面是埃及宗教历史上另一个非凡时期的纪念碑。今天，图纳贾巴勒（Tuna el-Gebel）的佩托西里斯（Petosiris）墓以其将传统的埃及葬礼图案与明显的希腊风格相结合的混杂性装饰而闻名。佩托西里斯本人生活在埃及政治、文化及宗教的过渡期。他目睹了尼罗河谷历史上的一系列灾难性事件——公元前343年第二次波斯入侵，埃及起义失败，亚历山大大帝征服埃及，最后将该国并入托勒密王朝的地中海帝国。与阿肯那顿的推翻一切不同，他则将全部精力投入于保存既定的正统观念。

荷莫波里斯（Hermopolis，今阿什穆嫩Ashmunein），位于图纳贾巴勒以北几英里处，在古代是托特（Thoth）的崇拜中心。托特为智慧与写作之神。托特有两种截然不同的动物形象：狒狒及神圣的朱鹮。公元前4世纪埃及动物崇拜越来越受欢迎，朱鹮在荷莫波里斯占据了中心位置。神庙旁广阔的区域被留出来专门饲养神圣的朱鹮。一只朱鹮死后，即使是蛋壳、羽毛或巢穴中最微小的部分也被神庙祭司小心翼翼地收集起来作为还愿供奉。数以千计的朝圣者来到荷莫波里斯拜托特神。短期内祭司们就从宗教中收益甚多，佩托西里斯墓昂贵的装饰可以证明这一点。佩托西里斯在其自传铭文中没有提及祭司职位带来的经济利益，但他确实说明了他在神庙中的职责所在，强调其在动荡不安时期的勤奋。尽管"一切都乱了套，但由于战斗已经在埃及内部开始，南方正处于动荡之中，北方正在起义……所有神庙失去了其仆从，祭司纷纷逃走，不知发生了什么"[7]。佩托西里斯尽职尽责地"花了七年时间控制了这座神庙，一丝不苟地打理其资产，没有错漏之处"[8]。也许正是由于许多像佩托西里斯这样的人，凭借他的中埃及式狭隘主义与对传统的不可动摇的坚持，才能使得法老宗教经过波斯人、马其顿人和罗马人的连续入侵与占据后依然毫发无损，幸免于难。

毫无例外，古代每位踏入尼罗河谷的外国统治者都被埃及本土信仰的威力和神秘感所吸引、所迷惑，最终被征服。没有比罗马皇帝哈德良更为之痴迷的。130年夏、秋，哈德良访问了埃及，这不仅是其统治的转折，而且出人意料地引发了古代世界最后一位异教神的创造。中埃及再次成为特定的背景。

哈德良出生于76年，也就是庞贝城毁灭前的三年。他四岁时可能目睹过罗马斗兽场的百日竞技开幕式。四年后，他在这座城市中见证了图密善（Domitian）刚刚征服日耳曼后的凯旋。哈德良本人如同那个时代的许多罗马人一样参军，并在101年的多瑙河战役中表现卓越，迅速崛起。军事成功也带来了政治认可，哈德良先后被任命为年选执政官、省长和指挥官。最终，这位杰出的士兵被图拉真收养为继承人，并于117年8月9日继承罗马王位，时年41岁。由此他正式开始了这段统治，充满了不安分的能量与永不满足的好奇心。其统治混杂了军国主义、宗教宽容与奢侈的私人生活，令人炫目。在帝国的北端哈德良建造了一堵巨大的墙（哈德良长城）以阻挡野蛮的游牧部落。在罗马市中心，他为帝国所有的神建造了一座前所未有的神庙（万神殿）。在城市的山中，他修建了一个私人游乐场［蒂沃利（Tivoli）花园］。除了这些特殊的建设，其统治时期最引人注目的特点是他赴国外旅行的频率。哈德良在位期间花了至少一半的时间旅行，离开罗马甚至意大利，来探索其帝国遥远的部分。

正是在这些皇家巡行中，哈德良经过与黑海接壤之处，遇到了名为安提诺乌斯（Antinous）的美丽的比西尼亚（Bithynian）男孩。

这个乡下男孩约 12 岁，来自森林覆盖的比西尼亚高地，有一头紧密的卷发、高高的颧骨以及诱人的嘴唇。哈德良为他所迷，将他归入了帝国随员中。从少年时代起，哈德良就一直痴迷于恢复希腊文化；他的朋友甚至给他起了个绰号——格拉库罗斯（Graeculus），"希腊佬"。现在有了安提诺乌斯，他觉得自己延续了古希腊男男关系的传统：他是年长者，也就是"erastes"（爱者，年长的男子），而安提诺乌斯则是美丽的少年，也就是"eromenos"（被爱的青春期美少年）。其他评论家怀疑二人的亲密关系，口气则不太友善，说哈德良是"为其臭名昭著的随从安提诺乌斯燃烧着热情"[9]。

无论哈德良与安提诺乌斯的友谊本质如何，二人相伴共同巡行帝国。130 年夏末，他们抵达埃及。这是一次非常重要的访问。皇帝的意图似乎是要沿着尼罗河谷一直向南到菲莱视察，建立起良好的希腊化传统，确定他所选择之处建立第四个希化腊城市［能与古代已有的瑙克拉提斯（Naucratis）、亚历山大（Alexandria）、普托莱迈达（Ptolemaïs）相提并论］。帝国的巡行始于尼罗河主要分支口之一的坎诺帕斯（Canopus），经过瑙克拉提斯的贸易区及赫利奥波利斯（Heliopolis）的宗教中心。到 10 月下旬，船队已经到达了荷莫波里斯。正是在这里，在中埃及，古埃及宗教开始对皇帝及其同伴施加特殊的影响。

130 年的洪泛低于正常水平。事实上，河流洪水不足已是第二年。埃及人非常清楚，连续三次低尼罗河水位将意味着整个地区的饥荒与苦难。人们需要做点什么来安抚尼罗河神，确保其能回到正常，施恩于人类。正是在这种不祥的气氛中，哈德良和安提诺乌斯在庆祝一年一度尼罗河节（10 月 22 日）的前几天抵达荷莫波里斯。这一天恰好与希腊人所记的奥西里斯溺亡的日期相吻合。这种神话般的牺牲行为指向的却是光荣而永恒的复活。

在永远被神秘笼罩的环境下，那一年的尼罗河节被人们记住不是因为惯常的盛况，而是因为一个令人震惊的事件——安提诺乌斯溺水而死。哈德良坚称这是一场悲惨的事故。其他人推测安提诺乌斯为了自己或哈德良能不朽而心甘情愿地死去。［如希罗多德和特土良（Tertullian）等古典作家曾写过的埃及人的信仰，他们相信溺亡于尼罗河者会获得了神圣的荣誉。］不管是什么原因，悲剧对皇帝产生了巨大的影响。根据当时的记载，他的悲伤"遏制不住"[10]。他在埃及整个罗马世界为安提诺乌斯修建了雕像。他宣称曾见过一颗明星，以之为复活的青年。他为纪念安提诺乌斯还写了一首诗。并且，他在130年10月30日下命在埃及建立了一个新的希腊化城市，实现了之前的野心，作为一座永恒的纪念碑。此城就设于安提诺乌斯溺亡处，名为安提诺奥坡里斯（Antinoopolis）。

当安提诺乌斯在水下遇难时，东岸除了一堆泥屋和一座由拉美西斯二世建造的普通的省级神庙外，几乎什么都没有。但在他去世后的七年内，一个壮观的城市在此地出现，成为罗马世界的城市奇观之一。两条主要的街道上排列着一千多根石柱，用哈德良自己的话说，"就像以前由我们的祖先制作的那样，就像希腊人所作"[11]。主殿正面有82英尺宽。在整个城市，有几十个（如果没有上百个的话）安提诺乌斯雕像。其中包括一个巨大的青铜铸造雕像，在基座上站立了两个多世纪。为了充分展现他对古典及希腊文化的热爱，哈德良以第一个埃及的希腊化城市瑙克拉提斯为安提诺奥坡里斯建设的蓝本。被粮食供给及儿童抚养计划所吸引而来的定居者可以免交人头税与过境货物税。尤为特别的是非希腊人可以成为安提诺奥坡里斯公民。哈德良认为这是他在埃及本土人口中传播希腊文化的好处（正如他所看到的那样）。为了促进城市经济，他还建造了一条通向红海沿岸的沙漠公路（尽管它比不上通往吉夫特的近路）。最后，也很重要的是，这座城市有幸按照哈德良所制定的规则举办一种定期比赛，即安蒂诺西亚（Antinocia）。

与安提诺奥坡里斯的建设同时的则是尊奉、崇拜安提诺乌斯为神。明确地将来自比西尼亚的男孩与奥西里斯合并，尊之为复活之神。安提诺奥坡里斯的方尖碑上有今存最晚的用埃及象形文字所写的高质量的文本之一［今天矗立在罗马苹丘（Pincio）山上］。其中有"奥西里斯－安提诺乌斯"向古埃及太阳神拉－哈拉胡提（Ra-Horakhty）祈祷哈德良长寿。安提诺乌斯被描述为"奥西里斯－安提诺乌斯之神，他理所应当成为一个有着完美的面孔的青年……令人见之心喜"[12]，哈德良称自己为"被淹没之神所钟爱"[13]。

无论是一场事故还是有意牺牲，安提诺乌斯之死似乎已安抚了这条伟大的河流，第二年洪水泛滥得非常丰富，用哈德良自己的话说是"造就了丰富而美丽的庄稼"[14]。八个月后，皇帝本人在131年春离开埃及。其后发行的罗马硬币上是哈德良身着军装站在鳄鱼（象征着尼罗河谷）上。到底是哈德良征服了埃及，还是被埃及征服，值得商榷。

在哈德良逝世、罗马帝国结束很久之后，安提诺奥坡里斯仍然因其宗教及神秘的地位而享有盛誉，它成为早期基督教的中心（和南边几英里的阿马尔那类似）。中世纪的阿拉伯作家将其与巫术联系在一起。随着其创始人的脚步，后来的安提诺奥坡里斯市民成为基督教殉道者和穆斯林宗教领袖。牺牲和奉献精神一直延续到最后。在阿拉伯人入侵之后，安提诺奥坡里斯的石柱被掠走了。19世纪的埃及现代化建设中，城中的石柱子是附近罗德（el-Roda）的糖厂、阿斯尤特（Asyut）大坝的建筑材料的便利来源，还曾运至整个中埃及的生石灰采石场。今天，哈德良纪念碑遗迹几乎不存在了。安提诺奥坡里斯［阿拉伯人称为谢赫伊巴达（Sheikh Ibada）］

像两千年前尼罗河上的死亡导致了埃及最后一位异教神的诞生时一样荒凉而空虚。

安提诺乌斯崇拜从尼罗河谷的偏远中心蔓延至整个罗马世界。从荷兰到塞浦路斯，从那不勒斯到黑海，安提诺乌斯成为民众崇拜的中心。毫不奇怪，在家乡比西尼亚，他特别受人尊敬。他还在中埃及荷莫波里斯和俄克喜林库斯（Oxyrhynchus）、法尤姆的泰卜图尼斯（Tebtunis），甚至亚历山大港都有神庙和神职人员。安提诺乌斯的众多雕像，有的温和而女性化，有的则充满肌肉而更为男性化，给基督徒作家留下了深刻的印象。亚历山大的克莱门特（Clement）评论其有"无与伦比的美丽"[15]，而圣杰罗姆（St Jerome）称之为"一个非常罕见而出色的美男子"[16]（或许这可以解释为何今存最好的安提诺乌斯雕像藏于梵蒂冈博物馆）。一些后古典评论家甚至将这位比西尼亚青年的自我牺牲、复活与另一个来自罗马帝国拿撒勒（Nazareth）的年轻人的自我牺牲、复活相提并论。①

埃及第一位经普选产生的总统来自穆斯林兄弟会；开罗的艾资哈尔大学被认为是世界上最伟大的伊斯兰教育中心之一——埃及无疑是个主要的穆斯林国家。在尼罗河谷的每个城市或是小镇里，报告祷告时刻的宣礼员每天五次召集忠实信徒祈祷的高呼声是声音风景的重要特征。与其他伊斯兰国家一样，每周五而非周日是休息日。近年来，戴着面纱的女性比例显著增加，即使在国际大都市开罗中也是如此。同样，听到最近的扬声器播放"真主至上"（Allahu akbar）回响在街头时，拿出祈祷垫在街道中央匍匐的男子数量也在增加。

---

① 译者注：后者即为耶稣基督。

面对所有这些伊斯兰教的外在表现与声音中，我们很容易忘记，埃及有三个世纪之长是个基督教国家。事实上，在异教信仰被禁止后，被阿拉伯人征服前，埃及曾是基督教的主要中心之一。而埃及的基督教人口至今仍然比中东其他国家要多。埃及的基督教徒数量超过 800 万，占总人口的 10%。正如拿哈玛地（Nag Hammadi）法典所显示的那样，埃及的基督教历史比大多数国家都更为悠久而具有启发意义。除了使徒圣马克，其亚历山大主教区仍然是埃及基督教教会总部。还有两个人物，一古一今，在塑造尼罗河谷的基督教信仰中起到了决定性的作用。两人都来自中埃及。

251 年，在伊赫纳斯亚·麦地那［Ihnasya el-Medina，这个城市古名为赫拉克利奥坡里斯·麦格纳（Herakleopolis Magna）］附近的库玛（Cooma）村有一个出生于富裕的地主家庭的男孩。虽然当时一些异教神庙仍然是开放的，特别是在菲莱地区，但埃及已经基本上基督化了，赫拉克利奥坡里斯也不例外。男孩父母在他约 18 岁时就去世了，留下他照顾未婚的妹妹。无论是失去父母的创伤，还是与妹妹一起生活中的创伤，这个名为安东尼（Antony）的年轻人很快就决定皈依耶稣。他卖掉所拥有的一切，送给穷人。作为地主，他有很多可以出售的。他向邻居赠送了一些家产并卖掉其余部分，把收益捐赠给当地的穷人。然后他把妹妹托付给基督贞女（这样的兄妹之情），自己离家成为当地隐士的门徒。

在 3 世纪，修道院生活已成为埃及基督教社会的既定生活方式。在亚历山大附近玛瑞提斯（Mareotis）湖周围的严酷、不适合人类居住的荒地为他提供了无比适于独自沉思与祈祷的环境。那里，沙漠景观中点缀着孤独的在荒野中禁食和祈祷的隐士们。安东尼决定遵循这一传统，走向亚历山大西部碱性的尼日利亚沙漠（古埃及人从那里收集用于木乃伊制造的泡碱），在那里与世隔绝地待了十三年。根据他后来的传记作者亚达纳削（Athanasius）的说法：魔鬼曾访问安东尼，并用懒惰和厌倦（在这种情况下可以理解）折磨他，用想象中的女人来诱惑他。像所有善良的基督徒隐士一样，安东尼通过祈祷的力量拒绝了魔鬼。即便如此，他还是被迫搬进附近的坟墓，请当地村民给他带来食物。感受到魔鬼更多的诱惑后，安东尼退回沙漠，退居在距其出生地不远处法尤姆边缘的一座更远的小山上。在那里的二十年，他都住在一个废弃的罗马堡垒中。他不允许任何人进入他的小屋。与外界唯一的沟通方式是通过一个小缝隙传递食物与祝福。有一天当他从堡垒出来时，据说他健康而安详，于是迅速地被封为圣人。

安东尼扮演了圣人及沙漠教父的新角色，在法尤姆进行传教工作，帮助基督徒坚定信仰，无视当局去拜访那些亚历山大的因信仰受监禁者。当局没有处死他，而他又回到了他的旧堡垒，成为朝圣者寻求宽恕、治愈或启蒙之所。但安东尼内心深处仍是一位隐士，不断的访问使他无法祈祷。所以他进一步退回沙漠中，找到了一口井，在那里安顿下来，修建了一个花园，匆匆编织一些草席。不幸的是，门徒和朝圣者还能继续找到他，所以安东尼希望从事体力劳动来净化他的灵魂。

他在整个拜占庭帝国中声名远播。康斯坦丁大帝也要求安东尼为自己祈祷。因此安东尼语录被收集起来、写下，传给信徒。他预言了对基督教的迫害及其最终的胜利。当他感到死亡临近时，指示了追随者将尸体埋在山顶一个没有标记的坟墓中。据说遗体在361年被挖出，并被运到亚历山大港。后来被挪至君士坦丁堡，11世纪由拜占庭皇帝给予法国宫廷。法国人重新将其葬在圣迪迪埃（Didier）山［后正式更名为多菲内山上的圣安东尼修道院（Saint-Antoine-en-Dauphiné）］。这里也成了一个朝圣处。人们将各种神奇的愈合，特别是皮肤感染方面的都归功于圣安东尼。他的生平传记被翻译成拉丁文，成为基督教文学最著名的作品之一。而他在荒野中受诱惑则是宗教艺术中备受欢迎的主题。安东尼的名声使得整个西方基督教界隐修主义的概念广为流传。因此，西欧最伟大的隐修院是受到这位中埃及人的感召。从尼罗河上的一个村到法国东南部的一个镇，安东尼的影响传播了很远很远，对埃及与欧洲基督教的发展影响深刻。

在21世纪的埃及，修道院再次成为年轻科普特人中流行的隐居处。隐修主义的复兴、科普特基督教面临迫害及官方的漠不关心仍然能生存，很大程度上要归功于来自中埃及的第二位基督教领袖。在此人的一生中圣安东尼扮演了重要的角色。纳泽尔·盖德·罗斐尔（Nazeer Gayed Roufail）于1923年8月3日出生于阿斯尤特省的一个叫萨拉姆（Salaam，意为"和平"）的村庄。他是家中八子中最小的，母亲在他出生后不久即去世了。纳泽尔被迫离开了他的家乡，由他的哥哥拉斐尔（Raphael）在达曼胡尔（Damanhur）城抚养长大。毕业于科普特小学及美式中学后，年轻的纳泽尔前往开罗接受高中教育，并积极参加科普特主日学校活动。他的第一个教职恰好在开罗郊区舒卜拉（Shubra）的圣安东尼教堂。纳泽尔颇有学术天赋，20岁时被福阿德大学（Fuad Ⅰ，今为开罗大学）录取，学习英语和历史。他在西部沙漠中的圣玛丽修道院过暑假。

虽然仍是本科生，但纳泽尔又被开罗的科普特神学院录取。大学毕业后，他继续在神学院上夜校，同时在开罗高中教授英语、历史和社会科学，并在大学里学习考古学和经学的研究生课程。神学院院长发现了纳泽尔的特殊能力（他可以流利地说阿拉伯语、英语、科普特语和法语，还可以阅读希腊语、拉丁语和阿姆哈拉语），并任命他在1950年的《旧约》和《新约》研究中担任全职讲师。纳泽尔仍致力于主日学校活动，并在圣安东尼教堂建立了一个青年团体。

经过四年的教学以及开罗基督教社区的领导生涯，纳泽尔决定效仿圣安东尼，以之为榜样到修道院隐居。此时为自由军官政变后的早期阶段，埃及处于动荡与过渡状态。纳泽尔选择前往尼特拉（Nitrian）沙漠中所谓的叙利亚修道院，圣安东尼之前在那里过上了隐士的生活。纳泽尔被正式命名为叙利亚的安东尼神父。从1956年到1962年，六年间，他在距修道院几英里的洞穴中过着隐居生活。在此期间，他被任命为牧师，因其禁欲主义的生活方式得以脱颖而出，被任命为科普特东正教神学院主教和院长。他以谢努达（Shenouda）为主教名，以纪念5世纪著名的科普特学者及修士修道院长圣谢努达（St Shenouda the Archimandrite）。在谢努达主教的带领下，参加神学院的学生增加了三倍，学生们因其学识及其对宗教改革措施的支持而深受鼓舞。

当科普特教皇西里尔六世（Cyril Ⅵ）于1971年去世时，谢努达主教显然是继任者的不二之选。他在当时刚完工的开罗圣马克大教堂中正式成为亚历山大的第117位教皇及圣马克教区的主教。为了表明他普世主义的承诺，他上任后立即访问希腊东正教会的负责人，成为自一千五百年前两教会分裂以来首次如此作为的科普特领导人。谢努达还与梵蒂冈签署了联合声明，并拜访了北美、欧洲和澳大利亚的科普特社区。

但最迫切需要其领导才能及勇气的是他的故乡埃及本土。20世纪70年代后期，伊斯兰极端主义威胁一直在增长，开罗基督徒大屠杀促使谢努达公开批评埃及政权的沾沾自喜。回应他的是1981年初萨达特（Sadat）总统取消了谢努达的教皇称号，并下令将他驱逐至沙漠修道院。然而，谢努达是对的：几个月后，萨达特在阅兵式上被伊斯兰极端分子暗杀。于是新的埃及领导人胡斯尼·穆巴拉克恢复了谢努达之位。但对基督徒的迫害与袭击仍在继续，如2000年1月、2010年1月的拿哈玛地大屠杀。一些年轻的科普特人哀叹谢努达无力阻止这些袭击，谴责其与穆巴拉克政权的友好关系。尽管如此，当他于2012年（也就是埃及"革命"一年后）3月17日去世时，穆斯林和科普特人在解放广场并肩而立悼念他。科普特人视其为最伟大的教皇之一，信仰的捍卫者，而穆斯林和基督徒均视其为20世纪著名的埃及领导者。甚至穆斯林兄弟会也将他誉为国民偶像。约十万名哀悼者在圣马克大教堂瞻仰其遗体，且如他所愿，他葬于在瓦迪·纳特闻（Wadi Natrun）的圣比索（St Pishoy）修道院。

尽管科普特教皇在外界鲜为人知，但他在埃及基督徒中则是备受爱戴，正如罗马教皇之于天主教徒。每个科普特人的家或商店的墙上都挂有亚历山大教皇的照片——通常是在前厅或办公室里挂着一张褪色的明信片或日历。许多科普特人随身携带教皇形象的小卡片。在我书桌的抽屉里就有这样一张带有教皇谢努达笑脸的卡片。这是多年前在埃及中部城市明亚，一位年轻的科普特人送给我的。

这是我第二次访问埃及，我还非常谨小慎微。我假设（到埃及的西方游客都很快就知道的）任何在街上与我搭讪的埃及人都想要卖给我一些东西，或者想领我到想卖我东西的其他人那里，或者只是想要小费（baksheesh）。因此，当我沿着明亚的主干道走着，一个与我年龄相当的年轻人走到我身边，我换上最冷酷的面容，直视前方并继续走。但这次好像没起作用。他坚持着他友好的谈话（或独白——我拒绝参与他的谈话，因为我害怕被拖到另一家香水或纸莎草工厂）。最后他意识到了这个问题，解释说他没有试图向我推

第八章　中埃及：宗教的摇篮

销任何东西，向我展示了手腕内侧来证明自己的身份。尽管有些模糊，有些褪色了，但我仍然立即认出这是个小十字架文身。因为约瑟夫（Joseph）是科普特人，所以不言而喻，他是值得信赖的、真诚的人。我在埃及遇到的每个科普特人都有类似的文身。这是对个人信仰的声明，是对陷入困境的社区的声援，也是对偏见、敌意甚至个人危险的无声的蔑视。

在接下来的几天里，认识了约瑟夫，也就被介绍给了他所有的朋友。他们都是大学生，都是科普特人。我们一起在他们的陋室（就像世界上任何大学生宿舍一样破旧而杂乱）中喝着新鲜的柠檬水讨论着埃及、英国以及差异等问题。他们渴望与有同情心的游客分享信仰并为之举办宗教仪式。他们带我参观了明亚科普特大教堂，其中有色彩鲜艳的基督及圣徒壁画。他们还邀我参加了科普特礼拜（有他们得体的陪伴）。这是一次奇怪、迷人而难忘的经历。与清真寺一样，科普特教堂根据性别将信徒分开：过道一侧为女性，另一侧为男性。我习惯于参加英国圣公会的礼拜，其中往往有着精心编排好的流程、充满了虔诚的沉默以及有限的参与者。而科普特的礼拜方式对我来说完全是陌生的——人人参与，有些嘈杂，甚至可以说有点儿混乱。在教堂的后面，不同的家庭在礼拜时候聊天、谈八卦，与孩子一起玩耍，进进出出的。但没人可以责怪他们，因为仪式漫长而杂乱无章。其中，仪式大部分用阿拉伯语进行，尽管某些祈祷和圣言仍用科普特语吟唱。这可是古代埃及人的直系后裔。我很高兴能听到牧师如同法老时代那样高呼"pnoute"（"上帝"）这个词。在最后的象形文字铭文镌刻一千六百年后，即便他们当时曾描述的宗教早已消失，但古埃及神圣的语言仍然在使用，这是多么的非同凡响。

但这种与过去的联系正处于威胁中。自阿拉伯人7世纪中叶征服尼罗河谷以来,埃及穆斯林统治者对基督教的态度已越来越不宽容。历届埃及政府都强制执行奥斯曼帝国时期的法令,限制新教堂的建设及旧教堂的修缮,导致许多科普特教堂废弃(旧开罗历史悠久的教堂因其是主要旅游景点才免于被完全拆毁)。科普特人在就业市场遭受歧视,而官方的漠不关心使科普特人社区面临伊斯兰激进分子的袭击时只能自生自灭。这些在中埃及许多拥有大量基督教人口的城镇中体现得最为明显。

其中的一个城镇就是阿布·古尔加斯(Abu Qurqas),位于尼罗河西岸,荷莫波里斯与明亚之间。那次我应约瑟夫一位大学生朋友之邀的拜访过程可以说就是科普特社区艰辛状态的真实例证。穆巴拉克政府领导下,若想要前往除了阿斯旺、卢克索和开罗等主要旅游中心之外的当地人家中,必须获得访问许可证。这可是个艰难的过程,去当地警察局要完成无休无止的文件登记与反复的个人询问(主人、客人均有)。这确实是严格又烦人的。但当我终于抵达阿布·古尔加斯时,我便能理解当局的紧张情绪。在我访问前几周,一名伊斯兰暴民袭击了该镇的一所科普特教堂,放火烧到了底层,现在那里已经被烧焦了,空无一物(幸运的是火灾发生前,神圣的书籍、家具都已经被搬出来,放到教堂楼上的房间以便安全保管)。在另一起事件中有一位科普特人被拉到郊外射杀。

然而,即使在所有的这些暴力与迫害下,科普特社区仍然像以往一样对陌生人友好而热情。我从未遇到能与此次短暂访问中所见的热情、好客相匹敌者。在我科普特朋友家的前厅里,似乎他们整个星期的食物供应都摆在我面前。这是一次盛宴,一盘又一盘经典的埃及乡村菜肴被端上桌,我一直吃到实在吃不下为止。另一件事也能展示他们的好客。我的科普特朋友陪我回到我在明亚的酒店(警察开具的阿布·古尔加斯访问许可证不能过夜),而且他第二天早上又跑一趟，带我去汽车–出租车服务站，确认我乘坐了正确的小巴前往马拉维（Mallawi）和阿马尔那。他甚至坚持付了车费。在一个以其热情好客而闻名的国家，内侧手腕上的文身十字架似乎是最可靠的保证。

第九章
法尤姆：沙漠中的湖

> 就风景、富饶、物质发展而言，该地区是最值得注意的地区。
>
> ——斯特拉波（Strabo）[1]

在尼罗河谷地的尽头靠近河口三角洲的位置（尼罗河在下游不远处分支入海），坐落着一片地理奇观。这片位于尼罗河西岸利比亚沙漠中的绿洲有着富饶的农田和花园、郁郁葱葱的果树和阡陌纵横的灌溉水渠。这里就是法尤姆绿洲。但与其他西部沙漠中的绿洲不同的是，法尤姆绿洲的水源并非来自地下水，而是直接源自尼罗河。法尤姆绿洲的淡水来自一条发源于尼罗河谷地，但在中埃及大部都与尼罗河平行流淌的名为巴赫尔·优素福（Bahr Yusuf）的河流。这条河流在流经这一带的低洼地时，就形成了一座名为加仑（Birket Qarun）湖的大型湖泊。这座沙漠中神奇的湖泊就此塑造了法尤姆地区独特的历史。

从远古时代起，人们就学会了敬畏这座湖泊以及它所带来的丰饶。事实上，埃及创世神话中的混沌之水正是以加仑湖（而非尼罗河）为原型的。而生活在这里的古人更将湖中的鳄鱼视为神明而顶礼膜拜。这一地区的中心城市施迪特（Shedyt，今法尤姆市）在古代正是以鳄鱼崇拜而知名，并在希腊语中并命名为"鳄鱼之城"。

在古埃及的记载中，法尤姆地区被直接称为"湖区"。而古希腊罗马时期的作者们则将其称摩利士（Moeris）湖，并惊叹于它的广大与壮观。古希腊地理学家斯特拉波这样描述这片"令人赞叹"的湖泊："它像大海一样广大，也如大海一样蔚蓝。"[2]

今天，这座拥有九千年历史的湖泊正面临严重的环境问题。湖中鱼群的规模已经无法像史前时代一样维持渔民们的生计；而湖岸盐碱化的土壤也丧失了往日的肥力。但加仑湖独特的地形地貌依旧迷人——而在埃及纠缠千年的人口、水源和土地之间的关系依旧是这个国家未来发展绕不过去的重大课题。

如今，有超过2500万埃及人在这一地区生活。而即便在城市化和旅游业蓬勃发展的今天，埃及仍然有三分之一的人口从事农业生产。而在古代，历史学家们估计埃及的农业人口比例可能高达90%—95%。几千年来，埃及的农村生活几乎是一成不变的：犁地松土的工作依然依赖于手工完成，菜地的边缘也依然筑起了防止灌溉用水外泄的田垄。当白鹭在新灌溉的土地上觅食时，农夫们也骑着毛驴走过泥砖建筑的房屋和尘土飞扬的街道开始他们一天的劳作。在埃及漫长的历史中，农业一直是这个国家最为主要的生产方式；也正是那些平凡农民的辛劳为这个发达的古代文明提供了物质基础。

有赖于尼罗河的馈赠，埃及同时具备了充足的水源和肥沃的土壤这两大发展农业的先决条件。事实上，整个埃及文明正是在沿尼罗河的一片长条形绿洲上建立起来的。如果没有尼罗河，埃及将不可避免地成为一片沙漠。而另一方面，人类的农耕活动同样改变了尼罗河谷地的地貌。在长达数千年的历史中，一代又一代的埃及人在尼罗河泛滥平原上建起了一道道堤坝纵横交错的灌溉网。在柴油机水泵取代人力与畜力水车成为埃及最主要的灌溉工具的今天，水利依然是埃及农业最重要的支柱之一。虽然尼罗河是埃及的生命之源，但只有发挥人类的聪明才智才能使这些自然资源得到充分的利用。

而在法尤姆地区，加仑湖作为埃及最大的天然淡水湖为当地的农业发展提供了更直接的水源。几千年来，加仑湖的水位和面积随着尼罗河水量的变化而涨落。法尤姆一词本身，作为科普特语词汇"pa-yom"的变音，所代表的就是湖泊的意思。这也体现了加仑湖在当地生活中所扮演的不可或缺的角色。这一地区人类活动的记录可以追溯到公元前 7000 年这座湖泊最初形成的时代。当时这里的浅水为捕鱼提供了绝佳的场所，这吸引了早前来此捕鱼的先民在湖的北岸和西岸的高地上搭建了临时住所。而在作为主要食物来源的渔业之外，当时的先民也在湖边从事狩猎与采集活动。法尤姆地区的鸟类资源一向丰富，而在古代加仑湖边也常常有羚羊等野生动物出没。对于石器时代的先民而言，这里可谓人间天堂。

在这些从事渔猎的早期居民之后大约两千年（大约公元前 5 千纪初），另一批被称为法尤姆人的古代先民又来到了这里，并对古埃及的历史发展产生了更为深远的影响。他们似乎是迫于气候的恶化以及沙漠化的加剧，而从西部沙漠迁居至此的。如今他们活动的遗迹已经同埃及众多其他古迹一样在后代的建设中荡然无存。法尤姆人在加仑湖北岸的主要聚落如今已经是一片农田——"埃及为数不多的已发现的新石器时代的聚落之一目前已经成为一片散落着陶片和卵石的荒地"[3]。考古学家在这片遗址中发现了壁炉的遗迹，但没有证据显示这里曾有过永久性的房屋。这表明法尤姆人似乎依然同他们从事渔猎的半定居祖先一样住在木头和稻草搭建的可移动棚屋里。但另一些跨越七千年岁月奇迹般保存至今的证据表明，法尤姆人其实是埃及最早开始定居生活的人类与埃及农业的第一批先驱。在距离这处聚落遗址不远的沙漠中，考古学家发现了当年法尤姆人留下的谷仓。这些谷仓内壁铺有垫子。有一些谷仓内甚至还存有七千年前的大麦和原始小麦，这些种子都是得益于这里较高的地势和干燥的沙漠气候而保存下来的。这些谷仓是埃及农业生产最早的实物证据，而建造他们的法尤姆人则是埃及已知的最早农民。

虽然在当时的埃及，农业还是刚刚从中东地区（新月沃土）传入的新技术；但考古证据表明，这些埃及最早的农民其实已经有着很高的生产效率。这里的谷仓的分布聚集成组，其中一组聚集了多达 109 座谷仓——这表明当时的人们很可能已经开始了有组织的农业生产和收获。每座谷仓的尺寸均为直径 4 英尺、深 2 英尺，表面用黏土涂抹并以编织物为内衬。这样每座谷仓就可以容纳 8 英担[①]，这相当于 2—3 亩田地的收成。这样换算下来，当时法尤姆最大的农业生产单元所耕种的土地面积高达 200—300 亩。在其中的一座谷仓内，甚至还出土了一把木柄燧石刀刃的镰刀。

但农业也并不是当时生活的全部。在公元前 5000 年，加仑湖的宽度超过 55 英里，是今天的 4 倍。湖中丰富的鱼类资源使得捕鱼依旧是当地人重要的食物来源。而在法尤姆遗址的壁炉中发现的动物骨骸——其中既包括乌龟、河马、鳄鱼、麻鸦和大雁等野生动物，也包括牛羊等家畜——表明了狩猎和畜牧在法尤姆人的生活中仍占有一定的地位。总而言之，法尤姆人在加仑湖畔的生活还是比

---

① 译者注：在英国单位制中指 1 长吨的 1/20，即 50.8 千克。

较舒适的。他们不仅有丰富多样的食物来源，还会种植亚麻、织布，并同周围一定距离的其他先民都保持着贸易关系。法尤姆遗址中发现的来自红海或地中海的贝壳以及来自努比亚的石制调色板都是明证。而从文化上看，法尤姆人的衣饰风格和制陶技术也被后世的埃及文明继承。而他们对农耕技术的熟练掌握，更为古埃及文明的辉煌打下了坚实的基础。

如今，法尤姆人的多数谷仓都在近现代修建道路和灌溉渠的工程中被毁。而最后残存的一批所在的区域也曾一度被规划为农田。"埃及农业最早的证据毁于耕地"[4]可谓一种历史的讽刺。但幸运的是，这些远古遗迹在最后时刻幸免于难——当本地农民意识到这些田地上的坑洞的历史意义之后，他们最终同意绕过它们。

在这之后的千百年间，法尤姆先民开创的农业技术一直是埃及社会经济的支柱，而加仑湖地区的农业产量也一直在全埃及名列前茅。而到了公元前2千纪初，埃及人甚至学会了通过建设水坝和沟渠调节尼罗河流入加仑湖的水量，人工增加湖区面积以扩大灌溉范围。这项工程在约公元前1900年达到了顶峰，这一时期显著扩大的湖面使法尤姆地区获得了"大湖"的绰号。而作为这项浩大工程的领导者，古埃及法老阿蒙涅姆赫特三世（Amenemhat Ⅲ）的影响和形象至今在法尤姆地区隐约可见。

当我们的小巴在法尤姆附近的边姆（Biahmu）停下时，我们看到的是一片令人难以置信的欣欣向荣——柴油机水泵驱动的水流在农田边上的灌溉渠中流淌。棕榈树荫下一头骆驼在悠闲地咀嚼着饲料。在田地边缘，一丛丛苜蓿同样长势喜人。田地的中央耸立着一座高达30—40英尺的石制底座。这座如今饱经沧桑的石头台基正是曾经闻名法尤姆的阿蒙涅姆赫特三世双身像的遗迹。人们可以想象当年这尊国王的雕像是如何俯瞰他一手缔造的万顷良田的。而

第九章　法尤姆：沙漠中的湖

在法尤姆的其他地区，阿蒙涅姆赫特三世也留下了他丰功伟绩的见证：他在农业区的西部边缘修建了一座神庙以期阻挡沙漠的侵蚀，而在加仑湖的东南方向更留下了他本人的金字塔（即黑金字塔）。这座金字塔的葬祭庙规模宏大结构复杂，古希腊罗马时代的作者将其称为"迷宫"。但时至今日，这座"迷宫"早已不复存在，甚至连金字塔本身也已经崩塌。而那座面对沙漠一夫当关的神庙如今也已经无法抵御沙漠化的侵蚀了。阿蒙涅姆赫特三世的双身像也同样不知去向，但它的石制底座保留了下来，并成为这一地区农业发展的见证。

除了这些残存的古代遗迹之外，我们对法尤姆地区古代生活第一手文字资料的掌握也是埃及其他地区不可比的。在20世纪初期对底比斯丘陵的一处古墓的发掘中，考古学家们在墓道中发现了大量在墓室封闭前被遗弃其中的莎草纸。在这些废纸中人们发现了一位名为赫恰纳赫特（Heqanakht）的男子的一系列信件和家庭账单。我们了解到赫恰纳赫特是一名生活在中王朝早期（约公元前2000年）的农场主。他的故乡是位于法尤姆地区边缘的一处名叫"枣林"的地方。但与此同时，他也在一位高官陵墓的葬祭庙担任祭司一职。这份差事使他必须定期往返于家乡和南部的底比斯之间。他于底比斯出差期间写下了这些原定寄给家人的信件，但不知出于何种原因，这些信最后作为废纸被扔进了那位高官陵墓的竖井中。但这些在机缘巧合下保存至今的信件却为今人提供了一窥四千年前一位埃及成功农场主生活的宝贵机会。

他在写下这些信件时大概有30多岁，这在古埃及的标准里无疑已经算中年人了。而这位已经历了两次婚姻的男子也已经是一个大家庭的一家之长。而他在当时应该也受过相对良好的教育——至少他可以独立完成部分甚至是全部家书的写作。只有在需要起草更为正式的文书时,他才需要求助于专业的书吏。此人家书的主要部分都是在谈论农业生产,其内容包括了从讨债到播种的方方面面。而今人从中亦不难体会到他身在外地而必须将生意假手他人时的担忧。他在信中忧心忡忡而又气势汹汹地写道:"一定要上心!看好了我的小麦籽!看好了我所有的产业——我就指望你了。一定要照看好我的产业!"[5]除此之外,更特别反复叮嘱他的管家麦瑞苏(Merisu)为来年的耕种做好准备。他不仅指示麦瑞苏不得动用预备贮存的余粮用以支付一块田地的租金,并指示他伺机租下更多的土地。

作为一名成功的生意人,赫恰纳赫特和至少28人有着商业往来,其中16人是他的邻居。而在工作和生意之外,赫恰纳赫特同样有着丰富的个人生活。在他的大家庭里生活着18位亲属并有三名仆人提供服务。而他的雇员则包括一名工头、一名管家(麦瑞苏)、一名家庭抄写员和一名掌管家畜的员工。而他的大家庭则包括他的母亲以及另一位女性长辈、一个弟弟、前妻留下的一双儿女、续弦的妻子以及她的两个女儿。正如千年之后的埃及男人一样,赫恰纳赫特对其母尊重有加并在信中给母亲致以问候并报上平安。另外,赫恰纳赫特也和千年之后的埃及男人一样有着对儿子的偏爱——他在信中指示其他亲属:"无论他要什么,你们都要满足。"[6]

在这个充满竞争的大家庭中,亲人之间的关系似乎并非十分融洽。造成这种紧张的一大原因来自其他家庭成员对赫恰纳赫特第二任妻子的态度。而远在底比斯的赫恰纳赫特无疑也担心其他家庭成员会合伙与他的第二任妻子作对。同时他也毫不犹豫地解雇了他家的一名仆人,因为他相信这名仆人对他妻子态度恶劣。他更责备其他家人没有保护好他的妻子,并指责他们把她当成"荡妇"和"来路不明者"。

这段赫恰纳赫特书信中记载的家庭纠纷后来成为阿加莎·克里斯蒂所著侦探小说《死亡终局》(Death Comes as the End)的创作基础。我们虽然已经无从得知赫恰纳赫特的家庭纠纷是否最终演变成了谋杀,这些保留至今的书信至少给我们勾勒了一幅法尤姆地区乡村生活的生动画卷。而在四千年后的今天,这里的居民依旧以排外和叛逆而闻名。

阿加莎·克里斯蒂并不是她那个时代唯一一位对古埃及文化着迷的女性。另一位名叫格特鲁德·卡顿-汤普森(Gertrude Caton-Thompson,1888—1985)的女性虽然知名度不及前者,却对古埃及研究的发展产生了更为深远的影响。出生在一个以模范主妇作为女性唯一人生目标的年代,出身富贵的格特鲁德还是突破了传统与偏见成为一名考古学家,并在加仑湖附近的考古发掘中重新书写了埃及文明起源的叙事。这足以让许多同时代的男性考古学家汗颜。

虽然5岁丧父,格特鲁德依然有着衣食无忧的童年生活。她和她妈妈以及长兄住在一座有11间卧室、台球室、马厩和大花园的豪宅中。他们会和阿斯特家族(Astors)一起去克利夫登(Cliveden)① 参加舞会,在圣诞假期出发狩猎并会在苏格兰和法国消夏。像许多当时的上流社会家族一样,格特鲁德一家也会在冬天前往埃及。格特鲁德的第一次埃及之旅是在1907年;四年后她又一次前往埃及并住在卢克索的冬宫宾馆。她写道:"这里果香四溢

---

① 译者注:阿斯特家族为美国房地产家族。克利夫登原为阿斯特家族的府邸,泰晤士河流经其上,奢华异常。

的花园是一处安宁的避风港,而尼罗河对岸就是壮观的底比斯丘陵。"[7]但埃及所带来的也有悲伤的回忆,在第一次世界大战中格特鲁德的爱人(一名英国陆军上尉)就在靠近巴哈利亚绿洲(Baharia Oasis)的沙漠中殉职。但除此之外,并没有迹象表明埃及会成为格特鲁德一生探求的对象。

格特鲁德对埃及的特殊兴趣始于1915年的一次巴黎之旅。在这次旅行中,格特鲁德迷上了卢浮宫的埃及展品和拿破仑时代的古埃及风格建筑。返回英国后,她开始在伦敦大学学院学习阿拉伯语和史前考古学。也正是在那里,她遇到了正处在事业巅峰的古埃及学教授弗林德斯·皮特里。在1921年,格特鲁德说服了她的母亲同意她加入皮特里的埃及考古队。与之前奢华的埃及之旅不同,皮特里考古队的工作生活是十分清苦的,但格特鲁德对此充满好奇。在这段埃及考古的黄金时代,皮特里带领这位来自伦敦周边的年轻女性参观了当时埃及几处最重要的考古现场。在参观了卡特和卡那封在帝王谷的发掘工作之后(此时距离他们发现图坦卡蒙王陵还有一年的时间),皮特里又带格特鲁德参观他自己在中埃及俄克喜林库斯(Oxyrhynchus)的发掘工地。但格特鲁德对俄克喜林库斯兴趣有限,这不是由于皮特里的苦行主义作风或者该地恶劣的工作条件,而是她的研究兴趣其实主要落在旧石器时代,而非这里的希腊罗马遗址。

在这之后,格特鲁德离开了俄克喜林库斯独自前往阿勒旺(Helwan)进行她的考古发掘工作。在她的考古生涯中,格特鲁德展现出了过人的坚韧和勇敢。她曾这样自述:"我已经习惯于随身携带手枪以对付凶恶的鬣狗。在夜里手枪就放在我的枕头下。"[8]而在考古现场,格特鲁德就住在眼镜蛇盘踞的废弃墓穴中。格特鲁德顽强的毅力使她最终在1924年于法尤姆地区的北部边缘发现了埃及首处有组织的史前聚落遗址。

在此之前,考古学界已经注意到产自法尤姆地区的燧石工具,但除了格特鲁德之外,没有人真正关注过这些史前文物的确切来源。在现场进行了初步勘探之后,格特鲁德返回伦敦筹备一次更大规模的全面发掘。皮特里也向她保证会提供他手下最好的五位吉夫特工匠(虽然脾气暴躁,但皮特里同样有着考古学家间的惺惺相惜)。在一切准备就绪后,格特鲁德和她的一位女伴乘坐东方快车经意大利前往埃及。

1924年冬天的埃及正处在英国驻苏丹总督在开罗遭暗杀事件引起的动荡中。格特鲁德刚刚抵达埃及,殖民当局就劝阻她赶紧离开——在他们眼里,这时的埃及不是女人待的地方。但格特鲁德不为所动,她绕过了英国殖民当局直接要求法尤姆的埃及地方总督保护考古发掘的安全。① 总督建议格特鲁德乘坐骆驼,但她坚持使用她在开罗购买的二手福特车(另雇司机)。最后这辆汽车也算是不辱使命。在到达之前勘定的地点之后,格特鲁德开始了她第一次独立领导的全面发掘工作。

这次为期两个月的发掘彻底改变了对埃及史前文明的认识。发掘出土的埃及最古老的陶器、燧石工具、石磨和谷物遗存都表明,这里是埃及已知最古老的农耕定居文明遗址。在之后两个季度的发掘中,格特鲁德在清理沙漠表面时偶然发现了之前提到过的法尤姆人谷仓。她在这些谷仓中取出了十个保存相对完好的衬垫并将一部分寄往了英国。与此同时,格特鲁德还发现了一个金字塔时期的石膏开采场以及一处被沙漠掩埋的托勒密王朝时期的

---

① 译者注:英国于1922年被迫承认埃及"独立",但依旧保留国防、外交等特权。这就是1924年埃及地方长官已经由埃及人担任但仍然存在英国殖民当局的原因。

灌溉设施。而除此之外，格特鲁德还和她的女伴组织了一次地质学考察，她们骑骆驼前往这次考察的目的地拉亚那（Rayana）洼地。那里白天非阳光直射温度高达49摄氏度，因此她们只能昼伏夜出。而当有一次向导在沙漠中迷失了方向时，还是靠着格特鲁德回到了营地。

在法尤姆考古的第三个季度，格特鲁德依照英国陆军对沙漠旅行的建议将她原来的二手福特车升级成了一辆全新的莫里斯六轮卡车。虽然格特鲁德并不是轻信之人，也在位于英国米德兰的武器试验场实地测试了这款车的性能，但事实证明在伯明翰丘陵运行良好的车辆并不一定能胜任加仑湖地区的沙漠环境。在发掘季结束后，格特鲁德随即对莫里斯汽车公司提起诉讼并很快获得胜诉。莫里斯汽车公司赔偿了她将在撒哈拉沙漠中抛锚的卡车运往开罗的费用。

在这些探险经历之后，格特鲁德写道："如今妈妈终于承认我对考古学不是三分钟热度的兴趣了。"[9]事实上，在她在法尤姆的先驱性的工作之后，格特鲁德继续在津巴布韦、德兰士瓦（Transvaal，今南非）、比属刚果、乌干达以及肯尼亚［与路易斯·利基①（Louis Leakey）合作］从事考古发掘工作。为表彰她对考古学的突出贡献，格特鲁德被选为皇家地理学会理事，被皇家人类学会授予Rivers纪念奖章，并最终当选不列颠学院院士。

终其一生，格特鲁德从未丧失过冒险精神和对生活中美好事物的追求。在不列颠空战开始时，她依旧镇定自若地在伦敦理发、购物。她的生活阅历赋予了她对世事无常的泰然自信以及战胜困难的坚定决心。这些品质激励她不断追求科学新知并为女性的聪明才智正名。格特鲁德在91岁高龄时完成了自己的回忆录，而直到她以

---

① 译者注：1903—1972，肯尼亚人类学家。

97岁的耄耋之年辞世，这位伟大的女性一直在不知疲倦的工作。

　　出于对埃及史前文明的兴趣，格特鲁德选择了法尤姆地区作为她埃及考古的重点。而巧合的是，正如皮特里在19世纪80年代的考古发掘所揭示的那样，这一地区在古代同样涌现出一大批意志坚定且影响深远的女性。当古埃及的法老们端坐在他们位于孟菲斯或者底比斯的朝堂上时，他们的嫔妃和公主们则在一座位于法尤姆东南部的行宫中发挥着潜移默化的政治影响力。这处遗址今天被称为古鲁布（Medinet el-Gurob，意思是"乌鸦镇"），而在古代它被称为"大运河畔的后宫"或者"湖畔后宫"。而这座位于沙漠边缘的行宫确实俯瞰着这一地区最主要的灌溉沟渠。事实上，古鲁布也是新王朝初期巴赫尔·优素福（Bahr Yusut）河从其向北的路线改道进入法尤姆盆地的指挥中心。

　　据史书记载，法尤姆地区在不晚于中王朝时期就建有一座行宫。第十二王朝的法老们喜欢前往加仑湖渔猎，而湖畔平缓的地形也为建造行宫提供了良好的条件（人们不难猜想，阿蒙涅姆赫特三世频频访问法尤姆的原因除了视察水利工程的进度之外，或许也和这里的行宫有关）。但直到埃及进入鼎盛时期的新王国时期，尤其是外邦联姻盛行的第十八王朝时代，一座作为王室嫔妃主要住所之一的行宫才在古鲁布地区应运而生。当时，埃及法老图特摩斯三世（Thutmose Ⅲ）在一次对叙利亚 – 巴勒斯坦地区的用兵中凯旋。随大军返回埃及的除了大批金银财宝之外，还有若干位来自近东地区的和亲公主。图特摩斯三世于是在今天的古鲁布地区修建行宫，为他的这些异国嫔妃和她们的随员们提供安居之所，并保证未来的王室子女有一个安全的成长环境。除此之外，他甚至希望他的嫔妃们以及随从可以在此地开展生产自力更生。从下文看生产的具体内容主要是纺织业。

这座占地 12 亩的宫殿群由两座主要建筑构成。其中一座有着廊柱大厅的宫殿是嫔妃以及王室子女居住的寝宫。而与之遥遥相对的另一座建筑则主要承担行政和建设职能，其中也建有仓库和手工作坊。这里同样设有管理后宫的官僚机构，其职员全部为男性（毫无疑问能够成为这里的主管并获得诸如"后宫大总管"或者"双城领主"之类的封号对于当时的埃及人是极具吸引力的）。和中世纪的欧洲一样，古埃及的贵族妇女同样要从事精细纺织工作，而这座古鲁布行宫更成了当时的纺织中心，古鲁布行宫制作的以当地出产的亚麻作为原材料的麻布在埃及各地都大受欢迎。在法尤姆出土的莎草纸上记载有这样的广告——"王室制作，头巾、短袍、三角布料，品质一流"[10]。与此同时，古鲁布行宫还出产玻璃制品（这在古代长期以来属于奢侈品与王室的象征）、珠宝和化妆品；对此读者可以对照法国波旁王朝的御用陶瓷。与此同时，行宫同样拥有自己的土地和房产，并可以从中央财政获得必要的资金支持（来自中央的财物会经水运抵达宫墙外的港口）。简言之，这座行宫同时也是一座庞大的经济实体。

而埃及法老们或许忘记了，让这些彼此竞争的嫔妃和王子一起居住在这座经济独立且位置偏远的行宫，毫无疑问会将这里变成后宫争宠和诸子夺嫡之类宫廷阴谋滋生的温床。现存的古埃及史书记载了两次大规模宫廷阴谋，但未见于现存史料的类似事件或许会更多。第六王朝法老佩皮一世（Pepi Ⅰ）时期（约公元前 2300 年）发生的后妃针对法老的阴谋被及时扑灭，并以秘密审判的方式加以处理。而到了 1150 年之后的拉美西斯三世时期，类似的阴谋却导致了法老本人被割喉刺杀。在事件平息后，参与弑君的一位王子以及若干后宫高级官员均遭到处决。

在相对太平的时期，这座行宫则是一代代外国和亲公主的居所。例如阿蒙赫特普三世来自米坦尼[1]（Mittani）的和亲公主吉鲁荷帕（Gilukhepa），随她前往埃及的还有多达317名侍女。而阿蒙赫特普三世所更为宠爱的正妻特伊[2]（Tiye）王后也在这里留下了印记——在古鲁布行宫遗址出土的她精美的彩绘乌木头像如今作为镇馆之宝保存在德国柏林埃及博物馆。而依据现存最早的国际和约嫁往埃及的赫梯（Hittite）公主也曾在此居住。

古鲁布行宫的繁荣持续到了新王朝的末年，历时约三百年。这座行宫的存在不仅被古代文献的记载所佐证，更被保存至今的考古遗址所支持；这在埃及是绝无仅有的。在干燥的沙漠气候下，行宫的主体建筑相对完整地保存到了19世纪后期。但无独有偶，埃及末代君主，热爱运动而又风流成性的法鲁克（Farouk）国王同样在加仑湖畔建立了自己的猎场和度假区。这座被称为法尤姆别墅的设施直到埃及君主制被推翻前都一直专供王室使用。但与此同时，这里也被用作埃及和英国当局举行高等级谈判的场所。温斯顿·丘吉尔就曾在此下榻。

法尤姆别墅在自由军官组织1952年夺取政权之后被更名为杜拉克别墅（Auberge du Lac），但直到20世纪70年代，这里的建筑和装潢都没有多大变化。现在，这里已经被改造成了五星级湖景酒店和疗养区。同当年的法老们一样，如今埃及的富豪们依旧喜欢来此度周末。

---

[1] 译者注：美索不达米亚平原北部古国，立国时间大约与古埃及第十八王朝相近，持续约两百年。
[2] 译者注：特伊王后，第十八王朝法老阿蒙赫特普三世之妻，阿肯那顿之母、图坦卡蒙的祖母。原文为 "the king's favourite wife Tiye"。古埃及历史上有两位叫Tiye的王后，另一位生活在第二十王朝。但结合上下文这里"the king's favourite wife"所指的应该是阿蒙赫特普三世的王后。另外，由于第二十王朝的泰伊王后正是上一段提到的拉美西斯三世弑君案的主谋之一，所以从逻辑上说这里所指的应该也不是她。

继中王朝时期的土地开垦和新王朝早期的水利工程之后，法尤姆地区在托勒密王朝时期迎来了第三次大规模土地开垦。虽然托勒密王朝早期的统治者们误以为该地区是"沼泽地"而忽视了其价值，他们还是很快意识到了当地进一步发展农业的潜力及其对埃及经济的重要意义。这项工程在一开始通过一系列水利工程控制巴赫尔·优素福河流入湖区的水量。在湖区面积缩小之后，人们就可以通过修筑沟渠水坝开展围湖造田。而新开垦土地的灌溉则由人力不间断驱动的阿基米德水车负责。耕地面积的显著增长使法尤姆地区成为埃及最重要的农业区之一；其出产的葡萄酒、水果和其他经济作物更驰名全国。直到如今，开罗市场上出售的多数花水和精油依然产自法尤姆地区。

法尤姆新开垦土地的主人大多是来自埃及乃至地中海其他地区的退伍军人。其中一些村落［如萨梅里亚（Samareia）］的地名源自希伯来语；这显示其聚居者大多为犹太人。但除此之外，大多数村庄还是由希腊人建立的。而埃及本地人在这一带的社会经济地位则普遍较低。在这一时期，法尤姆地区的人口中有一半是新安置的退伍军人及其眷属。新移民的到来改变了当地的民族组成，但也引发了一定程度的族群对立现象。与此同时，法尤姆地区还聚集了从托勒密王朝治下各地慕名前来的游客。他们中的多数是慕名前往鳄鱼城；当地祭司更会出售炸鱼和蜂蜜蛋糕供这些游客投喂鳄鱼。［据一份罗马时代的莎草纸记载："尊贵的元老卢修斯·迈密乌斯（Lucius Memmius）将从亚历山大港出发前往法尤姆观光。务必保证他受到特殊礼遇的接待并准备好给皮特曳乔斯（Petesouchos，当地鳄鱼之神）和鳄鱼们的贡品。"[11]］总而言之，当时的法尤姆地区可谓是民族与文化的熔炉，这也是希腊人建立的托勒密王朝的一个缩影。

卡纳尼斯（Karanis）就是这一时期新建的城市之一。这座紧邻沙漠的城市位于法尤姆地区的东北边缘。该城占地185亩并在历史上持续繁荣了大约8个世纪（公元前270—500）。现代考古发掘在这一带出土了大量文物和古代文献；这使得卡纳尼斯成为了解古地中海地区社会生活最重要的窗口之一。在这座城市中，贫苦农民多数居住在多层公寓中。他们从年纪很小就开始需要下田劳动，但每年收获的大部分都会被不劳而获的地主拿走。而除了微薄的工资之外，当地农民还会为地主饲养牲畜和家禽以补贴家用。

在这种艰苦的生活条件下，当地居民很自然地会求助于宗教的精神慰藉。这座城市在其全盛时期建有两座主要神庙，其中南部的一座供奉两位法尤姆本地的鳄鱼之神皮内斐若斯（Pnepheros）和皮特叟乔斯。而北部的神庙则供奉一位埃及和希腊神话信仰的结合体："宙斯 - 阿蒙 - 塞拉匹斯 - 赫利俄斯"[①]（Zeus-Ammon-Serapis-Helios）。除此之外城中还建有祭祀色雷斯人（Thracian）的骑射之神海伦（Heron）的场所，甚至可能是拜火教（Mithraeum）祭坛的遗迹。而在一座家庭祭坛的壁画上发现的伊西斯抚养荷鲁斯的画面则与基督教圣母的艺术题材有几分相似。这些考古发现显示，法尤姆地区是一个多种宗教信仰并存的社会。

但托勒密王朝给法尤姆带来的复兴是短暂的。到托勒密二世时期，当政府的注意力逐渐转向日益恶化的外交环境，对这一带农业水利的经营就逐渐荒废了。很快，灌溉沟渠就因为泥沙淤积而无法使用，沙漠随即再次吞噬了良田，这里的人口也随之大幅减少。罗马帝国对埃及的征服制止了这种衰败的趋势。奥古斯都

---

① 译者注：塞拉匹斯是古希腊晚期的神明，形象主要来源于奥西里斯；赫利俄斯是古希腊太阳神，其形象后来多与阿波罗合并。

（Augustus）大帝在上台后不久就意识到这一地区对罗马帝国粮食供给的重要性；并随即派兵修复这一带的灌溉系统。这一措施取得了立竿见影的成效，而像卡纳尼斯之类的当地市镇更在与周边地区尤其是亚历山大港的贸易往来中得到了快速发展。随着粮食产量的快速增加，这片占埃及可耕地面积十分之一的地区获得了"罗马帝国的面包篮"的美誉。而随着大批退伍军人在这一地区分得土地，法尤姆地区的人口也与日俱增。但好景不长，罗马帝国的皇帝们开始对这一带的居民征收比埃及其他地区高一倍的重税；这导致了该地区大批人口逃亡。随后于165年侵袭此地的瘟疫更导致了人口锐减。到2世纪末期，法尤姆地区的社会秩序已经开始崩溃——在当时主要市镇泰卜图尼斯（Tebtunis）出土的莎草纸记录了这一时期所横行的勒索、盗窃、失踪以及未遂的团伙杀人案件。

但在社会经济衰落的同时，法尤姆地区的民族文化融合依旧在进一步深入。罗马人和埃及人开始相互杂居（罗马人更富有一些），使用希腊文作为共同的书写与交流工具。而这种希腊-罗马-埃及的民族文化融合在当时法尤姆地区的葬俗上表现得尤为明显。这一时期埃及出土文物中最为精美的可能就要数哈瓦拉（Hawara）的木乃伊画像了。哈瓦拉位于法尤姆地区的边缘、阿蒙涅姆赫特三世黑金字塔的陵区内。在经典时代，能埋骨于负有盛名的"迷宫"地区被视为特权的象征，这也使得哈瓦拉地区成为首府中城市精英阶层的专属墓葬区。这里出土的木乃伊面具融合了经典埃及风格和希腊-罗马绘画技法，给今人提供了"面对面"了解当时埃及上流社会个人生活的机会。

例如一位生活于约公元120年、名叫阿提米多鲁斯（Artemidorus）的男子：该人年龄大概20岁，浓眉大眼鹰钩鼻。其嘴唇宽大，皮肤黝黑，深棕色的头发按照图拉真时代流行的发型梳向前方。在他绘制于酸橙木板上并以金叶装饰的木乃伊画像上，阿提米多鲁斯身穿白色短袍与奶油色披风。虽然此人的姓名和籍贯显示其来自希腊，但其罗马化风格的画像以及古埃及传统的丧葬形式，正是此地民族文化融合的生动体现。与之合葬的名为忒缪萨瑞恩（Themoutharin）的埃及女性（很可能是其妻子）也从另一个角度证明了这一点。

另一座在当地有代表性的墓葬的主人同样有着希腊化的名字，其年代较之阿提米多鲁斯墓葬早大约一百年。在他的画像上，这位名叫锡罗斯（Syros）的墓主人将自己描绘成了具有高颧骨和大耳朵的形象。这种更加符合托勒密王朝审美的形象或许表明罗马帝国在埃及的统治在当时尚未被普遍接受。这一墓葬的另一主要特点是画像四周极具古埃及特色的纹饰，其中包括头顶日盘的眼镜蛇、圣甲虫、狮身人面像、人头鸟、女神努特、停尸架上的木乃伊以及带领死者觐见奥西里斯的阿努比斯（Anubis）和荷鲁斯神等传统埃及宗教题材。整体而言，锡罗斯的画像中存在着大量古埃及传统元素，但基本看不到罗马化的影响。但令人惊讶的是，合葬于这座墓葬中的另一位名为马雷斯（Mareis）的年轻男子（很可能是墓主人的挚友）却被描绘为拥有当时流行的罗马式发型。这一有趣的巧合或许正是法尤姆地区民族文化融合的一个缩影。

还有一具著名的木乃伊面具来自一名生活于约40年、年龄20岁左右的女子。在其画像中，这名女子佩戴的唯一首饰是一对镶嵌珍珠的金质大耳环。一段在画像脸部附近发现的希腊文铭文显示该女子名叫赫尔迈厄尼（Hermione），并担任语法教师的工作。在当时文化融合的大背景下，我们可以猜测她的工作很可能是向当地的精英阶层传播包括语法知识在内的希腊文化。当皮特里于1888年发现这座墓葬时，他认为墓主人很好地符合了他心目中"勤勉温顺，不事浮夸"[12]的理想女性形象。正因为此，皮特里特意将墓主人和她的面具盗运至剑桥大学格顿学院①（Girton College）。但具有讽刺意味的是，这座墓葬的出土恰好与格特鲁德的出生同岁，在皮特里的辅导下，她不仅后来在法尤姆取得了不亚于前者的成就，也颠覆了考古学界对女性学者的刻板印象。

在罗马帝国衰亡之后，法尤姆地区的命运也变得更加坎坷。与埃及的其他偏远地区一样，这里同样吸引了众多的基督徒，尤其是苦行僧来此定居。基督教信仰在这一带的影响根深蒂固（这一带最终共建立了45座修道院），以致当地居民对639年的阿拉伯入侵有强烈抵触情绪。事实上，法尤姆一直是各种叛乱的温床，更是埃及最后被阿拉伯统治者彻底征服的地区。作为报复，法尤姆在战后遭到了劫掠，其发展也长期得不到后来的穆斯林统治者们的重视。在被969年入侵的法蒂玛（Fatimid）王朝军队破坏之后，法尤姆地区在后来奥斯曼统治时期一蹶不振。在1245年一份地方总督提交给开罗当局的水文调查报告中指出，当时正处于六千年来最低谷的法尤姆地区几乎已经完全被荒废了。在埃及现代化开始的穆罕默德·阿里统治早期（19世纪初），法尤姆地区只有60个村落，而早在两千年前的托勒密时代，这一带的村落多达114座。

直到19世纪末期，随着交通和通信的发展，法尤姆地区才开始逐渐恢复了繁荣。这一地区的第一条铁路由英国在1893年修建，第一条连接开罗和法尤姆的公路则在20世纪30年代通车。基础设施的建设使得曾经的小村庄快速发展成了规模可观的城镇。作为地区首府的法尤姆（Medinet el-Fayum）市虽然坐落在法老时代和经典时代首府［施迪特（Shedyt）和鳄鱼城（Krokodilopolis）］的旧

---

① 译者注：格顿学院是英国第一所寄宿制女子学院，以激励该校女生更加的"忘我求学"。

城址之上，但和埃及许多快速发展的城镇一样，它已是一座完全不同的现代化城市。泥砖建筑正被"丑陋的混凝土盒子"所取代——他们中的许多并未完全建成，屋顶尚可以看到锈迹斑斑的钢筋。与此同时，这一地区的机动车交通拥堵和空气污染问题也随着经济的发展逐渐显现。总而言之，正如那些曾经饲养鳄鱼的神庙一样，法尤姆地区传统的农业生活方式也正在逐渐消失。事实上，目前法尤姆市悠久历史硕果仅存的遗迹差不多只剩下了位于城镇入口处的一座圆顶方尖碑。这座纪念碑原先位于现址西南数英里的阿比齐（Abgig）村，其表面除了其建造者辛努塞尔特一世的名字之外没有任何铭文或浮雕。这座原本位于尼罗河河谷和法尤姆盆地交界处的石碑在最初修建时或许是为了象征该地区在法老统治下的繁荣。而如今，这座被整体迁往现址的石碑则成为法尤姆又一次危机的无声的见证者。

近年来，阿斯旺高坝的修建以及尼罗河上游越来越多的引水灌溉工程已经严重影响了加仑湖地区的生态环境。在缺乏足够淡水流入的情况下，湖水的大量蒸发已经使湖水的含盐量不断增加。盐碱化问题的加剧已经使加仑湖基本丧失了灌溉价值和渔业价值。当地人担心，这座湖泊正在缓慢地走向死亡。与此同时，像埃及的其他部分地区一样，随着生存环境的恶化，饥饿与贫穷引发的民愤更成为了滋生极端主义的温床。

在我们最近一次到访法尤姆的旅程中，军队的全程武装护送已经变得必不可少。当听说我们要去参观辛努塞尔特二世的泥砖金字塔时，我们的司机因为担心遭遇袭击而对穿过一座名为拉罕（Lahun）的小镇忧心忡忡。当我们平安无事地驶出小镇远远望见金字塔时，司机明显地长出了一口气。但士兵们并没有因此而放松警惕。在我们被允许下车之前，从越野车上跃下的军人扇形展开在周围警戒。直到他们在周围每座高地都建立阵地架好武器,我们才被允许下车进入金字塔景区。但即便如此,我们的参观也仅仅持续了几分钟:当我们刚刚走马观花地围着金字塔转了一圈拍了几张照片,高度戒备的警卫们就急忙把众人叫上汽车匆匆离开——目前,埃及保安部队强烈反对在法尤姆地区长期逗留。直到我们回到通往开罗的公路,军人们才开始放松下来。

虽然目前法尤姆不断恶化的生态环境和安全形势给当地的未来蒙上了不确定的阴影,但在其七千年的历史中,这座沙漠中的湖泊已经经历了太多的起起落落。而本章开始时提到的那些自农业开发中得到抢救性保护的新石器时代的谷仓在某些人眼里也象征着一种希望——通过对这里远古历史的尊重,法尤姆地区或许依然可以迎来一个光明的未来。

第十章
开罗：埃及的首都

（开罗）是伊斯兰教的荣耀，也是全人类的市场。

——穆卡达西（al-Muqaddasi）[1]

在整个非洲、中东地区与阿拉伯世界，开罗都是最大的城市。目前开罗的人口数已经高达 1700 万，并且正在以每年 100 万人的速度增长——这足以与许多国家的人口总数媲美。虽然古埃及法老们修筑的金字塔依然耸立在这座城市的郊外，但法老们治下的人口总数其实从未超越过几十万人的规模。事实上，开罗如今的人口与城市规模已经比尼罗河谷地的其他任何城市大出了至少一个数量级，这在埃及悠久的历史中也是前所未见的。虽然开罗同样面临着人口、噪声、污染与发展不平衡等诸多问题，但如同他们的祖先一样，这里的市民依旧以一种乐天和幽默的态度继续着每日的生活。

位于劳代（Roda）岛南端的古尼罗河水文站标志着传统上开罗城市地理与历史的边界。开罗的旧城区就位于此地以北尼罗河东岸的平原上。近年来，随着城市规模的扩大，劳代岛本身以及河对岸的那些一度偏僻的村庄（比如吉萨）乃至各个方向大片的沙漠都已经被并入开罗城区的范围。但从历史上看，劳代岛南部河对岸这片被称为"旧开罗"的城区是这座城市最古老的部分。

虽然古埃及时代的雕像与建筑在今天开罗的博物馆与广场中随处可见，这座城市的形成却远远晚于法老时代。事实上，开罗作为埃及的中心城市始建于阿拉伯时代。如今这座由阿拉伯征服者营建的城市不仅以其古老的清真寺和学院而负有盛名，更作为阿拉伯联盟总部的所在地而举足轻重。但与此同时，开罗又绝不仅仅是一座阿拉伯城市。和埃及的其他地区一样，不同历史文化间的交织、碰撞与融合赋予了开罗一种独特的魅力。

在尼罗河对岸与劳代岛南端隔河相望的，是一片用篱笆围起来遍地垃圾的空地。令人意想不到的是，这片在快速发展的城市中显得有几分突兀的"废土"正是埃及历史上第一个阿拉伯定居点的旧址，也是如今中东大都市开罗的最早的前身。也正因为其历史意义，这一地区在开罗的城市化进程中得以保留而至今未被开发。这片在阿拉伯语中名为福斯塔特（Fustat，意即帐篷）的遗址始建于641年，即先知穆罕默德去世九年之后。当时阿慕尔·伊本·阿斯（Amr ibn al-As）麾下的阿拉伯大军在经历了两年征战从拜占庭统治者手中征服埃及之后，决定在此地安营扎寨，营建新都。这一带几经重修的阿慕尔（Amr）清真寺是此遗址现存的主要建筑。它的修建象征着埃及被正式纳入伊斯兰世界的版图；而如今埃及作为阿拉伯国家领袖的地位也可以溯源到南开罗的这片其貌不扬的"废土"。

阿拉伯人虽然为埃及带来了新的宗教信仰，但他们在都城地址的选择上依旧遵循了这一地区的古老传统。从公元前3000年第一王朝统一上下埃及开始，古王国时期的埃及就定都于被称为"两岸交汇之地"的尼罗河三角洲顶部。在这里，尼罗河分支为若干水道分流入海——这一地理条件不仅为建都于此的王朝有效统治幅员广阔的埃及全境提供了便利，更有助于快速发兵支援易攻难守的东北边境。埃及的第一代君王们将他们的首都称为 Inebu-hedj("白城")，这一称谓源自市中心被粉刷为白色的宫殿建筑群。在之后的岁月中，该城又被冠以在其城郊修建金字塔的法老佩皮一世之名"Men-nefer"（原意为"盛名与美丽"）。而在更晚期的希腊文转写中，这一名称又因讹误被写作"Memphis"，也就是现在大名鼎鼎的孟菲斯。不论其名称如何变迁，作为埃及政治中心之一，这座城市的繁荣持续了近三千年，直到公元前 320 年亚历山大港建成为止。但时至今日，孟菲斯①同福斯塔特一样，已经成了一片不毛之地。正如阿米莉亚·爱德华兹所说："世界上最古老的城市孟菲斯如今仅剩下堆积如山的垃圾和几座残破的雕像。在历史的书卷中，孟菲斯是一座令人心驰神往难以忘怀的名城；但亲眼所见，则不免大失所望。"[2]

　　孟菲斯古城的衰落始于托勒密王朝时代。而到了罗马帝国时代，随着其战略地位被更北方的一座名为"埃及的巴比伦要塞"的庞大军事堡垒所取代，孟菲斯几乎已然从地图上销声匿迹。作为罗马时代军事工程水平的象征，这座要塞西门处的圆塔以及水门附近的半圆形多棱堡至今依旧矗立——在罗马对埃及的统治随着帝国的瓦解而崩溃之后，这座堡垒成为尼罗河地区最早的基督教教堂的基石，这也是上述建筑得以保存至今的一个略带讽刺的原因。时至今日，位置偏北的圆塔被改建为希腊东正教的圣乔治教堂，而水门附近的半圆形多棱堡则成了始建于 4 世纪的圣母"悬空教堂"的基石。这一带的其他古代基督教主要遗迹还包括始建于 5 世纪、如今

---

① 译者注：现位于开罗市以南约 23 公里。

被掩埋地下的圣塞吉阿斯（St Sergius）教堂。据传说耶稣基督一家在埃及期间曾来此避难。除此之外，这一带还有纪念埃及基督教早期殉道者圣芭芭拉（St Barbara）的教堂。围绕这片科普特聚居区的步行街道静谧安逸，保留一种在如今越发繁忙的开罗难得一见的历史气息。信仰基督教的妇女在这一带无须佩戴面纱即可不受干扰地行走，商店店主也可以站在门前等待顾客自己上门。

考察开罗阿拉伯老城区与基督教社区比邻而居的历史渊源，人们可以发现 7 世纪阿拉伯世界对埃及的征服其实是一个与如今大众脑海中中东宗教冲突截然不同的故事。自 451 年的迦克墩会议（Council of Chalcedon）以来，对基督本质的教义论争导致了埃及教会和传统东正教的分裂；这也使得当地的科普特教徒长期以来一直遭受拜占庭统治者的歧视与迫害。正因为此，当阿慕尔·伊本·阿斯的军队于 639 年入侵埃及时，当地科普特派基督徒领袖选择了与阿拉伯军队合作以换取更开明的宗教政策。阿拉伯大军征服埃及的第一战在开罗东北的赫利奥波利斯（Heliopolis，今开罗国际机场和总统宫所在地）打响。随着此战的失败，丧失了对尼罗河流域大部控制权的拜占庭军队退守巴比伦要塞作最后一搏。阿慕尔的军队遂从 640 年 10 月起开始对该要塞的围攻，直到次年 4 月拜占庭军队缴械投降。从此之后，埃及被不断扩张的阿拉伯帝国纳入版图，并接受由远在麦加的哈里发指派的行省总督的统治。但新的统治者并未在埃及推行全面的伊斯兰化——直到 10 世纪，埃及的大多数人口依然信奉基督教并使用其传统语言。在这长达数百年的时间里，科普特基督徒和阿拉伯穆斯林一直和平地生活在一起。

而在基督教与伊斯兰教之外，犹太教同样在开罗城市的历史上扮演了不广为人知但同样不可缺少的角色。犹太社区对开罗经济文化所做出的历史贡献重新为人所知，要归功于在现今科普特社区一

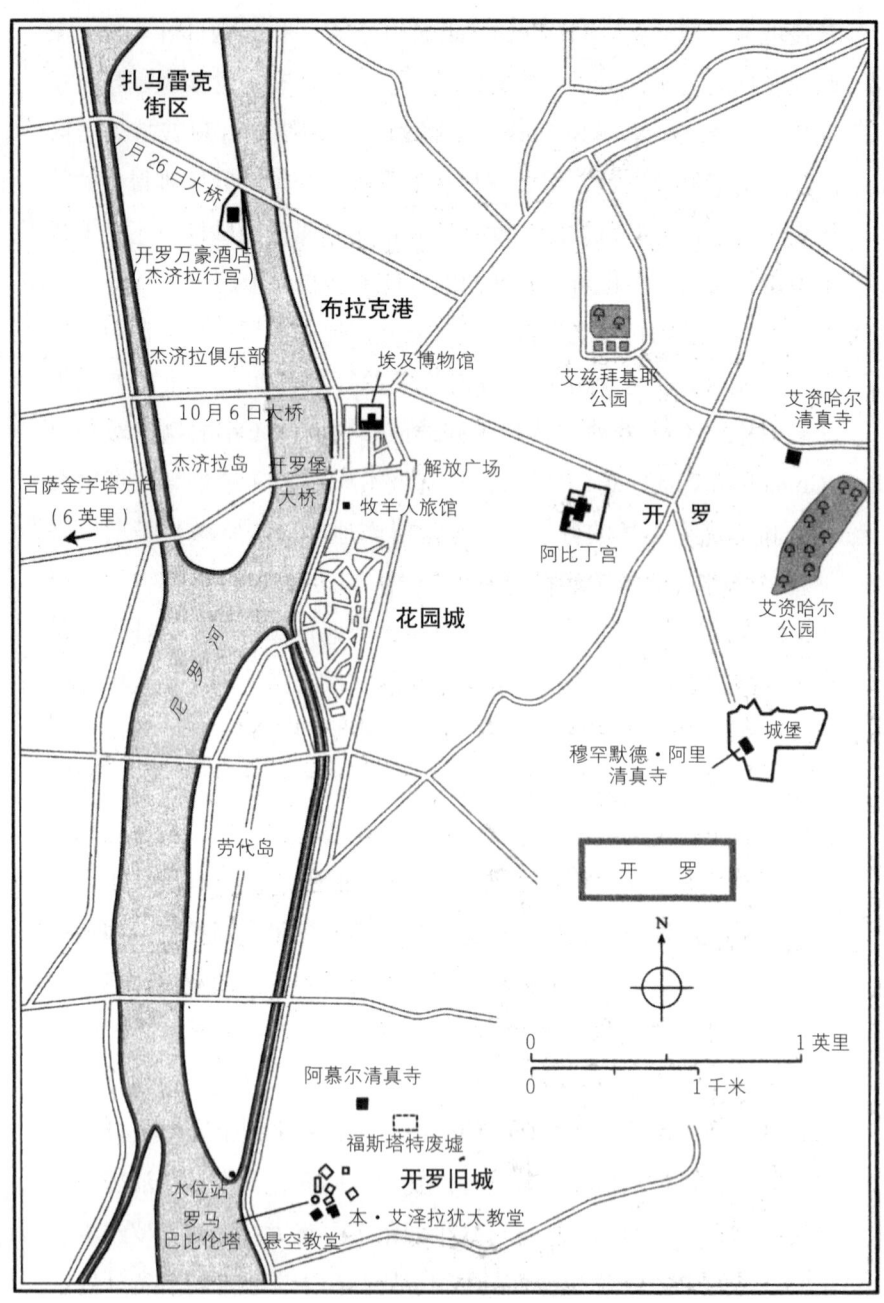

254　尼罗河：穿越埃及古今的旅程

栋貌不惊人的阁楼中取得的一项重大考古发现。在距离悬空教堂仅一街之隔的不起眼的角落，坐落着一座有着精致护墙和优美窗户的暗黄色建筑。虽然在初看之下并不起眼，但其入口处的守卫和床边低调装饰的大卫之星①还是能够让人一窥这座建筑的特殊身份。而透过一扇敞开的窗户，一座标志性的犹太教灯台也隐约可见。这座以本·艾泽拉（Ben Ezra）命名的犹太教堂一度是当地繁盛的犹太社区的中心，现在则作为一座精心重修的纪念馆对外开放。

根据本地传说，这座犹太教堂就坐落在当年婴儿时代的摩西被从尼罗河岸救起的地点。而与这段传说相类似的，这座建筑本身的历史也同样笼罩在传说之中。根据这个故事最为通行的版本，该犹太教堂始建于约9世纪，但在此后不久即被改建为了基督教教堂，并于1012年被当时的哈里发下令捣毁。该教堂于1025得以重建。根据传说记载，来自耶路撒冷的亚伯拉罕·本·艾泽拉比于1115年前往开罗并说服官府将这座建筑归还给了当地的犹太社区，并出资两万第纳尔将其重建成为犹太教堂。这段曲折的故事解释了该教堂基督教与犹太教建筑风格的融合，例如告解室与约柜的共存。从10世纪直到19世纪，本·艾泽拉犹太教堂一直是开罗老城区犹太教活动的中心。

而真正令本·艾泽拉犹太教堂与众不同的还要归功于其古籍保存的"副业"。根据犹太教传统，一切写有希伯来文（在犹太教中被认为是神圣的文字）的文件均具有神性而不得丢弃。正因为此，每个犹太社区都会有一处名为"genizah"的文件保存室，其地点则往往会选择被认为安全无虞的当地犹太教堂阁楼。8世纪以来，一代代开罗犹太人将五花八门的文书放入本·艾泽拉教堂的保存室

---

① 译者注：六角星，犹太民族和以色列国家的象征。

中。随着岁月的流逝，这些种类涵盖从诗歌情书到合同契约的文书在不为人知中慢慢积累，直至堆积如山。

直到19世纪末，来自剑桥大学的犹太学者所罗门·谢克特（Solomon Schechter）拉比才让这里堆积了数百年的文献重见天日。考古学家在此共发现超过25万件文献残片，其中最古老的可以追溯到距今一千多年之前；这也使得本·艾泽拉教堂成为迄今发现的规模最大的中世纪犹太文稿遗存。开罗文书的出土为研究古代犹太民族的宗教与文化提供了不可多得的一手资料，并就此改变了学界对犹太教信仰沿革、基督教与犹太教文学（拉比文学），以及中世纪伊斯兰历史的认识。时至今日，对于开罗文书的整理与研究工作仍在继续进行。开罗文书的内容记载了当地犹太人与非犹太人生活与互动的方方面面，其年代从9世纪（出土年代最早的文献为一份871年10月6日签订的结婚证明）直至19世纪末（出土年代最晚的文献为一份1899年签订的婚约）。这些文献中不仅包含迄今为止所发现最为古老的拉比文学残片，也包含来自犹太教非正统教派"撒都（Zadok）的追随者"的相关文书。从这些文献中，人们发现该教派往往会将其精神领袖尊为"唯一者"或者"正直导师"，这似乎也体现了其与早期基督教的关系。与此同时，由于本·艾泽拉教堂由巴勒斯坦犹太人建立，其中对礼拜仪式的记载也反映了巴勒斯坦犹太教仪轨与目前犹太祈祷书中通行的巴比伦仪轨有若干异同之处。

虽然具有自己独特的宗教，中世纪时期的开罗犹太人还是很好地融入了当地的社区。不仅如此，他们在这座城市的商业生活中占据了举足轻重的地位，并成为维系北非与中东地区之间贸易与文化交流的纽带。犹太人在当地社会备受尊敬，有些甚至在政府中位居要职。12世纪的著名哲学家摩西·麦蒙尼德（Moses Maimonides）

拉比就居住在本·艾泽拉教堂附近。该教区的另一位信徒是一位来自意大利南部的男子，此人于十字军东征高峰期的 1102 年皈依犹太教，并获得了希伯来语名俄巴底亚（Obadiah）。俄巴底亚后来成为一名成功的诗人和作曲家，并在开罗文书中留下了现存最古老的犹太乐谱，一首以 12 世纪意大利格列高列圣咏谱写的摩西赞歌。

进入 20 世纪，埃及逐渐变得对于宗教差异不再像历史上那般宽容，对于犹太人的态度也随之变得愈加敌视。1967 年埃及在第三次中东战争中失败，排犹主义也随之愈发猖獗；这使得大多数在埃及的犹太人背井离乡。如今开罗旧城区的犹太社区已是人去楼空，而目前开罗仅剩规模很小的犹太社区聚居于城市北郊的阿巴斯亚（Abbassia）。

与埃及其他的城镇一样，福斯塔特－开罗旧城区在建立时同样充分考虑了尼罗河的因素。罗马时代的巴比伦要塞扼守着尼罗河上的重要渡口，而其著名的水门也体现了控制尼罗河水路的重要性。7 世纪夺取埃及统治权的穆斯林征服者虽然来自自然环境与尼罗河河谷迥异的阿拉伯半岛，但他们同样很快意识到了这条大河对于埃及持续繁荣的重要。自征服埃及伊始，阿慕尔·伊本·阿斯便采取措施统一灌溉系统，促进农业生产。他同时也重新疏浚了连接尼罗河与红海的古代运河①，以方便由埃及往阿拉伯半岛西部的粮食运输。这些举措使得一度被誉为罗马帝国面包篮的埃及又一次成为了阿拉伯帝国的粮仓。位于劳代岛南端的古尼罗河水文站作为埃及农业产量的晴雨表自其于 9 世纪落成以来被持续使用了近一千年，如今它也是开罗地区伊斯兰时代最古老的地标之一。阿拉伯作家穆卡

---

① 译者注：苏伊士运河的前身。

达西（al-Muqaddasi）于约公元1000年访问此地时写道："水池的中央有一根标有水位刻度的石柱，并有专人负责管理。水池周围则是紧闭的闸门。"³

从古埃及时代源远流长的尼罗河河岸庆典在阿拉伯统治的初期依旧被延续了下来，并且依旧保持了盛大的规模。一位于公元942年造访开罗的历史学家有幸参加了为纪念耶稣基督受洗的"洗礼之夜"庆典。他如是记载了当时劳代岛所在的尼罗河两岸被数千只火炬点亮的盛况：

> 数以十万计的基督徒和穆斯林或泛舟河上，或在商铺与岸滩上摩肩接踵，每个人都充满了期待……整个庆典上鼓乐喧天，众人载歌载舞——这可以说是埃及美丽与欢庆的集中体现。在庆典期间，开罗各区之间的城门始终保持开启，而大多数市民都会选择前往尼罗河沐浴——因为他们确信尼罗河水具有防腐与包治百病的作用。⁴

但正如埃及人所熟知的那样，尼罗河在赋予生机的同时也有可能带来灾祸。公元976年，尼罗河罕见的低水位导致了大范围的饥荒——仅仅在福斯塔特周围就有60万百姓沦为饿殍。而那些饥荒的幸存者也被迫流落他乡，由此产生的社会动荡，为开罗历史的下一次决定性转折埋下了伏笔。

趁埃及国力空虚之机，什叶派的法蒂玛（Fatimids）王朝于公元969年7月1日在北非起兵杀向尼罗河谷地，并在此后迅速控制了整个埃及。根据传说，法蒂玛军在一个火星（阿拉伯语"al-Qahir"）位于东方地平线的吉日于福斯塔特以北扎下大营，从此以后他们就将这座新的都城命名为al-Qahira，也就是现在的开罗。而与此同时，开罗一词也包含着"胜利者"的意思。在法蒂玛王朝的铁腕统治下，开罗很快成了一座巨大的堡垒，成为横跨欧亚非什叶派王朝的心脏。而法蒂玛王朝也在迅速的扩张中占据了从北非到西西里再到巴勒斯坦和也门的大片土地，与东方的逊尼派王朝呈现分庭抗礼之势。在这一时期，埃及的各大港口均得到了扩建以容纳法蒂玛王朝的舰队与军械，而伴随而来的船坞与海关的建设也帮助前朝首都福斯塔特完成了向商业中心的城市转型。

而在新首都开罗，作为法蒂玛王朝权力中心的巨大宫殿建筑群有如鹤立鸡群。这片宫阙的规模如此宏大，以至于时人记载它从远处望去就好像一座大山。除此之外，在开罗城外尤其是沿各水渠以及尼罗河岸还星罗棋布着一些较小的宫殿——同此前埃及的历代君王一样，法蒂玛王朝的统治者们也会从尼罗河那里寻求力量与灵感。而在开罗的城墙内，法蒂玛王朝时代留下的历史古迹则首推修建于970—972年的艾资哈尔（al-Azhar）清真寺。这座清真寺不仅是伊斯兰世界最著名的礼拜场所之一，更以其悠久的教育与学习传统享誉世界，并号称拥有世界现存最古老的大学。

以开罗为中心的伊斯兰学者在10—11世纪曾一度领先世界。与之相对的，当时的西方世界仍尚未走出黑暗中世纪的阴影。但西方军力的强盛无疑弥补了其教育的落后——12世纪早期发起的十字军东征（其宣称目的为帮助君士坦丁堡抵御突厥入侵，以及为基督教世界夺回耶路撒冷。但事实上，这不过是西欧君主开疆拓土的借口而已）在整个中东地区伊斯兰世界造成了巨大的人员伤亡和财产损失。埃及于1117年遭到了第一次入侵，而五十年后的又一次十字军东征将福斯塔特烧杀一空。面对兵临城下的危局，坐镇开罗的法蒂玛王朝当局遂指派当时威名赫赫的叙利亚驻埃及军团长官负责开罗城防。事后证明，这一决定在战术上获得了巨大的成功，却在战略上导致了法蒂玛王朝的最终灭亡。临危受命的萨拉丁（Salah al-Din al-Ayyubi）随即在开罗城东的高地上修筑了一座壁垒森严俯瞰全城的城堡。这座堡垒不仅成功抵御了十字军的进犯，也在后来成为萨拉丁夺取权力的大本营。在推翻了法蒂玛王朝统治之后，萨拉丁一方面奉在巴格达的逊尼派哈里发为正统，一方面将埃及作为了他事实上的独立王国。在 1179 年大败十字军奠定其作为伊斯兰世界英雄统帅的地位之后，萨拉丁随即着手恢复埃及旧日的辉煌，而尼罗河则又一次成为让埃及重现繁荣的关键。一道直接连接尼罗河与城东堡垒的引水渠为萨拉丁的指挥部提供了充足的水源；法尤姆地区的农业产量也在萨拉丁下令疏浚巴赫尔·优素福河道之后节节攀升；而这也仅仅是当时埃及全国大兴水利的一个缩影。除此之外，为求风调雨顺，萨拉丁还修缮了劳代岛水文站的清真寺。

纵观整个中世纪，无论是在萨拉丁治下还是此后的马木留克（Mamluk）王朝统治时期，尼罗河依旧是开罗乃至整个埃及赖以生存与繁荣的生命线，而这座城市的文化宗教生活也始终和河水年复一年的周期性涨落息息相关。云集着来自地中海和中东各地商贾的开罗码头更被时人誉为"西方的仓库与东方的货场"[5]。伊本·白图泰（Ibn Battuta）如是描写当时尼罗河上繁忙景象："超过 36000 艘官民船舶在连接上下埃及的尼罗河面上来往穿梭，运送各种货物商品。"[6] 商品经济创造了巨大的财富，也使埃及的统治者们有财力在开罗各处修建起金碧辉煌的清真寺，其中著名者包括庭院广大的伊本·图伦（Ibn Tulun）清真寺、拥有高耸大门[①]的苏丹·哈桑（Sultan Hassan）清真寺、具有胡椒瓶状宣礼塔的哈基姆（al-Hakim）清真寺以及四壁月华流转的阿克马尔（al-Aqmar）清真寺。

---

① 译者注：该寺正门高 37.7 米，由青铜铸成。

这些中世纪清真寺建筑，同法老时代的神庙与金字塔一样，是埃及文化艺术的瑰宝，更是尼罗河慷慨的馈赠。

但随着开罗人口的暴增，其高度依赖尼罗河提供灌溉水源的软肋也就暴露得愈发突出。一旦尼罗河枯水期来水不足，随之而来的干旱和饥荒对这座城市及其居民的影响往往是灾难性的。例如在1066—1072年开罗就曾经历过连续七年的罕见大饥荒，而1201—1202年尼罗河枯水带来的灾难更是有过之而无不及。据史料记载，当时的开罗城内甚至发生过"一处地产在一个月内因为原业主持续死亡而被接连继承40次"[7]的人间惨剧。根据另一些史料，"男人们在街头抢夺女人的孩子，炖婴儿肉与婴儿头部剁碎做的馅都是普通的饮食"[8]。

也正因为这种丰饶和困苦间的巨大反差，每年8月尼罗河洪水是否能够按时来临都会牵动开罗全城市民敏感的神经。波斯旅行家纳赛尔·霍斯鲁（Nasere Khosraw）于1050年写道："从水位上涨的第一天开始，派往城区各个角落的公告员就会每日向民众宣告'神明又让尼罗河水位上涨了几个指幅'。"[9]近八百年后，英国学者爱德华·雷恩（Edward Lane）在开罗留下了相同的记载："每天都会有专门的水位公告员在开罗的街道上宣布尼罗河水位的涨幅。"[10]当尼罗河水位上涨至20—21英尺时，市政当局会另发布一份"尼罗河水位就绪"的公告。这份公告发布后的次日早晨，开罗的官民百姓会齐聚在劳代岛举行决堤放水的仪式。拆除开罗旧城区一带堤防的工作早在日出之前便已展开，当这项工作在开罗总督的监督下最终完成后，洪水就可以沿着原本干涸的沟渠横贯开罗市区，最终注入尘土飞扬的艾兹拜基耶①（Ezbekiya）洼地，并使之成为一片泥

---

① 译者注：现艾兹拜基耶公园所在地。

泞的湖沼。雷恩如是描述这段充满欢乐的场景：

> 官府提供了以火箭为主的大批烟火以庆祝这一佳节。这些烟火主要在放水典礼现场（一般于清晨举行）以及当天夜晚的庆典上燃放。售卖各种食品饮料的商铺也纷纷在水渠对岸的劳代岛岸边摆设了帐篷。随着河堤的拆除工作接近尾声与各位计划出席典礼的高官全部莅临，放水仪式也随之进入了高潮。这时开罗总督会将一袋金币奖赏给拆除堤坝的工人；与此同时，一艘船会撞开河水最后的阻碍，并与决堤的急流一道顺河而下。[11]

在放水仪式中，时常有民众自己跳入水渠（这在1834年导致了三人溺死），这也足以让人们一见开罗人民在摆脱了下一年饥荒幽灵之后的喜悦之情。

在爱德华·雷恩于1834年造访开罗时，这座城市乃至穆罕默德·阿里治下的整个埃及都处在一次深刻的现代化变革的前夜。许多欧美访客热切期待着这一变革，正如一位19世纪到访的美国游客所言："开罗是一座很大的城市，其在很多方面都大有提升的空间和潜力。"[12] 但另一些欧洲游客则不愿意看到埃及乃至整个东方的独特风情发生变质。一位与雷恩同年造访开罗的英国贵族在参观了萨拉丁城堡和尼罗河后写下了这样的诗句："有河洋洋，出彼陵谷；水何澹澹，以实斯土。"[13]① 在当时，开罗是仅次于君士坦丁堡

---

① 译者注：原文为 the majestic river, as it winds its way down this beautiful valley, bearing verdure and fertility on its dimpled waters。

的中东第二大城市。其市场中充斥了来自北非和黎凡特（Levant）地区的各种货物（甚至包括奴隶）。这座充满伊斯兰风情的城市中的小巷和清真寺更可以轻易唤起当时西方人心中天方夜谭式的想象。那时开罗的西方人尚为数不多，并且聚居于其独立的城区。"西人街"设有每天晚间关闭的木质大门。不仅如此，大门在开罗的动乱与瘟疫期间也会保持关闭（就在雷恩造访埃及的次年，一场大疫夺去了开罗三分之一市民的性命）。当"西人街"人满为患时，旅客还可以住在穆斯林城区西北一英里处的布拉克（Bulaq）港。该处还建有开罗总督和其他富豪的消夏别墅。

开罗的西方游客人数在19世纪出现了显著的增长。而这种增长所带来的商机也随即催生了这座城市第一批专用旅店。开罗最早的旅馆多集中于"西人街"以及与之紧邻的艾兹拜基耶地区。虽然后者在当年实属卑湿腌臢之地，但至少在拥挤不堪的开罗城中也算一个僻静的所在。另外从历史上看，艾兹拜基耶在1798年曾一度作为拿破仑远征埃及的大本营，这也无疑增添了此地对欧洲游客的吸引力。在19世纪20年代，开罗总共只有四家旅馆［其中山丘旅馆和尼罗河旅馆位于"西人街"，另外两家利维克（Levick's）旅馆和东方旅馆则更接近艾兹拜基耶］。二十年之后，开罗旅馆市场上又出现了一批以欧洲旅店为代表的竞争者。南丁格尔曾于1849在欧洲旅店住过两周，而在此前两天，福楼拜也曾在东方旅馆下榻一晚。在艾兹拜基耶附近水渠竣工后，这一地区从此免于受雨季水患的威胁。艾兹拜基耶在其后的一系列改造工程中加设了会于夜间关闭的大门和中心喷泉，最终成为环境优美的林荫公园。这也进一步增加了其对欧洲游客的吸引力。在此之后，山丘旅馆（又名英国旅馆）于1850年搬迁到其位于艾兹拜基耶西北的新址，并更名为牧羊人旅馆。一个多世纪之后，该旅馆依然发展成了埃及乃至全世界最著名的酒店之一。

穆罕默德·阿里所奉行的鼓励欧洲移民参与埃及现代化进程的政策在其孙子赫迪夫·伊斯梅尔[①]（Khedive Ismail）的治下得到了进一步的发扬光大。1867年，青年时代曾留学法国的伊斯梅尔故地重游，参加了在巴黎举行的世博会。当时陪同他参观的正是在19世纪中叶为巴黎带来大道和广场的城市设计师奥斯曼男爵（Baron Hausmann）。这次访问促使伊斯梅尔为开罗制订了一项野心勃勃的城建计划。伊斯梅尔并没有选择改造既有的伊斯兰城区，相反他决定在西部地势低洼的沼泽地带另建新城区。伊斯梅尔在当时给出的鼓励法式房地产开发的优惠政策是：任何可以在一年半工期内完工一座价值3000法郎以上建筑的开发商都可以免交土地购置费用。正是在这一时期，现代开罗市区的轮廓开始逐渐成形。在新的城市格局中，艾兹拜基耶一跃成为开罗的中央公园，而其附近新建的仿米兰斯卡拉（La Scala Milan）歌剧院更提升了开罗对欧洲移民和游客的吸引力。1869年，伴随着苏伊士运河的正式通航，又有一座新的旅店在埃及开张——这家紧邻牧羊人旅馆的酒店最初被简单地称为"新旅馆"，后来则被改名为大洲旅馆。

从以下这段摘自1873年发表在杂志《贝尔格莱维亚》[②]名为《在埃及过冬》的文章（同期发表的文章还包括《寄宿制与走读学校》《大学童子军》，以及《大型旅馆的经营理念》等），人们从中可以一窥19世纪晚期开罗对英国上流社会游客的吸引力：

---

① 译者注：Khedive，奥斯曼帝国官名，约相当于欧洲的总督。
② 译者注：Belgravia，伦敦上流社会住宅区，亦多指英国中上流社会。

> 开罗无疑是目前最为发达的阿拉伯城市,其居民的文明程度可能也在东方世界首屈一指……此地气候干燥温度宜人,是全球最适宜越冬疗养的城市之一。在开罗无论是疗养者还是游客都可以选择以不同的方式(徒步、骑驴、骑马或乘车)参与户外活动。与西欧迥然不同的风俗习惯……在我看来……同样十分重要。而欣赏开罗的日出日落也可以有效地缓解消化不良和健康焦虑的症状。[14]

阿米莉亚·爱德华兹也以她独特的笔调留下了对当时开罗生活十分丰富的记载。她不仅详细描述了开罗市场上"光影、服饰与建筑的丰富组合"[15],更如是描写了聚集在牧羊人旅馆餐厅里的各色人等:

> 这里混杂着进进出出的英印混血儿、长居开罗的欧洲移民、来开罗越冬的游客……寻求康复的疗养者、寻找创作题材的艺术家、捕猎鳄鱼的猎人、度假的政客、探听八卦的特约记者、追寻莎草纸和木乃伊的收藏家、满身书卷气的科学家,以及那些纯粹为旅游而旅游的闲人。[16]

但对于19世纪晚期的欧洲各国而言,争夺对埃及的影响力绝不仅仅是发展旅游那么简单。在法国开通苏伊士运河、英国巩固其对印度的殖民统治的时代背景下,埃及也不可避免地成为当时大国地缘政治角力的竞技场。在伊斯梅尔效仿法国整修了艾兹拜基耶城区之后,英国也不甘落后在开罗修建了英式城区"花园镇"——这里有模仿英国萨里(Surrey)市而建的蜿蜒街道,以及尼罗岸边的花园豪宅。

在上述因素的共同作用下，开罗在半个世纪的时间内从原本传统的伊斯兰城市一跃成为街道宽敞、大楼林立的现代化国际大都市。这样的爆发式发展在其历史上不是第一次，也很可能不会是最后一次。

时至今日，尽管一个多世纪以来的现代化进程已经大幅改变了开罗（原本以清真寺宣礼塔构成）的天际线，人们在城区的大部分角落依然可以清楚地看到耸立超过四千五百年的吉萨大金字塔。它们作为世界七大奇迹中唯一的幸存者，是埃及过往辉煌的永恒象征。吉萨金字塔位于埃及古都孟菲斯的王室陵寝区，这片广大的陵园自法尤姆北缘沿沙漠边缘延伸长达40—50英里直到北方的阿布·拉瓦须（Abu Rawash）。与早期的金字塔多位于代赫舒尔（Dahshur）以及塞加拉（Saqqara）不同，第四王朝的法老胡夫及其子孙创造性地将他们的陵址选在了海拔更高的吉萨高原地区——这也使得他们原本就冠绝天下的大金字塔显得更加雄伟巍峨。胡夫大金字塔由超过230万块巨石垒砌而成，其中每块的平均重量达2吨。即使按每2分钟安置一块巨石计算，这座金字塔也需要二十年的时间方能建成。大金字塔依正南正北的方向修建，其方位误差不超过0.05度。其高度更达到惊人的481英尺，这使得大金字塔在欧洲大型教堂修建前的数千年间一直占有世界最高建筑的桂冠。

阿拉伯民谚有云："人类害怕时间，时间害怕金字塔。"除了大规模核战争，人们很难想象世间还有什么力量能够将这一人类最接近永恒的造物从地表抹去。但是，三座大金字塔表面清晰可见的伤痕表明过去确实曾有人试图破坏乃至彻底摧毁这些伟大的建筑。具有讽刺意味的是，近代以来对金字塔最严重的暴行居然是打着"科学研究"的旗号进行的。此事的始作俑者名曰理查德·卫斯

（Richard Vyse，1784—1853），这位来自英国的"正人君子"参过军，当选过国会议员，据说还是一位"业余考古学家"。其在议员任内投票反对过天主教合法化[①]和议会改革，可见也是一位"特立独行"之人。在 1835 年（雷恩访问埃及的一年之后）造访金字塔后，卫斯便决定要把这一带挖个底朝天。他于次年返回埃及并开始在吉萨开始了令人发指的野蛮发掘。卫斯首先在狮身人面像背上架设了一个钻井平台以试图寻找其中隐藏的通道——结果当然以失败告终。更有甚者，他还使用火药炸出了通往大金字塔内三个减压室的入口。而讽刺的是，在其中一间内发现的铭文第一次确定地证明了大金字塔为胡夫所建。利用同样的手段，卫斯更在第三金字塔表面生生炸出了一个出口，并以此确立了他对该金字塔的"所有权"。卫斯在使用雷管"考古"之余，还将蒙卡乌拉（Menkaura）的石椁偷运回英国。运送石椁的船只在中途遭遇海难，珍贵的文物也随之沉入大海。

卫斯并不是第一个在吉萨大肆破坏的人。狮身人面像早在 1300 年便被穆斯林宗教首领下令破坏，并在此后成为马木留克王朝军队练习射击的靶子。而在法蒂玛王朝时代，修筑开罗城的工匠们也曾将金字塔作为其现成的石材来源，这也导致了金字塔外层切割整齐的白色石灰岩如今已几乎荡然无存（这些石材开采自尼罗河对岸的图拉采石场，在丰水期由驳船运抵施工现场。该采石场目前仍在使用中，主要为开罗的城建提供水泥）。直到 19 世纪中叶，弗林德斯·皮特里还曾目击过多达三百峰骆驼组成的商队从金字塔搬取石料以建设伊斯梅尔的新城。

[①] 译者注：自伊丽莎白一世时代之后，罗马天主教在英国被宣布为"异端"，直至 1829 年方解除禁令。

时至今日，吉萨高原上的无序建设依旧对当地古代遗迹构成威胁。这里快速发展的油气产业已扩张到距离考古遗址不过数百米处。而开罗的城市化进程也使得金字塔逐渐被现代建筑所包围。在金字塔的东面，原本的吉萨小城已然成为大都会开罗的一部分。在狮身人面像的四周，各种道路、停车场、商店、快餐馆以及声光秀的看台已经将这座巨像包围。而在西面，名为"10月6日城"[①]的巨大卫星城一直在沿法尤姆路向南延伸，并已经几乎将整个吉萨高原完全包裹。谁能想到仅仅在几年之前，这片如今已然道路纵横屋宇林立的城区还是一片荒无人烟的沙漠。如果开罗城按现有的速度扩张下去，那么不出几年，金字塔就会被彻底围困在这一大片无序开发的城区之中。

开罗扩张的步伐令人目不暇接。在"10月6日城"的东面，始建于20世纪90年代的开罗新城区是穆巴拉克政权收拾人心的政绩工程之一。这座在荒芜沙漠中拔地而起的现代化城区堪称奇观。但埃及目前同样存在发展不平衡的社会问题——在推销最新家庭洁具的广告牌下，孩子们依旧在肮脏的街道上赤脚行走，沟渠中也照样充满了垃圾污水以及动物的尸体。在奔驰、宝马等高级轿车商店的门口，依旧可以看到大量民众骑驴出行。

在2011年埃及"革命"之后，开罗的各开发商反而抓住政府管理缺位的空子，绕过正常的城市规划手续以进一步加快建设速度，以期在政局归于稳定后大赚一笔。在这段时间，开罗边缘和近郊滋生出了一大批空置和烂尾的小区——其中许多甚至直接侵占了农业用地。这些砖混结构的小区建筑千篇一律，而且如出一辙的粗制滥造。可以预见，万一地震发生，其抗震能力几乎为零。而与此

---

① 译者注：为纪念1973年10月6日的第四次中东战争。

同时，生活穷困潦倒的埃及普通人民甚至无法付得起一间最狭小公寓的房租。

在上文所提到的种种影响之外，快速的城市化进程也深刻改变着开罗乃至整个尼罗河谷地的社会面貌。埃及社会几千年来极具代表性的紧密社会结构正逐步被现代城市的人情淡漠所取代。但讽刺的是，在2011年"埃及"革命中，群众反而在大字报和催泪瓦斯下重新寻回了共同的目标、身份认同和集体荣誉感。这些"精神财富"对于他们在未来抵制城市过快发展造成的环境与人文破坏或许也将是"弥足珍贵"的。

虽然开罗已经修建了新的外环路，但始建于19世纪、集中了大量咖啡厅和游客市场的城市中轴线（老金字塔路）依旧是开罗多彩生活的中心——当然也伴随着24小时全天候的交通拥堵。在这里既有骑电动车使用苹果手机的年轻人，也有一身黑衣头顶食物的老寡妇。在交通规则形同虚设的道路上，畜力车和机动车两不相让，鸣笛声此起彼伏。而这些，都恰恰是当今埃及的一个缩影，它生动体现了一个快速发展但缺乏法制和基础设施配套的社会可能出现的乱象。老金字塔路在其接近终点处横跨尼罗河，并穿过一座名为杰济拉（Gezira，即"岛"的意思）的小岛。这座小岛几千年来一直坐落在尼罗河中央，占据着开罗的黄金地段。近一百年间，这里从一片沼泽变成了时装店和公园聚集的区域。从杰济拉到绿树掩映的东岸，人们可以隔河近距离观察开罗市中心的变迁。而这座弹丸小岛本身，也可以作为埃及历史沧桑变化一个集中的缩影。

直到19世纪后半叶，杰济拉还是一片既不适于人居也不适于耕种的滩涂。由于此地水患频发且与开罗城区无陆路可通，杰济拉岛在当时的城市发展中很大程度上处于被遗忘的边缘。穆罕默德·阿里曾在此修建过兵营和后宫（有证据表明，他似乎喜欢把他的女人和军队都布置在身旁，但保持彼此互相隔绝）。1863年伊斯梅尔开始在杰济拉修建他的新宫殿（此时他在埃及已经拥有40座行宫）。这座位于杰济拉岛东岸的宫殿与开罗港隔河相望（阿米莉亚·爱德华兹将开罗港称为"尼罗河岸边的废旧之所，那里停泊着两三百条等待出租的渡船"）[17]。杰济拉行宫由德国人设计，法国人建造完工，其建筑风格效仿了西班牙的阿尔罕布拉（Alhambra）宫——这也体现了欧洲工程师及其设计风格对当时开罗城建的重大影响力。事实上，杰济拉行宫的第一批访客也是欧洲人——威尔士亲王及王妃（也就是后来的爱德华七世和亚历珊德拉王后）曾于1869年春在此居住。几个月后，这里又接待了来此参加苏伊士运河通航典礼的欧仁妮（Eugenie，法国拿破仑三世之妻）皇后，事实上负责运河设计的总工程师正是皇后的表亲斐迪南·德雷塞布（Ferdinand de Lesseps）。欧仁妮皇后作为出席通航典礼的特别嘉宾在杰济拉行宫居住了四天，随后即随观礼团出发前往伊斯梅里亚（Ismailiya）参加庆典。

这次盛大的开场之后，杰济拉行宫后来的历史却是盛衰无常的。埃及王室在其落成伊始将之作为避暑消夏的行宫。为防止水患，伊斯梅尔还将杰济拉河岸的堤防进行了特别加固。除此之外，他还雇用了巴黎的首席园丁设计其行宫外的花园以供王室成员休憩。但随着伊斯梅尔将国库挥霍一空并最终被逼退位，这座行宫也随之被改为了一家旅馆，更在"一战"结束后的经济萧条中被转手，成为私人住宅。到了纳赛尔将军统治时期，该处又被收归国有，并最终在1983年以开罗万豪酒店的名义重新开业。可以说，这座酒店高度浓缩了19—20世纪的埃及历史。

如今开罗万豪酒店依旧受开罗本地上层社会以及西方游客追

捧。每天中午，开罗城内的精英们会来到酒店露台拱门下的林荫大道咖啡馆享用午餐。修建这座镀金拱门时，其预制部件在德雷斯顿完成，并在运往开罗后由德国工人组装。这里常见的景象是：大腹便便的中年财阀在吞云吐雾，而更年轻且野心勃勃的商人们则在大声地打着电话。中年妇女们留着披肩发（这里不需要佩戴头巾），涂着鲜艳的指甲油并佩戴着夸张的金首饰与大太阳镜。而一位佩戴护身符的富家小公子则靠在椅子上，对同桌人们的谈话显得很不耐烦。无论是否出于掩饰，万豪酒店的住客们似乎永远显得无忧无虑。对于一些人而言，杰济拉依然是富人专属的堡垒。

万豪酒店以北的扎马雷克（Zamalke）街区是埃及著名的高端社区，笔者并不喜欢这里的丑陋的混凝土"7月26日大桥"①。这里是主要的侨民聚居区，也是如今开罗为数不多的可以容许埃及妇女身着西方服饰抛头露面而无须担心遭受袭击的地区。而在开罗其他地区标志性的老式标致504汽车在这里也往往会被保时捷所取代。除此之外，这里似乎也是开罗唯一一处食品店不在露天摆放肉类的地区。

与扎马雷克街区隔河相望的，是体现开罗首都地位的几座标志性建筑：这其中首屈一指的要数结合了西方与伊斯兰风格的外交部大楼。虽然埃及经济近来危机重重，但这座大楼始终得到了妥善的维护——其费用毫无疑问来自美国基于《戴维营和平协议》（The Camp David agreement）向历届埃及政府支付的多达数十亿美元的援助。与之相比，曾一度被誉为埃及最豪华酒店的拉美西斯希尔顿旅馆则显得寒酸而破败。在2011年埃及"革命"后，随着外国投

---

① 译者注：1956年7月26日埃及将苏伊士运河收归国有，随即引发英法军事干涉，第二次中东战争爆发。

资撤离埃及，这个国家尤其是开罗的高端旅游业显得前景堪忧。这一带的电视塔虽然在动乱与混战中受损严重，但像埃及其他摇摇欲坠的基础设施一样仍然在苟延残喘。与之相比，曾作为穆巴拉克时代埃及政治中心的国家民主党总部，则早已被愤怒的民众烧得仅剩下一个空壳。

闻名世界的埃及博物馆就位于被烧毁的党部脚下。其具体位置在"10月6日大桥"和前尼罗河希尔顿酒店中间（这座酒店目前已被拆得仅剩下钢筋混凝土骨架，预计未来会以尼罗河丽思卡尔顿酒店的名义重新开业）。这里不仅是埃及最受欢迎的旅游景点之一，更是世界上最大的文物保存库。但很不幸的是，埃及博物馆又恰恰位于世界上最不安定的地区，并往往会成为埃及过去、现在和未来碰撞的焦点。

最先提议对埃及文物加以系统保护的是法国人。在1834年，在经历了拿破仑远征和《埃及记述》的出版后，大名鼎鼎的商博良说服当时统治埃及的穆罕默德·阿里建立了埃及的第一个文物保护部门与国家文物收藏机制。但不幸的是，后者直接将这一机制当作他个人为欧洲显贵准备赠礼的"快捷方式"，并最终于1855年将所有文物打包赠予了奥地利马克西米连（Maximilian）大公。三年之后，在拿破仑三世的呼吁下，另一位法国人奥古斯特·马里埃特（Auguste Mariette）被任命为埃及首任文物管理局局长，他随即以超人的精力开展了一系列对埃及文化遗产的发掘保护和整理工作。马里埃特于1863年在与杰济拉行宫隔河相望的开罗港主持兴建了一座博物馆以展出其最新发现的文物。但在当时，公开展览文物也会导致意想不到的风险——1867年法国皇后欧仁妮直接向马里埃特索要馆藏的珍宝。出于对科学的责任感，马里埃特拒绝了皇后的要求，这一壮举也使他名垂青史。随着馆藏的不断丰富并超出了位于开罗港的博物馆的保存能力，部分藏品于 1891 年被移往了吉萨高原。

到了 19 世纪末，随着数以千计文物的不断出土，在开罗建立一所专业国家博物馆的需求也就显得愈发迫切。在经过一场国际竞标后，另一位法国人马赛·多贡（Marcel Durgnon）雀屏中选。虽然此人未等到博物馆的奠基仪式便与世长辞，但他新古典主义的宏大设计最终成就了这座足以与欧洲任何国家博物馆比肩的杰作。埃及博物馆于 1902 年正式开放，也从此成为开罗的地标性建筑之一。

埃及博物馆落成后，大量文物整理编录与发表工作的重担就落在了马里埃特的继任者，时任文物管理局局长的加斯顿·马思佩罗（Gaston Maspero）的肩上。为完成这一浩繁的工作，马思佩罗组织了当时最优秀的一批考古学家，并最终著就了《文物总目》这一考古学史上前无古人的巨著。迄今为止，《文物总目》（简称 CG）依然是埃及博物馆最好的文物记录，其中涵盖的馆藏包括数十万件正在展出的文物以及数目相仿的库存文物。《文物总目》的编纂使埃及学界至今受惠并感念马思佩罗的贡献。但与此同时，埃及博物馆也没有忘记马里埃特的奠基性工作。如今马里埃特之墓就坐落在博物馆门前的花园中，马里埃特长眠在一具与法老所用规格相同的石棺中。墓前雕像上的铭文写着"感恩的埃及"。

但不幸的是，自 2011 年后，埃及博物馆的警卫已随着后穆巴拉克时代的政局动荡而大幅缩减。目前，博物馆展厅内部的警力已被裁撤殆尽，进出口的安检也几乎形同虚设。博物馆中约一半的照明已经不能使用，其被汽车尾气熏黑的玻璃穹顶也长年无人清扫。阳光透过打开或者破损的窗户可以直接暴晒到那些拥有超过 2500 年历史的珍贵文物，而陈列它们的玻璃柜还是 20 世纪初的产物，并且不具备任何温湿度控制功能。其所具备的安保措施仅是一根蜡封上锁的铁丝。而更令人发指的是，博物馆楼上图坦卡蒙法老的宝藏已有一部分在"革命中"遭盗抢不翼而飞。更加可悲的是，埃及历史宝藏岌岌可危的处境似乎并未在当下引起足够的重视——博物馆后墙上如今到处都是咒骂时任总统穆尔西（Morsi）的涂鸦。

但在杰济拉岛上，政局的动荡似乎依旧显得十分遥远。富人们依旧会在每天中午外出用餐，而他们的司机也照例在"10月6日大桥"下清洗着车辆。这里的公园连同其篱笆和音乐台都完好无损——在英国殖民统治时期，皇家海军陆战队军乐团会每周日下午在此演奏。在这座仿维多利亚堤岸街的公园中，建造者甚至模仿"克里奥帕特拉之针"运来了一座拉美西斯二世的方尖碑，但是这座石碑很奇怪地与公园的总体环境显得格格不入。① 同样不协调的还有一座名为"蓝色尼罗河"的水上酒店。在这个穆兄会统治的国家，该酒店不仅在门口保留了碰碰车游乐场，更可以大张旗鼓宣传其新年夜"红磨坊主题派对"。而在蓝色尼罗河旁边，作为英国殖民统治象征的杰济拉俱乐部同样保存至今。这座拥有马球场和槌球场的公馆是20世纪初开罗上流社会聚集之所；如今在这座喧嚣的城市中，这里倒也算是一处闹中取静的所在。但当笔者想走近以一看究竟时，看门人便故意将大门在我面前紧紧关闭，这或许也印证了时下开罗的排外情绪。

埃及于1952年对英国势力的驱逐（目前在杰济拉建有开罗塔纪念碑纪念这一事件）以及随之而来的外国资产国有化标志着欧洲势力彻底退出埃及。与此同时，埃及的君主制也在这一时期可悲地走到了尽头。埃及末代国王法鲁克（Farouk）是杰济拉的常客，他

---

① 译者注：Cleopatra's Needle 为古埃及第十八王朝法老图特摩斯三世修建的两座方尖碑。这两座石碑均于1878年流失海外，其中一座现存于英国泰晤士河河岸，另一座存于美国纽约中央公园。这两座石碑与克里奥帕特拉均无已知的历史关联。

在位期间常在岛南端的行宫或是停泊于附近尼罗河面的卡斯·海尔（Kassed Kheir）号游艇上举行茶会［该人另一个经常性的聚会地点是尼罗河对岸的塞米拉米斯（Semiramis）旅馆］。法鲁克于1920年出生于开罗阿比丁（Abdin）宫。此时，由其高祖父穆罕默德·阿里建立的埃及末代王朝已经传了四代君王（同他们之前的若干王朝一样，由奥斯曼土耳其军队志愿兵建立的穆罕默德·阿里王朝同样是埃及的外来户）。但不幸的是，与其将要肩负的治国理政的重任相比，此公的能力却实在令人不敢恭维。即便有家庭教师的悉心培养，少年法鲁克依旧因为不会拉丁语而被伊顿公学拒绝录取。在此之后，他又在沃维奇（Woolwich）皇家军事学院入学考试中名落孙山。更严重的是，自小生长于妇人之手的法鲁克事实上非常不适应和男性相处，更对担任政府要职毫无准备。但在其16岁时，随着父王的突然驾崩，法鲁克糊里糊涂地登上了王位。

即位之后，法鲁克把国家大事尽数委托给了英国驻埃及最高行政长官（后改称驻埃及大使）迈尔斯·蓝普生（Miles Lampson）爵士。而后者的独断专行又在后来引发了前者的反英情绪。虽然埃及一般民众对法鲁克的观感尚属正面——艾资哈尔区教长将其称为"埃及首位贴近人民的国王"[18]。但他被称其为"黄口孺子"的蓝普生爵士乃至他自己的大臣们所鄙视，并被排除在国家决策之外。正如他后来的传记中所写道那样："从外表看，法鲁克作为一位绝对专制的君主被奉若神明。但事实上，连他自己都意识到这种君权不过是一种假象，而他的臣子们也不过是在演戏罢了。"[19]

在"二战"期间，法鲁克彻底沦为了英国的傀儡。他不仅解散政府以清除可能的亲纳粹分子，更允许一支拥有40座空军基地、超过100万士兵以及一支庞大舰队的英国大军进驻埃及。在当时，开罗是连接英国本土、印度及其他远东殖民地的关键枢纽。1942年

2月，当隆美尔的非洲军团横扫北非时，蓝普生出动了装备有坦克和装甲车的600名英军士兵包围埃及王宫，并向法鲁克下达了最后通牒：要么重新任命亲同盟国的华夫脱党（Wafd party）组织政府，要么国王自己退位下台。法鲁克自然只能从命。在这一事件后威信扫地的法鲁克从此不理朝政，过上了荒淫无道的生活（例如身着陆军元帅制服深夜出入开罗赌场）。而在他1948年与其受人爱戴的法里达（Farida）王后离婚之后，对他的社会评价更彻底转向了负面。

在此之后，埃及亲英国和反英国政党的纷争最终演变成了1952年1月27日开罗街头的暴乱（又称"黑色星期天"）；此时距法鲁克儿子的出生只过去了11天。面对乱局，法鲁克试图加强其对军队的掌控——这随即导致埃及下级军官于7月23日发动兵变。自由军官组织的首领纳赛尔（Nasser）要求法鲁克无条件退位。法鲁克又一次"欣然接受"——据说他对兵变的军官们说"你们做了我一直想做的事"[20]。1952年7月26日晚6时，法鲁克乘坐其王家游艇离开开罗，开始了流亡的生涯。法鲁克留在埃及的财产被军政府没收并拍卖，他与第二任妻子的婚约也被宣告无效。最后，大腹便便但孤身一人的法鲁克于1965年3月18日在罗马的一家饭店就餐时被噎死，享年44岁。其遗体最终得以回到埃及，安葬于其祖坟——开罗瑞法伊清真寺（al-Rifai mosque）内。

使法鲁克国王"纠结于东方和西方、传统与现代、清真寺与夜店"[21]之间的社会矛盾，在整个20世纪后半叶依旧困扰着这个国家。1952年兵变非但没有解决这些问题，反而又在埃及添加了独裁的弊端。埃及人民长久以来对其统治者和社会的被压抑的不满最终于2011年1月25日以一种震惊世界的方式迸发了出来。埃及的"革命"不仅推翻了穆巴拉克政府，更将当时的阿拉伯之春推向了高潮。

作为这次"革命"的中心的解放广场位于埃及博物馆正门前，并通过始建于1872年的尼罗河堡大桥与杰济拉岛连接。作为今天开罗的政治心脏，该广场原名赫迪夫·伊斯梅尔广场，其前身最早由埃及总督赛义德·帕夏（Said Pasha）于19世纪50年代作为埃及王宫尼罗河堡的一部分建立。赛义德一世的继任者伊斯梅尔更在王宫以北的尼罗河岸开挖了伊斯梅里亚运河（该运河河口于1912年被堵塞，原址用以修建一座英国国教教堂。该教堂于1976年为修建"10月6日大桥"而拆除）。在英国占领埃及时期，宫殿和尼罗河之间曾建有英国军营，但在英军撤离之后，这些军营都被夷为平地（当时围观拆除英国军营的群众中就有第七章里提到的乌姆赛提）。在1952年兵变之后，赫迪夫·伊斯梅尔广场被重新命名为解放广场，而这一带原本只对英国殖民者和埃及达官贵人开放的河堤也重新回到了埃及人民手中。

但这种解放的狂欢并没有持续多久。很快在英国军营的旧址上建起了前尼罗河希尔顿酒店，这也是自新政权建立后开罗首家以接待西方游客为主要目的的国际旅馆。在20世纪90年代，这座旅馆的舞厅是在埃及举行婚礼的热门场所，而其位于一楼的酒吧则成了男同性恋聚集之所。与尼罗河希尔顿酒店的纸醉金迷相比，解放广场以南另一座大楼所引起的民愤和恐惧更是有过之而无不及。在穆巴拉克统治时期，这座名为"Mugamma"的苏联式大楼中集中了埃及的多个政府部门，其中更包括臭名昭著的内政部。在这里埃及民众和外国游客往往需要花数个小时的时间排队检查身份办理手续，其间还要忍受这个擅权独裁政府的各种恶劣态度。

在2011年埃及"革命"期间，解放广场以其地理位置很自然地成为反对穆巴拉克政权的活动中心。在2011年1月底至2月初的十一天里，抗议者把广场中央原赫迪夫·伊斯梅尔塑像的基座作为示威的大本营，并与穆巴拉克所雇用的打手在广场以及附近的街道上打斗。这其中最为严重的斗殴发生在连接广场和杰济拉岛的开罗堡大桥上。1972年，数以百万级的埃及人曾在这里参加纳赛尔总统的葬礼。而如今，他们的子孙则在同一座桥上参加着推翻军人统治的"战斗"。

阿拉伯之春结束一年半之后，解放广场上依旧聚集着示威者——虽然其人数已不如从前。而曾爆发激烈冲突的开罗堡大桥也差不多恢复了平静——桥下的河面空空荡荡，只有警方的快艇在这片暴动高发的地带巡逻。一帮留着时髦发型的小伙子坐在胸墙之上，全身覆盖长袍的妇女则在附近走过。马车夫在此地歇脚，水果商贩也开始来此摆摊。另一位年轻人则在开罗堡大桥的铜狮子像前给人拍照。如今这座铜像的底座已布满了之前不可想象的政治涂鸦。如今，埃及尤其是开罗城几乎是在报复性地宣泄着其被压抑了多年的政治表达——几乎每一座房屋、每一块看板上都写满了政治标语。这其中诸如"你将无法杀死我们的理念"之类的英文标语似乎还反映着某些"革命理想主义"。但更简短的阿拉伯文标语则无疑更加贴近现实——"你的宪法与我无关""穆尔西是杀人犯"，以及穆兄会支持者与之针锋相对的"真主至上"。

我们的尼罗河之旅终于在杰济拉岛上走到了终点。在这座小岛的西边，金字塔和狮身人面像象征着埃及辉煌的历史；在我们的东面，作为"革命"中心的解放广场如今正时刻演绎着埃及动乱的现实并塑造着这个国家未知的将来。而这条塑造了埃及这一文明古国悠久历史的大河依旧在我们脚下流淌，千年来不曾更改。

后　记

2013年7月，穆尔西政府与其反对派之间不断升级的对峙，以及穆斯林兄弟会与军队之间长期（85年）争夺全国统治地位的斗争最终导致埃及第一位普选产生的总统被军队强行罢免。军队重新夺回权力，推翻了阿拉伯之春的许多成果。埃及宗教与世俗之间的分裂太多，将来也不能轻易跨过。国家在近期历史中比其他任何时候都更加分裂。近期前景黯淡，而最终命运尚不可期。

在混乱和惶惑中，尼罗河的可靠性将成为埃及人民在湍流和未知水域中航行的重要保证。我们可以肯定，埃及永恒的河流将继续见证更多将在尼罗河谷、中东和更广阔的世界上引起反响的重大事件。

致　谢

　　我的真诚不因感谢名单简短而缩减。感谢在阿拉伯之春前后与我在尼罗河同游的伙伴，谢谢他们的陪伴与好奇心；感谢 dahabiya Afandina 的领航员和工作人员，谢谢他们友善和周到的服务；感谢 Medhat Saad，导游界的前辈及其对古代和现代埃及政治的评论；感谢 Outhwaite 博士、剑桥大学图书馆 Genizah 研究中心负责人，提供了关于开罗的 Genizah 藏品信息；感谢我的经纪人和编辑，感谢他们宝贵的支持和专业的判断；感谢 Michael Bailey，一如既往；最后但绝非最不重要的，我要感谢埃及人。他们极度热情好客，逆境中保持着幽默与应变力。愿他们所希望与梦想的美好未来都能实现。

历史年表

年代	时期	著名统治者	重大事件或人物
公元前 70 万—前 1 万年	旧石器时代早/中/晚期		尼罗河谷地区出现最早的人类活动
公元前 10000—前 5000 年	旧石器时代晚期		公元前 7000 年美利斯湖，今豪施（el-Hosh）村附近出现捕鱼活动
公元前 5000—前 2950 年	前王朝时期		公元前 5000 年法尤姆地区出现最早的农业 拜达里文化：约公元前 5000 年
公元前 2950—前 2575 年	早王朝时期	卡塞凯姆威（Khasekhemwy）	
公元前 2575—前 2125 年	古王国时期	胡夫	吉萨大金字塔修建：公元前 2545 年
公元前 2125—前 2010 年	第一中间期	因提夫二世（Intef II）	埃及内战 赫恰纳赫特（Heqanakht）纸莎草文献
公元前 2010—前 1630 年	中王国时期		
公元前 1630—前 1539 年	第二中间期		

续表

年代	时期	著名统治者	重大事件或人物
公元前1539—前1069年	新王国时期		卢克索神庙开始兴建：公元前1539年
	第十八王朝	哈特谢普苏特（Hatshepsut）阿蒙霍特普三世（Amenhotep Ⅲ）阿肯那顿（Akhenaten）	森穆特（Senenmut）阿克塔顿（Akhetaten）城开始兴建：公元前1349年
	第十九王朝	塞提一世	
	第二十王朝	拉美西斯三世（Ramesses Ⅲ）	底比斯罢工事件：公元前1157年底比斯最早的盗墓事件：公元前1114年
公元前1069—前664年	第三中间期		犹太人在象岛建立定居点：公元前8—前4世纪
公元前664—前332年	古埃及晚期		尼提克里特（Nitiqret）公主前往卡纳克神庙：公元前656年波斯征服埃及：公元前525年希罗多德（Herodotus）访问埃及：公元前5世纪
公元前332—前309年	马其顿王朝	亚历山大（Alexander）	
公元前309—前30年	托勒密王朝		卡纳尼斯（Karanis）城开始兴建：约公元前270年伊德夫（Edfu）神庙兴建：公元前237—前70年埃及最后一位本土法老被打败：公元前186年

续表

年代	时期	著名统治者	重大事件或人物
公元前 30—395 年	罗马帝国统治时期	奥古斯都（Augustus）	门农（Memnon）巨像发出"歌声"：公元前 27 年—202 年 斯特拉波（Strabo）访问埃及：公元前 25 至前 24 年
		哈德良（Hadrian）	哈德良访问埃及：130 年 圣安东尼诞生：251 年
		戴克里先（Diocletian）	戴克里先访问卢克索：298 年 《诺斯替福音》（Gnostic Gospels）成书：4 世纪
		特奥多修斯（Theodosius）	埃及强制基督教化：379 年 关闭埃及神庙：392 年 最后出现的象形文字石刻：394 年
395—639 年	拜占庭帝国统治时期		阿拉伯帝国入侵埃及：639 年
639—969 年	阿拉伯帝国统治时期		阿拉伯帝国完全征服埃及：641 年
969—1171 年	法蒂玛王朝	萨拉丁（Saladin）	穆卡达西（al-Muqaddasi）访问埃及：约 1000 年 纳赛尔·克瓦斯罗夫（Naser Khosrow）访问开罗：11 世纪 十字军入侵埃及：1117 年
1171—1250 年	阿尤布王朝		克纳维·基纳（al-Qenawi Qena）去世：1196 年 哈加格（Abu el-Haggag）在卢克索去世：1243 年
1250—1517 年	马木留克王朝		

历史年表   283

续表

年代	时期	著名统治者	重大事件或人物
1517—1914 年	奥斯曼帝国统治时期		一位没有留下姓名的威尼斯人访问卢克索：1589 年 理察·波寇克（Richard Pococke）溯尼罗河旅行：1737—1738 年 拿破仑远征埃及：1798 年
		穆罕默德·阿里（Muhammad Ali）	贝尔佐尼（Belzoni）访问埃及：1815—1819 年 商博良（Champollion）破译象形文字：1822 年 卢克索方尖碑被运往巴黎：1831 年 爱德华·雷恩（Edward Lane）访问埃及：1834 年 大卫·罗伯茨（David Roberts）访问埃及：1834 年
		伊斯梅尔（Ismail）	露西·达夫·戈登（Lucie Duff Gordon）居住于卢克索：1862—1869 年 苏伊士运河开通：1869 年 托马斯·库克（Thomas Cook）首次尼罗河之旅：1870 年 阿米莉亚·爱德华兹（Amelia Edwards）访问埃及：1873—1874 年 卢克索第一家旅馆开业：1877 年
		阿巴斯·希尔米二世（Abbas Hilmi Ⅱ）	皮特里（Petrie）首次在埃及进行考古发掘工作：1893 年 阿斯旺旧坝兴建：1899—1902 年 阿斯旺凯特拉特旅馆（Cataract Hotel）开业：1900 年 开罗埃及博物馆建成开放：1902 年 埃斯纳（Esna）水坝完工：1906 年 卢克索冬宫酒店开业：1907 年

续表

年代	时期	著名统治者	重大事件或人物
1914—1922年	英国保护地		
1922—1952年	独立埃及王国	福阿德一世（Fuad Ⅰ）	发现图坦卡蒙（Tutankhamun）陵墓：1922年
		法鲁克一世（Farouk）	
1952—2011年	阿拉伯埃及共和国（军事统治）	贾迈勒·纳赛尔（Gamal Nasser）安瓦尔·萨达特（Anwar Sadat）胡斯尼·穆巴拉克（Hosni Mubarak）	阿斯旺举行阿迦汗（Aga Khan）三世葬礼：1959年阿斯旺高坝建成：1971年菲莱神庙新址重新开放：1980年阿拉伯之春：2011年
2011—2013年	阿拉伯埃及共和国（民选政府）	穆罕默德·穆尔西（Mohamed Morsi）	亚历山大教宗谢努达三世（Shenouda Ⅲ）去世：2012年
2013—	阿拉伯埃及共和国（过渡政府）		

历史年表

注　释

前　言

1　Lucie Duff Gordon, *Letters from Egypt*, Virago, London, 1997（first published in 1865）, pp. 67-8.
2　Herodotus（tr. A.D. Godley）, *The Persian Wars,* Books 1-2, Harvard University Press, Cambridge MA and London, 1926, Book II:5; a more accurate translation of the Greek is "Egypt ... is land acquired by the Egyptians, given them by the river".
3　Amelia Edwards, *A Thousand Miles up the Nile,* Century, London, 1982（first published in 1877）, pp. 360-1.
4　MS, personal communication, December 2012.

第一章　尼罗河：不朽之河

1　Samuel Cox, quoted in Deborah Manley and Sahar Abdel-Hakim（eds）, *Traveling Through Egypt from 450 B.C. to the Twentieth Century,* The American University in Cairo Press, Cairo and New York, 2004, p. 9.
2　Strabo（tr. Horace Leonard Jones）, *Geography*, Book 17, Harvard University Press, Cambridge MA and London, 1949, 1.4.
3　Edwards, *A Thousand Miles,* p. 92.
4　Ibid., p. 167.
5　al-Muqaddasi（tr. B.A. Collins）, *The Best Divisions for Knowledge of the Regions,* Garnet Publishing, Reading, 1994, p. 177（Arabic text, p. 193）.

6   Richard Madden, *Travels in Turkey, Egypt, Nubia and Palestine,* Henry Colburn, London, 1892, Vol. 1, p. 387.
7   Strabo, *Geography,* 1.4.
8   'Abd al-Latif al-Baghdadi (tr. K.H. Zand, J.A. and I.E. Videan) , *The Eastern Key: Kitab al-Ifada wa'l-I'tibar,* George Allen & Unwin, London, 1964, p. 23 (Arabic text, p. 5, left) .
9   Pliny (tr. H. Rackham) , *Natural History, Book 5,* Harvard University Press/ Heinemann, Cambridge MA/London, 1961, p. 58.
10 Giovanni Belzoni, quoted in Brian Fagan, *The Rape of the Nile: Tomb Robbers, Tourists, and Archaeologists in Egypt,* Charles Scribner's Sons, New York, 1975, p. 204.
11 Edward Lane, *An Account of the Manners and Customs of the Modern Egyptians (Written in Egypt During the Years 1833-1835)* , Darf, London, 1986 (first published in 1836) , p. 342.
12 John Mason Cook, quoted in Manley and Abdel-Hakim, *Traveling Through Egypt,* p. 107.
13 A.H. Sayce, *Reminiscences,* Macmillan, London, 1923, p. 178.
14 Tomb inscription of Ineni, Thebes (author's own translation) .
15 Stela of Merka from Saqqara (author's own translation) .
16 Causeway of Unas, Saqqara (author's own translation) .
17 Edwards, *A Thousand Miles,* p. 91.
18 Ibid., p. xi.
19 Ibid., p. 37.
20 Ibid., preface to the 1st edition.
21 Thomas Cook & Son, *Programme of Cook's International Tickets to Egypt, Season 1887-1888,* Thomas Cook & Son, London, 1887, p. 3. [The full, gloriously Victorian title of this illuminating little publication is *Programme of Cook's International Tickets to Egypt including The Nile to the Second Cataract, Philae, Luxor, Thebes, Assouan, Au Simbel, &c., &c. Also particulars of arrangements for Steamers and Dahabeahs. With maps and plans of steamers. Under the special and exclusive contracts and arrangements of Thos. Cook & Son, sole owners of the only First Class Tourist Steamers specially built for the Nile (Price Sixpence, Post Free)* .]
22 Ibid., p. 4.
23 Ibid.
24 Ibid.
25 Ibid.
26 Ibid., p. 8.
27 Ibid., p. 9.
28 Ibid., p. 13.

29 Edwards, *A Thousand Miles*, p. 83.
30 Ibid., p. 90.
31 Ibid., p. 36.
32 Sayce, *Reminiscences*, p. 175.
33 Ibid., p. 176.
34 Ibid., p. 232.
35 Ibid., p. 235.
36 Ibid., p. 229.
37 Ibid., p. 278.
38 Ibid., p. 289.
39 Ibid., p. 338.
40 Thomas Cook & Son, *Programme*, p. 4.

第二章　阿斯旺：尼罗河的源头

1 Herodotus, *The Persian Wars*, Book Ⅱ: 28.
2 *Great Hymn to the Aten,* Amarna（author's own translation）.
3 John Hanning Speke, quoted in Christopher Ondaatje, "Search for the Source of the Nile", in Robin Hanbury-Tenison（ed.）, *The Seventy Great Journeys in History,* Thames & Hudson, London, 2006, pp. 196-197.
4 Herodotus, *The Persian Wars,* Book Ⅱ: 28.
5 Isambard Kingdom Brunel, quoted in Isambard Brunel, *The Life of Isambard Kingdom Brunel, Civil Engineer,* Nonsuch Publishing, Stroud, 2006（first published in 1870）, p. 378.
6 Ibid., p. 378.
7 Edwards, *A Thousand Miles*, p. 194.
8 Ibid., p. 392.
9 Ibid., p. 184.
10 MS, personal communication, September 2010.
11 Tomb inscription of Harkhuf, Aswan（author's own translation）.
12 William Willcocks, *Sixty Years in the East,* William Blackwood & Sons, Edinburgh and London, 1935, p. 144.
13 Ibid., p. 155.
14 Sayce, *Reminiscences*, p. 290.
15 Winston Churchill, quoted in N.A.F. Smith, *The Centenary of the Aswan Dam, 1902-2002,*

Thomas Telford Publishing/The Institution of Civil Engineers, London, 2002, p. 54.
16　Lord Cromer, quoted in Smith, *Centenary,* p. 34.
17　Sayce, *Reminiscences,* p. 291.
18　Ibid., p. 338.
19　Ibid., p. 292.
20　MS, personal communication, September 2010.
21　Madden, *Travels,* Vol. 2, pp. 115–116.
22　Ancient inscription, quoted in Fagan, *The Rape of the Nile,* p. 31.
23　I. Philae II 201, published in Jitse Dijkstra, *Philae and the End of Ancient Egyptian Religion,* Peeters, Leuven, Paris and Dudley, 2008, p. 339.
24　Edwards, *A Thousand Miles,* p. 207.
25　William Garstin, quoted in Osman Rostem, *The Salvage of Philae,* Institut Français d'Archéologie Orientale, Cairo, 1955, p. 5.
26　William Willcocks, quoted in Rostem, *Philae,* p. 14.
27　William Matthew Flinders Petrie, *Seventy Years in Archaeology,* Sampson Low, Marston & Co., London, 1931, p. 154.
28　Rose Macaulay, *Pleasure of Ruins,* Thames & Hudson, London, 1966 (first published in 1953) , p. 328.
29　Rostem, *Philae,* pp. 12–13.
30　Ibid., p. 14.
31　Agatha Christie, *Death on the Nile,* HarperCollins, London, 2001 (first published in 1937) , pp. 52–53.
32　W.E. Kingsford, *Assouan as a Health Resort,* Simpkin, Marshall, Hamilton, Kent & Co., London, 1899, p. 46.
33　Sadruddin Aga Khan, quoted in Anne Edwards, *Throne of Gold: The Lives of the Aga Khans,* HarperCollins, London, 1995, p. 222.

第三章　南方腹地：埃及兴起之地

1　Winifred Blackman, *The Fellahin of Upper Egypt,* The American University in Cairo Press, Cairo, 2000 (first published in 1927) , p. 280.
2　*Admonitions of Ipuwer:* 2,12 (tr. Miriam Lichtheim, *Ancient Egyptian Literature,* Vol. 2, University of California Press, Berkeley, 1976, p. 151) .
3　*Dispute of a Man with His Ba: 79* (tr. Lichtheim, Literature, p. 165) .

4　Sayce, *Reminiscences*, p. 240.

5　Ibid.

6　Edwards, *A Thousand Miles*, p. 190.

7　Ibid., pp. 406–7.

8　Ibid., p. 125.

9　Ibid., p. 159.

10　Ibid., p. 162.

11　Stela of Qedes from Gebelein（author's own translation）.

12　Ibid.

13　MS, personal communication, September 2010.

第四章　卢克索：奇迹之城

1　Edwards, *A Thousand Miles*, p. 148.

2　Ibid, p. 134.

3　Ibid, p. 135.

4　Dominique Vivant Denon（ed. Bernard Bailly）, *Les Monuments de la Haute Egypte*, Comité Vivant Denon, Université pour Tous de Bourgogne, Chalonssur- Saône, 2003（first written down in the late eighteenth/early nineteenth century）, p. 20（author's own translation）.

5　Ibid, p. 58（author's own translation）.

6　Jean Baptiste Apollinaire Lebas, *L'obélisque de Luxor. Histoire de sa translation à Paris*, Carilian-Goeury et Vr Dalmont, Paris, 1839, p. 11（author's own translation）.

7　Jean-François Champollion, quoted in Lebas, *L'obélisque*, p. 13（author's own translation）.

8　Baron d'Haussez, writing to Charles X of France on 25 November 1829, quoted in Lebas, *L'obélisque*, p. 15（author's own translation）.

9　Lebas, *L'obélisque*, p. 18（author's own translation）.

10　Ibid., p. 20（author's own translation）.

11　Ibid., p. 69（author's own translation）.

12　Ibid., p. 161（author's own translation）.

13　Edwards, *A Thousand Miles*, p. 139.

14　Ibid., p. 139.

15　Ibid., p. 141.

16　Stela of Amenhotep III from Kom el-Hetan（author's own translation）.

17　Stela of Suti and Hor（author's own translation）.

18　Statue of Amenhotep Ⅲ from Luxor Temple (author's own translation) .
19　David Roberts (memoir, 8), quoted in Krystyna Matyjaszkiewicz, "Roberts, David (1796–1864)", *Oxford Dictionary of National Biography,* Vol. 47, Oxford University Press, Oxford, 2004, p. 146.
20　David Roberts (last will and testament) , quoted in Matyjaszkiewicz, "Roberts", p. 149.
21　David Roberts (record book 1.108) , quoted in Matyjaszkiewicz, "Roberts", p. 148.
22　David Roberts, quoted in Helen Guiterman, *David Roberts R.A. 1796–1864,* private publication, London, 1978, p. 8.
23　David Roberts, quoted in Guiterman, *David Roberts,* p. 9.
24　Ibid., p. 10.
25　Ibid., p. 8.
26　David Roberts (eastern journal, 28 January 1839) , quoted in Matyjaszkiewicz, "Roberts", p. 148.
27　W.E. Nickolls Dunn and George Vigers Worthington, *Luxor as a Health Resort,* H.K. Lewis, London, 1914, p. 9.
28　Sayce, *Reminiscences,* p. 211.
29　Lucie Duff Gordon, *Letters,* p. xiii.
30　Ibid., p. 36.
31　Ibid., p. xi.
32　Ibid., p. 102.
33　Ibid., p. 144.
34　Edwards, *A Thousand Miles,* p. 454.
35　Ibid., p. 454.
36　Ibid., p. 455.
37　Ibid., p. 455.
38　Ibid., pp. 456–7.
39　Pierre Loti, *Egypt,* T. Werner Laurie, London, 1910, p. 180.
40　Nickolls Dunn and Worthington, *Luxor,* p. 10.
41　Ibid., p. 10.
42　Ibid., p. 10.
43　Ibid., p. 10.
44　Ibid., p. 13.
45　Edwards, *A Thousand Miles,* p. 151.
46　Ibid., p. 148.
47　Ibid., p. 143 (footnote).

48　Nitocris Adoption Stela, line 17（author's own translation）.

49　Ibid, line 16（author's own translation）.

第五章　西底比斯：死亡之域

1　Ancient graffito, quoted in Nicholas Reeves and Richard Wilkinson, *The Complete Valley of the Kings: Tombs and Treasures of Egypt's Greatest Pharaohs,* Thames & Hudson, London, 1996, p. 50.

2　Statue inscription of Senenmut from Thebes（author's own translation）.

3　Turin Strike Papyrus: recto 2, lines 15–17（author's own translation）.

4　Giovanni Belzoni, quoted in Brian Fagan, *The Rape of the Nile,* p. 161.

5　Ancient graffito, quoted in André and Étienne Bernand, *Les inscriptions grecques et latines du colosse de Memnon,* Institut Français d'Archéologie Orientale, Cairo, 1960, p. 33.

6　Ancient graffito, quoted in Bernand, *Les inscriptions,* p. 54.

7　Ibid., p. 37.

8　Ibid., p. 81.

9　Diodorus Siculus（tr. C.H. Oldfather）, *The Library of History of Diodorus of Sicily,* Book I, Harvard University Press/Heinemann, Cambridge MA/ London, 1968, 47.

10　Percy Bysshe Shelley, "Ozymandias of Egypt", in BBC, *The Nation's Favourite Poems,* BBC Worldwide, London, 1996, p. 58.

11　Ancient graffito, quoted in Reeves and Wilkinson, *Valley of the Kings,* p. 50.

12　Strabo, *Geography,* 1.46.

13　Ancient graffito, quoted in Reeves and Wilkinson, *Valley of the Kings,* p. 51.

14　Claude Sicard, quoted in Reeves and Wilkinson, *Valley of the Kings,* p. 52.

15　William Browne, quoted in Reeves and Wilkinson, *Valley of the Kings,* p. 53.

16　Vivant Denon, quoted in Reeves and Wilkinson, *Valley of the Kings,* p. 55.

17　Papyrus Amherst, p. 2, lines 3–7（author's own translation）.

18　Late Ramesside Letters, no. 28（tr. Vivian Davies and Renée Friedman, *Egypt,* British Museum Press, London, 1998, p. 149）.

19　Walter Scott, quoted in Stanley Mayes, *The Great Belzoni,* Putnam, London, 1959, p. 11.

20　Sadler's Wells playbill, quoted in Fagan, *The Rape of the Nile,* p. 101.

21　Giovanni Battista Belzoni, *Narrative of the Operations and Recent Discoveries within the Pyramids, Temples, Tombs, and Excavations, in Egypt and Nubia,* 2nd edition, John Murray, London, 1821, p. 37.

22 Ibid., p. 39.
23 Giovanni Belzoni, quoted in Mayes, *Belzoni*, p. 210.
24 Charles Dickens, quoted in Mayes, *Belzoni*, p. 12.
25 Theodore Davis et al., *The Tombs of Harmhabi and Touatânkhamanou*, Constable & Co., London, 1912, p. 3.

第六章　吉夫特和基纳：中央和地方行省

1 William Matthew Flinders Petrie, *Koptos*, Quaritch, London, 1896, p. 1.
2 John Wortham, *British Egyptology 1549-1906*, David & Charles, Newton Abbot, 1971, p. 79.
3 Petrie, *Seventy Years*, p. 19.
4 Ibid., p. 150.
5 Ibid.
6 Ibid., p. 21.
7 Ibid., p. 155.
8 Petrie, *Koptos*, p. 1.
9 Petrie, *Seventy Years*, p. 148.
10 Petrie, *Koptos*, p. 2.
11 Petrie, *Seventy Years*, p. 151.
12 Musée des Beaux-Arts de Lyon, *Coptos. L'Egypte antique aux portes du désert*, Réunion des musées nationaux, Paris, 2000, p. 26.
13 Sharon Herbert and Andrea Berlin, "Excavations at Coptos (Qift) in Upper Egypt, 1987-1992", *Journal of Roman Archaeology*, Portsmouth RI, 2003, p. 14.
14 Petrie, *Koptos*, p. 7.
15 Ibid., plate IX (bottom).
16 Strabo, *Geography*, 1.46.
17 Petrie, *Seventy Years*, p. 151.
18 Hans Winkler, *Rock Carvings of Southern Upper Egypt*, Vol. 1, Egypt Exploration Society, Oxford, 1938, p. 6.
19 Ivory label of Den (author's own translation).
20 Tomb inscription of Mahu, Amarna (author's own translation).
21 Sayce, *Reminiscences*, p. 235.
22 Ibid., p. 235.
23 Ibid., p. 236.

24　Jean-François Champollion, quoted in Fagan, *The Rape of the Nile*, p. 258.
25　A member of Champollion's expedition, quoted in Fagan, *The Rape of the Nile*, p. 259.
26　Edwards, *A Thousand Miles*, p. 124.

第七章　阿比多斯：神秘之地

1　Dorothy Eady, quoted in Jonathan Cott (in collaboration with Hanny El Zeini), *The Search for Omm Sety: A Story of Eternal Love*, Rider, London, 1988, p. 174.
2　William Matthew Flinders Petrie, *Royal Tombs of the First Dynasty*, Vol. I, Quaritch, London, 1900, p. 4.
3　Petrie, *Seventy Years*, pp. 172–173.
4　Ibid., p. 172.
5　"Une bête puante" – Gaston Maspero, quoted in Petrie, *Seventy Years*, p. 173.
6　Petrie, *Royal Tombs*, p. 2.
7　Petrie, *Seventy Years*, p. 178.
8　Ibid., p. 185.
9　Canon H.D. and N. Rawnsley, *The Resurrection of Oldest Egypt*, Beaver Press, Laleham, 1904, pp. 8 and 15.
10　Stela of Ikhernofret (author's own translation).
11　*Gospel of Thomas*, quoted in Elaine Pagels, *The Gnostic Gospels*, Weidenfeld & Nicolson, London, 1980, p. xv.
12　*Secret Book of John*, quoted in Pagels, *Gospels*, p. xvi.
13　*Gospel of Philip*, quoted in Pagels, *Gospels*, p. xv.
14　*Thunder, Perfect Mind*, quoted in Pagels, *Gospels*, p. xvii.
15　Strabo, *Geography*, 1.42.
16　Dorothy Eady, quoted in Cott, *Omm Sety*, p. 61.
17　Ibid., p. 174.

第八章　中埃及：宗教的摇篮

1　Isambard Kingdom Brunel, quoted in Brunel, *The Life*, p. 378.
2　Edwards, *A Thousand Miles*, p. 97.
3　Béatrix Midant-Reynes (tr. Ian Shaw), *The Prehistory of Egypt: From the First Egyptians to the First Pharaohs*, Blackwell, Oxford, 2000, p. 152.

4　Boundary stela of Akhenaten, Amarna（author's own translation）.

5　*Great Hymn to the Aten,* Amarna（author's own translation）.

6　Ibid.（author's own translation）.

7　Tomb inscription of Petosiris, Tuna el-Gebel（tr. Miriam Lichtheim, *Ancient Egyptian Literature,* Vol. 3, University of California Press, Berkeley, 1980, p. 46）.

8　Ibid.

9　Aurelius Victor, quoted in Anthony Birley, *Hadrian: The Restless Emperor,* Routledge, London and New York, 1997, p. 248.

10　Birley, *Hadrian,* p. 3.

11　Hadrian, quoted in Birley, *Hadrian,* p. 256.

12　Inscription on the Pincio obelisk, Rome, quoted in Birley, *Hadrian,* p. 256.

13　Ibid., p. 255.

14　Hadrian, quoted in Royston Lambert, *Beloved and God: The Story of Hadrian and Antinous,* Weidenfeld & Nicolson, London, 1984, p. 142.

15　Clement of Alexandria, quoted in Lambert, *Beloved and God,* p. 7.

16　Saint Jerome, quoted in Lambert, *Beloved and God,* p. 7.

第九章　法尤姆：沙漠中的湖

1　Strabo, *Geography,* 1.35.

2　Ibid.

3　Willeke Wendrich and René Cappers, "Egypt's earliest granaries: evidence from the Fayum", *Egyptian Archaeology* 27（2005）, p. 12.

4　Ibid., p. 15.

5　Heqanakht papers（tr. Richard Parkinson, *Voices from Ancient Egypt: An Anthology of Middle Kingdom Writings,* University of Oklahoma Press, Norman OK, 1991, p. 103）.

6　Ibid., p. 107.

7　Gertrude Caton-Thompson, *Mixed Memoirs,* The Paradigm Press, Gateshead, 1983, p. 56.

8　Ibid., p. 91.

9　Ibid., p. 110.

10　Papyrus UCL 32795 from Gurob, quoted in Ian Shaw, "Gurob: The key to unlocking a royal harem?", *Current World Archaeology* 23（June/July 2007）, p. 18.

11　Sel. Pap. II, 416, quoted in Alan Bowman, *Egypt after the Pharaohs,* Oxford University Press, Oxford, 1990, p. 172.

12　Flinders Petrie, quoted in Susan Walker and Morris Bierbrier, *Ancient Faces. Mummy Portraits from Roman Egypt,* British Museum Press, London, 1997, pp. 37–38.

第十章　开罗：埃及的首都

1　al-Muqaddasi, *The Best Divisions,* p. 181（Arabic text, p. 197）; the Arabic text refers to Fustat（Old Cairo）, rather than the later city.
2　Edwards, *A Thousand Miles,* pp. 66–67.
3　al-Muqaddasi, *The Best Divisions,* p. 189（Arabic text, p. 206）.
4　Ma'sudi, quoted in Stanley Lane-Poole, *A History of Egypt in the Middle Ages,* Frank Cass & Co., London, 1968, p. 86.
5　al-Muqaddasi, *The Best Divisions,* p. 181（Arabic text, p. 197）.
6　Ibn Battuta（tr. H.A.R. Gibb）, *The Travels of Ibn Battuta,* Cambridge University Press, Cambridge, 1958, p. 42.
7　Afaf Lutfi al-Sayyid Marsot, *A History of Egypt from the Arab Conquest to the Present,* 2nd edition, Cambridge University Press, Cambridge, 2007, p. 28.
8　Lane-Poole, *Egypt in the Middle Ages,* p. 216.
9　Naser-e Khosraw（tr. W.M. Thackston, Jr）, *Naser-e Khosraw's Book of Travels,* Bibliotheca Persia/The Persian Heritage Fund, New York, 1986, p. 41.
10　Lane, *Manners and Customs,* p. 496.
11　Ibid., p. 501.
12　Anonymous, quoted in Fagan, *The Rape of the Nile,* p. 122.
13　William Fitzmaurice, quoted in Manley and Abdel-Hakim, *Traveling Through Egypt,* p. 50.
14　J. Lewis-Farley, "Wintering in Egypt", Belgravia: *A London Magazine,* Vol. 20, no. 77（March 1873）, p. 70.
15　Edwards, *A Thousand Miles,* p. 3.
16　Ibid., p. 1.
17　Edwards, *A Thousand Miles,* p. II.
18　Sheikh al-Mangi, quoted in Philip Mansel, *Sultans in Splendour: The Last Years of the Ottoman World,* André Deutsch, London, 1988, p. 168.
19　Adel Sabit, *A King Betrayed: The Ill-Fated Reign of Farouk of Egypt,* Quartet Books, London and New York, 1989, pp. 6–7.
20　King Farouk, quoted in Mansel, *Sultans,* p. 179.
21　Mansel, *Sultans,* p. 173.

推荐阅读

埃及历史方面：

Alston, Richard, *Soldier and Society in Roman Egypt,* Routledge, London and New York, 1995

Bowman, Alan, *Egypt After the Pharaohs,* Oxford University Press, Oxford, 1990

Cook, Steven, *The Struggle for Egypt from Nasser to Tahrir Square,* Oxford University Press, Oxford, 2012

Glickman, Mark, *Sacred Treasure: The Cairo Genizah,* Jewish Lights Publishing, Woodstock VT, 2011

Mansel, Philip, *Sultans in Splendour: The Last Years of the Ottoman World,* André Deutsch, London, 1988 (Chapter 11, "The Fall of the Throne of Egypt")

Marsot, Afaf Lutfi al-Sayyid, *A History of Egypt from the Arab Conquest to the Present,* 2nd edition, Cambridge University Press, Cambridge, 2007

Wilkinson, Toby, *The Rise and Fall of Ancient Egypt: The History of a Civilisation from 3000 B.C. to Cleopatra,* Bloomsbury, London, 2010

有关埃及旅行的文史资料

Duff Gordon, Lucie, *Letters from Egypt,* Virago, London, 1997

Edwards, Amelia, *A Thousand Miles up the Nile,* Century, London, 1982

Lane, Edward William, *An Account of the Manners and Customs of the Modern Egyptians* (*Written in Egypt During the Years 1833-1835*) , Darf, London, 1986

埃及旅行及旅行者

Fagan, Brian, *The Rape of the Nile: Tomb Robbers, Tourists, and Archaeologists in Egypt*, Charles Scribner's Sons, New York, 1975

Humphreys, Andrew, *Grand Hotels of Egypt in the Golden Age of Travel*, The American University in Cairo Press, Cairo and New York, 2011

Manley, Deborah and Sahar Abdel-Hakim (eds) , *Traveling Through Egypt from 450 BC to the Twentieth Century*, The American University in Cairo Press, Cairo and New York, 2004

Reeves, Nicholas, *Ancient Egypt: The Great Discoveries*, Thames & Hudson, London, 2000

Sattin, Anthony, *The Pharaoh's Shadow: Travels in Ancient and Modern Egypt*, Victor Gollancz, London, 2000

Gurob Harem Palace Project (www.gurob.org.uk)

Kemp, Barry, *The City of Akhenaten and Nefertiti: Amarna and its People*, Thames & Hudson, London, 2012

O'Connor, David, *Abydos: Egypt's First Pharaohs and the Cult of Osiris*, Thames & Hudson, London, 2009

Reeves, Nicholas, and Richard Wilkinson, *The Complete Valley of the Kings: Tombs and Treasures of Egypt's Greatest Pharaohs*, Thames & Hudson, London, 1996

Soueif, Ahdaf, *Cairo: My City, Our Revolution*, Bloomsbury, London, 2012

Wendrich, Willeke, "Egypt's earliest granaries: evidence from the Fayum", *Egyptian Archaeology* 27 (2005) , pp. 12-15

新知文库

01 《证据：历史上最具争议的法医学案例》[美]科林·埃文斯 著　毕小青 译
02 《香料传奇：一部由诱惑衍生的历史》[澳]杰克·特纳 著　周子平 译
03 《查理曼大帝的桌布：一部开胃的宴会史》[英]尼科拉·弗莱彻 著　李响 译
04 《改变西方世界的26个字母》[英]约翰·曼 著　江正文 译
05 《破解古埃及：一场激烈的智力竞争》[英]莱斯利·罗伊·亚京斯 著　黄中宪 译
06 《狗智慧：它们在想什么》[加]斯坦利·科伦 著　江天帆、马云霏 译
07 《狗故事：人类历史上狗的爪印》[加]斯坦利·科伦 著　江天帆 译
08 《血液的故事》[美]比尔·海斯 著　郎可华 译　张铁梅 校
09 《君主制的历史》[美]布伦达·拉尔夫·刘易斯 著　荣予、方力维 译
10 《人类基因的历史地图》[美]史蒂夫·奥尔森 著　霍达文 译
11 《隐疾：名人与人格障碍》[德]博尔温·班德洛 著　麦湛雄 译
12 《逼近的瘟疫》[美]劳里·加勒特 著　杨岐鸣、杨宁 译
13 《颜色的故事》[英]维多利亚·芬利 著　姚芸竹 译
14 《我不是杀人犯》[法]弗雷德里克·肖索依 著　孟晖 译
15 《说谎：揭穿商业、政治与婚姻中的骗局》[美]保罗·埃克曼 著　邓伯宸 译　徐国强 校
16 《蛛丝马迹：犯罪现场专家讲述的故事》[美]康妮·弗莱彻 著　毕小青 译
17 《战争的果实：军事冲突如何加速科技创新》[美]迈克尔·怀特 著　卢欣渝 译
18 《最早发现北美洲的中国移民》[加]保罗·夏亚松 著　暴永宁 译
19 《私密的神话：梦之解析》[英]安东尼·史蒂文斯 著　薛绚 译
20 《生物武器：从国家赞助的研制计划到当代生物恐怖活动》[美]珍妮·吉耶曼 著　周子平 译
21 《疯狂实验史》[瑞士]雷托·U.施奈德 著　许阳 译
22 《智商测试：一段闪光的历史，一个失色的点子》[美]斯蒂芬·默多克 著　卢欣渝 译
23 《第三帝国的艺术博物馆：希特勒与"林茨特别任务"》[德]哈恩斯-克里斯蒂安·罗尔 著
　　孙书柱、刘英兰 译
24 《茶：嗜好、开拓与帝国》[英]罗伊·莫克塞姆 著　毕小青 译
25 《路西法效应：好人是如何变成恶魔的》[美]菲利普·津巴多 著　孙佩妏、陈雅馨 译
26 《阿司匹林传奇》[英]迪尔米德·杰弗里斯 著　暴永宁、王惠 译

27	《美味欺诈：食品造假与打假的历史》[英]比·威尔逊 著　周继岚 译
28	《英国人的言行潜规则》[英]凯特·福克斯 著　姚芸竹 译
29	《战争的文化》[以]马丁·范克勒韦尔德 著　李阳 译
30	《大背叛：科学中的欺诈》[美]霍勒斯·弗里兰·贾德森 著　张铁梅、徐国强 译
31	《多重宇宙：一个世界太少了？》[德]托比阿斯·胡阿特、马克斯·劳讷 著　车云 译
32	《现代医学的偶然发现》[美]默顿·迈耶斯 著　周子平 译
33	《咖啡机中的间谍：个人隐私的终结》[英]吉隆·奥哈拉、奈杰尔·沙德博尔特 著　毕小青 译
34	《洞穴奇案》[美]彼得·萨伯 著　陈福勇、张世泰 译
35	《权力的餐桌：从古希腊宴会到爱丽舍宫》[法]让-马克·阿尔贝 著　刘可有、刘惠杰 译
36	《致命元素：毒药的历史》[英]约翰·埃姆斯利 著　毕小青 译
37	《神祇、陵墓与学者：考古学传奇》[德]C. W. 策拉姆 著　张芸、孟薇 译
38	《谋杀手段：用刑侦科学破解致命罪案》[德]马克·贝内克 著　李响 译
39	《为什么不杀光？种族大屠杀的反思》[美]丹尼尔·希罗、克拉克·麦考利 著　薛绚 译
40	《伊索尔德的魔汤：春药的文化史》[德]克劳迪娅·米勒-埃贝林、克里斯蒂安·拉奇 著　王泰智、沈惠珠 译
41	《错引耶稣：〈圣经〉传抄、更改的内幕》[美]巴特·埃尔曼 著　黄恩邻 译
42	《百变小红帽：一则童话中的性、道德及演变》[美]凯瑟琳·奥兰丝汀 著　杨淑智 译
43	《穆斯林发现欧洲：天下大国的视野转换》[英]伯纳德·刘易斯 著　李中文 译
44	《烟火撩人：香烟的历史》[法]迪迪埃·努里松 著　陈睿、李欣 译
45	《菜单中的秘密：爱丽舍宫的飨宴》[日]西川惠 著　尤可欣 译
46	《气候创造历史》[瑞士]许靖华 著　甘锡安 译
47	《特权：哈佛与统治阶层的教育》[美]罗斯·格雷戈里·多塞特 著　珍栎 译
48	《死亡晚餐派对：真实医学探案故事集》[美]乔纳森·埃德罗 著　江孟蓉 译
49	《重返人类演化现场》[美]奇普·沃尔特 著　蔡承志 译
50	《破窗效应：失序世界的关键影响力》[美]乔治·凯林、凯瑟琳·科尔斯 著　陈智文 译
51	《违童之愿：冷战时期美国儿童医学实验秘史》[美]艾伦·M. 霍恩布鲁姆、朱迪斯·L. 纽曼、格雷戈里·J. 多贝尔 著　丁立松 译
52	《活着有多久：关于死亡的科学和哲学》[加]理查德·贝利沃、丹尼斯·金格拉斯 著　白紫阳 译
53	《疯狂实验史Ⅱ》[瑞士]雷托·U. 施奈德 著　郭鑫、姚敏多 译

54	《猿形毕露：从猩猩看人类的权力、暴力、爱与性》[美] 弗朗斯·德瓦尔 著　陈信宏 译
55	《正常的另一面：美貌、信任与养育的生物学》[美] 乔丹·斯莫勒 著　郑嬿 译
56	《奇妙的尘埃》[美] 汉娜·霍姆斯 著　陈芝仪 译
57	《卡路里与束身衣：跨越两千年的节食史》[英] 路易丝·福克斯克罗夫特 著　王以勤 译
58	《哈希的故事：世界上最具暴利的毒品业内幕》[英] 温斯利·克拉克森 著　珍栎 译
59	《黑色盛宴：嗜血动物的奇异生活》[美] 比尔·舒特 著　帕特里曼·J.温 绘图　赵越 译
60	《城市的故事》[美] 约翰·里德 著　郝笑丛 译
61	《树荫的温柔：亘古人类激情之源》[法] 阿兰·科尔班 著　苜蓿 译
62	《水果猎人：关于自然、冒险、商业与痴迷的故事》[加] 亚当·李斯·格尔纳 著　于是 译
63	《囚徒、情人与间谍：古今隐形墨水的故事》[美] 克里斯蒂·马克拉奇斯 著　张哲、师小涵 译
64	《欧洲王室另类史》[美] 迈克尔·法夸尔 著　康怡 译
65	《致命药瘾：让人沉迷的食品和药物》[美] 辛西娅·库恩等著　林慧珍、关莹 译
66	《拉丁文帝国》[法] 弗朗索瓦·瓦克 著　陈绮文 译
67	《欲望之石：权力、谎言与爱情交织的钻石梦》[美] 汤姆·佐尔纳 著　麦慧芬 译
68	《女人的起源》[英] 伊莲·摩根 著　刘筠 译
69	《蒙娜丽莎传奇：新发现破解终极谜团》[美] 让-皮埃尔·伊斯鲍茨、克里斯托弗·希斯·布朗 著　陈薇薇 译
70	《无人读过的书：哥白尼〈天体运行论〉追寻记》[美] 欧文·金格里奇 著　王今、徐国强 译
71	《人类时代：被我们改变的世界》[美] 黛安娜·阿克曼 著　伍秋玉、澄影、王丹 译
72	《大气：万物的起源》[英] 加布里埃尔·沃克 著　蔡承志 译
73	《碳时代：文明与毁灭》[美] 埃里克·罗斯顿 著　吴妍仪 译
74	《一念之差：关于风险的故事与数字》[英] 迈克尔·布拉斯兰德、戴维·施皮格哈尔特 著　威治 译
75	《脂肪：文化与物质性》[美] 克里斯托弗·E.福思、艾莉森·利奇 编著　李黎、丁立松 译
76	《笑的科学：解开笑与幽默感背后的大脑谜团》[美] 斯科特·威姆斯 著　刘书维 译
77	《黑丝路：从里海到伦敦的石油溯源之旅》[英] 詹姆斯·马里奥特、米卡·米尼奥-帕卢埃洛 著　黄煜文 译
78	《通向世界尽头：跨西伯利亚大铁路的故事》[英] 克里斯蒂安·沃尔玛 著　李阳 译
79	《生命的关键决定：从医生做主到患者赋权》[美] 彼得·于贝尔 著　张琼懿 译
80	《艺术侦探：找寻失踪艺术瑰宝的故事》[英] 菲利普·莫尔德 著　李欣 译

81	《共病时代：动物疾病与人类健康的惊人联系》[美] 芭芭拉·纳特森－霍洛威茨、凯瑟琳·鲍尔斯 著　陈筱婉 译
82	《巴黎浪漫吗？——关于法国人的传闻与真相》[英] 皮乌·玛丽·伊特韦尔 著　李阳 译
83	《时尚与恋物主义：紧身褡、束腰术及其他体形塑造法》[美] 戴维·孔兹 著　珍栎 译
84	《上穷碧落：热气球的故事》[英] 理查德·霍姆斯 著　暴永宁 译
85	《贵族：历史与传承》[法] 埃里克·芒雄－里高 著　彭禄娴 译
86	《纸影寻踪：旷世发明的传奇之旅》[英] 亚历山大·门罗 著　史先涛 译
87	《吃的大冒险：烹饪猎人笔记》[美] 罗布·沃乐什 著　薛绚 译
88	《南极洲：一片神秘的大陆》[英] 加布里埃尔·沃克 著　蒋功艳、岳玉庆 译
89	《民间传说与日本人的心灵》[日] 河合隼雄 著　范作申 译
90	《象牙维京人：刘易斯棋中的北欧历史与神话》[美] 南希·玛丽·布朗 著　赵越 译
91	《食物的心机：过敏的历史》[英] 马修·史密斯 著　伊玉岩 译
92	《当世界又老又穷：全球老龄化大冲击》[美] 泰德·菲什曼 著　黄煜文 译
93	《神话与日本人的心灵》[日] 河合隼雄 著　王华 译
94	《度量世界：探索绝对度量衡体系的历史》[美] 罗伯特·P.克里斯 著　卢欣渝 译
95	《绿色宝藏：英国皇家植物园史话》[英] 凯茜·威利斯、卡罗琳·弗里 著　珍栎 译
96	《牛顿与伪币制造者：科学巨匠鲜为人知的侦探生涯》[美] 托马斯·利文森 著　周子平 译
97	《音乐如何可能？》[法] 弗朗西斯·沃尔夫 著　白紫阳 译
98	《改变世界的七种花》[英] 詹妮弗·波特 著　赵丽洁、刘佳 译
99	《伦敦的崛起：五个人重塑一座城》[英] 利奥·霍利斯 著　宋美莹 译
100	《来自中国的礼物：大熊猫与人类相遇的一百年》[英] 亨利·尼科尔斯 著　黄建强 译
101	《筷子：饮食与文化》[美] 王晴佳 著　汪精玲 译
102	《天生恶魔？：纽伦堡审判与罗夏墨迹测验》[美] 乔尔·迪姆斯代尔 著　史先涛 译
103	《告别伊甸园：多偶制怎样改变了我们的生活》[美] 戴维·巴拉什 著　吴宝沛 译
104	《第一口：饮食习惯的真相》[英] 比·威尔逊 著　唐海娇 译
105	《蜂房：蜜蜂与人类的故事》[英] 比·威尔逊 著　暴永宁 译
106	《过敏大流行：微生物的消失与免疫系统的永恒之战》[美] 莫伊塞斯·贝拉斯克斯－曼诺夫 著　李黎、丁立松 译
107	《饭局的起源：我们为什么喜欢分享食物》[英] 马丁·琼斯 著　陈雪香 译　方辉 审校
108	《金钱的智慧》[法] 帕斯卡尔·布吕克内 著　张叶、陈雪乔 译　张新木 校
109	《杀人执照：情报机构的暗杀行动》[德] 埃格蒙特·科赫 著　张芸、孔令逊 译

110 《圣安布罗焦的修女们：一个真实的故事》[德]胡贝特·沃尔夫 著　徐逸群 译

111 《细菌》[德]汉诺·夏里修斯 里夏德·弗里贝 著　许嫚红 译

112 《千丝万缕：头发的隐秘生活》[英]爱玛·塔罗 著　郑嫄 译

113 《香水史诗》[法]伊丽莎白·德·费多 著　彭禄娴 译

114 《微生物改变命运：人类超级有机体的健康革命》[美]罗德尼·迪塔特 著　李秦川 译

115 《离开荒野：狗猫牛马的驯养史》[美]加文·艾林格 著　赵越 译

116 《不生不熟：发酵食物的文明史》[法]玛丽-克莱尔·弗雷德里克 著　冷碧莹 译

117 《好奇年代：英国科学浪漫史》[英]理查德·霍姆斯 著　暴永宁 译

118 《极度深寒：地球最冷地域的极限冒险》[英]雷纳夫·法恩斯 著　蒋功艳、岳玉庆 译

119 《时尚的精髓：法国路易十四时代的优雅品位及奢侈生活》[美]琼·德让 著　杨冀 译

120 《地狱与良伴：西班牙内战及其造就的世界》[美]理查德·罗兹 著　李阳 译

121 《骗局：历史上的骗子、赝品和诡计》[美]迈克尔·法夸尔 著　康怡 译

122 《丛林：澳大利亚内陆文明之旅》[澳]唐·沃森 著　李景艳 译

123 《书的大历史：六千年的演化与变迁》[英]基思·休斯敦 著　伊玉岩、邵慧敏 译

124 《战疫：传染病能否根除？》[美]南希·丽思·斯特潘 著　郭骏、赵谊 译

125 《伦敦的石头：十二座建筑塑名城》[英]利奥·霍利斯 著　罗隽、何晓昕、鲍捷 译

126 《自愈之路：开创癌症免疫疗法的科学家们》[美]尼尔·卡纳万 著　贾颐 译

127 《智能简史》[韩]李大烈 著　张之昊 译

128 《家的起源：西方居所五百年》[英]朱迪丝·弗兰德斯 著　珍栎 译

129 《深解地球》[英]马丁·拉德威克 著　史先涛 译

130 《丘吉尔的原子弹：一部科学、战争与政治的秘史》[英]格雷厄姆·法米罗 著　刘晓 译

131 《亲历纳粹：见证战争的孩子们》[英]尼古拉斯·斯塔加特 著　卢欣渝 译

132 《尼罗河：穿越埃及古今的旅程》[英]托比·威尔金森 著　罗静 译